Reinhard Heil

Zur Aktualität von Slavoj Žižek

Aktuelle und klassische Sozial- und Kulturwissenschaftler

Herausgegeben von
Stephan Moebius

Die von Stephan Moebius herausgegebene Reihe zu Kultur- und SozialwissenschaftlerInnen der Gegenwart ist für all jene verfasst, die sich über gegenwärtig diskutierte und herausragende Autorinnen und Autoren auf den Gebieten der Kultur- und Sozialwissenschaften kompetent informieren möchten. Die einzelnen Bände dienen der Einführung und besseren Orientierung in das aktuelle, sich rasch wandelnde und immer unübersichtlicher werdende Feld der Kultur- und Sozialwissenschaften. Verständlich geschrieben, übersichtlich gestaltet – für Leserinnen und Leser, die auf dem neusten Stand bleiben möchten.

Reinhard Heil

Zur Aktualität von Slavoj Žižek

Einleitung in sein Werk

Bibliografische Information der Deutschen Nationalbibliothek
Die Deutsche Nationalbibliothek verzeichnet diese Publikation in der
Deutschen Nationalbibliografie; detaillierte bibliografische Daten sind im Internet über
<http://dnb.d-nb.de> abrufbar.

1. Auflage 2010

Alle Rechte vorbehalten
© VS Verlag für Sozialwissenschaften | Springer Fachmedien Wiesbaden GmbH 2010

Lektorat: Frank Engelhardt

VS Verlag für Sozialwissenschaften ist eine Marke von Springer Fachmedien.
Springer Fachmedien ist Teil der Fachverlagsgruppe Springer Science+Business Media.
www.vs-verlag.de

Das Werk einschließlich aller seiner Teile ist urheberrechtlich geschützt. Jede
Verwertung außerhalb der engen Grenzen des Urheberrechtsgesetzes ist
ohne Zustimmung des Verlags unzulässig und strafbar. Das gilt insbesondere
für Vervielfältigungen, Übersetzungen, Mikroverfilmungen und die Einspeicherung und Verarbeitung in elektronischen Systemen.

Die Wiedergabe von Gebrauchsnamen, Handelsnamen, Warenbezeichnungen usw. in diesem
Werk berechtigt auch ohne besondere Kennzeichnung nicht zu der Annahme, dass solche
Namen im Sinne der Warenzeichen- und Markenschutz-Gesetzgebung als frei zu betrachten
wären und daher von jedermann benutzt werden dürften.

Umschlaggestaltung: KünkelLopka Medienentwicklung, Heidelberg
Umschlagfoto: Andy Miah
Druck und buchbinderische Verarbeitung: Ten Brink, Meppel
Gedruckt auf säurefreiem und chlorfrei gebleichtem Papier
Printed in the Netherlands

ISBN 978-3-531-16430-4

Inhaltsverzeichnis

Einleitung   7
   Negativität und Kapitalismus   8
   Žižeks methodisches Vorgehen: Die Wiederholung   10
   Philosophie als Eingriff   12
   Postmoderne und Kritik   15
   Theorie und Praxis   17
   Wahrheit   19
   Motive   22
   Psychoanalyse und Gesellschaft   24

Negativität I: Hegel   26
   Žižeks Hegellektüre   32

Negativität II: Lacan   51
   Subjektivierung   54
   Zurück zu Freud (Lacan), Zurück zu Lacan (Žižek)   55
   Signifikanten   61
   Die Triade Reales, Imaginäres und Symbolisches   62
   Von der Subjektivierung zum Subjekt   67
   Phantasma   69
     Durch das Phantasma lernen wir zu begehren.   70
     Intersubjektivität   71
     Das Phantasma als Ursprungserzählung   72
     Symbolische Kastration   73
     Der unmögliche Blick   75
     Phantasma und Ideologie   76
     Die leere Geste   79
   Durchquerung des Phantasmas   80
   Trieb   81
   Der Akt   85
   Der unerträgliche Andere   89

Negativität III: Politik 91
    Kritik der zeitgenössischen Linken und des Multikulturalismus 91
    Die Politische Geste 97
        Exkurs: Gewalt 105
    Alternativen 132

Kritik 139

Kurzbiographie 145

Literatur 147
    Primärliteratur 147
    Sekundärliteratur 148

Personenregister 151

Sachregister 153

Einleitung[1]

> „One is thus tempted to say that the motto of the Lacanian reading of, say, Hegel is: ‚Philosophers have hitherto only interpreted Hegel; however, the point is also to change him.'" (Žižek 2008c: 122)

Slavoj Žižek wird gerne als Medienphänomen beschrieben; man verweist auf seine exzentrische Art, darauf, wie er souverän von einem Themenfeld zum anderen springt, von Hegel zu Lacan, von Lacan zu unterschiedlichen Toilettenformen, von dort zu Hitchcock und über Mao, Lenin und Stalin zurück zu Hegel. Zwei Seiten weiter befindet man sich bereits in einer Oper Wagners und kurz darauf bei der NATO. Žižek schreibt in Tages- und Wochenzeitungen, er publiziert pro Jahr mindestens eine Monographie und spricht weltweit auf Tagungen und Kongressen. Es wurden bereits mehrere Filme über seine Person gedreht und es gibt sogar eine Zeitschrift (*International Journal of Žižek Studies*), die sich mit seinem Werk beschäftigt. Mittlerweile, nach über 20 Jahren Rezeption, kann man sicher sagen, dass Žižek weit über die akademische Welt hinaus bekannt ist.

Žižeks Interessen sind mannigfaltiger Natur: Philosophie und theoretische Psychoanalyse, Film- und Medientheorie sowie Theologie und Musikwissenschaft.

Geboren wurde Slavoj Žižek am 21. März 1949 in Ljubljana (dt. Laibach), der Hauptstadt Sloweniens. Slowenien war zu dieser Zeit Teil des von Tito regierten kommunistischen Jugoslawiens. Žižeks Eltern gehörten der Mittelschicht an und hofften, dass er den Beruf des Ökonomen ergreifen würde. Žižek studierte jedoch an der Universität von Ljubljana Philosophie und Soziologie, 1971 erlangte er seinen ersten akademischen Grad (Bachelor of Arts), 1975 folgt der Masterabschluss in Philosophie mit einer Arbeit zur zunehmenden praktischen und theoretischen Relevanz des Französischen Strukturalismus (*The Theoretical and Practical Relevance of French Structuralism*). Diese Masterthesis, in der er sich mit Jacques Lacan, Jacques Derrida, Julia Kristeva, Claude Lévi-Strauss und Gilles Deleuze beschäftigte, machte ihn politisch verdächtig und kostete ihn eine ihm bereits zugesagte Universitätsstelle. Bis 1977 schlug er sich unter anderem mit der Übersetzung deutscher Philosophen durch und leistete seinen Wehrdienst in der jugoslawischen Armee. Bedingt durch, wie Myers schreibt, einflussreiche Kontakte (vgl. Myers 2004: 8), erhielt er 1977 eine Stelle als Protokollant beim

---

[1] Mein Dank gilt Stephan Moebius, Julia Schleinkofer, Matthias Schönberg und Christina Stein.

Zentralkomitee der slowenischen Kommunisten. Obwohl weiterhin politisch verdächtig, schrieb er einige Reden für hochrangige Kommunisten. Ende der siebziger Jahre gründete er, unter anderen mit Mladen Dolar und Rastko Močnik, die *Ljubljanska psihoanalitska šola* oder *Ljubljanska šola za pshoanalizo*, die Laibacher Schule für Psychoanalyse, besser bekannt als Laibacher Lacan-Schule (vgl. Žižek 2009d). 1979 verschafften ihm Freunde eine Forschungsstelle am Institut für Soziologie der Universität Ljubljana. Žižek musste (durfte) weder lehren, noch wurde er mit bürokratischen Aufgaben betraut, er konnte sich voll und ganz auf seine Forschungsarbeit konzentrieren. Am selben Institut wurde er 1981 zum Doktor der Philosophie promoviert. Ebenfalls 1981 reiste er zum ersten Mal nach Paris. 1985 erlangte er an der Universität Paris VIII seinen zweiten Doktortitel, diesmal in Psychoanalyse. Žižek und Mladen Dolar waren die beiden einzigen osteuropäischen Teilnehmer eines Seminars des Psychoanalytiker Jacques-Alain Miller, des Schwiegersohns und Nachlassverwalters des 1981 verstorbenen französischen Psychoanalytikers Jacques Lacan, an der École de la Cause Freudienne. Miller nahm nicht nur großen Einfluss auf Žižeks Lacan-Rezeption, sondern war auch dessen Analytiker. Miller enttäuschte Žižek jedoch, da er sich weigerte, dessen Doktorarbeit, die von ihm betreut wurde, in seinem Verlag zu veröffentlichen. In der zweiten Hälfte der achtziger Jahre verstärkte Žižek sein politisches Engagement. Er wurde Kolumnist der demokratisch orientierten Zeitung *Mladina*. Zwischen 1988 und 1990 beteiligte Žižek sich aktiv an der Bürgerrechtsbewegung. Er ließ sich 1990 bei den ersten demokratischen Wahlen in Slowenien als Kandidat für das vierfach zu besetzende Präsidentenamt aufstellen, erreichte aber nur den fünften Platz. 1991 wurde er Wissenschaftsbotschafter Sloweniens. Myers zufolge berät Žižek zwar weiterhin die slowenische Regierung, konzentriert sich aber mittlerweile mehr auf seine Forschungstätigkeit (vgl. Myers 2004: 6-10). Seit 1992 ist er Professor für Philosophie an der Universität von Ljubljana. Er lehrte und lehrt als Gastprofessor an einer großen Zahl anerkannter Universitäten (SUNY Buffalo, University of Minnesota, Columbia University, Caradozo Law School, University of Michigan, The New School for Social Research, Paris VIII, European Graduate School [Saas-Fee] und andere). Im Jahre 2005 erhielt Žižek die Ehrendoktorwürde der Universität Cordoba (Argentinien). Seit 2007 ist er Internationaler Direktor des Birkbeck Institute for the Humanities an der Universität London.

Negativität und Kapitalismus

Žižeks Philosophie erhält ihre Bedeutung von zwei Begriffen her: Negativität und Kapitalismus. Diese beiden Begriffe sind es, die Žižeks Denken in zwei unterschiedlichen, aber aufeinander verwiesenen Bereichen Konsistenz verleihen. Seine Philosophie ist bestimmt von dem Versuch, den hegelschen Begriff der selbstbezüglichen Negativität zu aktualisieren und dessen Relevanz für die zeitgenössische Philosophie aufzuweisen. Seine antikapitalistische politische Theorie baut auf diesem Negativitätsbegriff auf. Verständlich werden Žižeks politische Reflexionen aber nur, wenn man akzeptiert, dass – und man muss es so pathetisch ausdrücken – der Kapitalismus die Geißel der Menschheit ist: ein erbarmungsloser, gesichtsloser Herr, unter dessen Knute es keine Freiheit, keine Menschlichkeit gibt und geben kann. Ein Herr, dessen Herrschaft so total ist, dass wir sogar begonnen haben, ihn zu lieben oder zumindest seine Herrschaft als alternativlos zu akzeptieren. Gegen diese selbstgewählte Unmündigkeit, gegen diese scheinbare Alternativlosigkeit, richtet sich Žižeks gesamtes Denken.

Der Dreh- und Angelpunkt von Žižeks philosophischem Denken ist, wie bereits erwähnt, der hegelsche Negativitätsbegriff. Ob es sich um die hegelsche Dialektik selbst, den Begriff der Allgemeinheit, den Begriff des Politischen, den lacanschen Begriff des Aktes, den Subjektbegriff, den freudschen Todestrieb, den Nachbarn, den Anderen oder das cartesianische Cogito handelt: all diese Begriffe werden von Žižek als Ausdruck selbstbezüglicher Negativität verstanden.

Mit dem Begriff der Negativität ist für Žižek die Möglichkeit der Aussetzung des Bestehenden verbunden. Damit etwas wirklich Neues entstehen kann, muss erst das Alte beseitigt werden. Eine einfache Verneinung (Negation) reicht dazu nicht aus, da sie innerhalb des Bestehenden bleibt, da sie nicht das Ganze, sondern nur Teile des Ganzen verneint. Richtet man sich beispielsweise nur gegen bestimmte, als Exzess auftretende Phänomene des Kapitalismus, so berührt das nicht die kapitalistische Gesellschaftsordnung als ganze. Eine einfache Verneinung bleibt immer abhängig von dem, was sie verneint. Ein Arbeiter, der sich eine Welt ohne Kapitalisten vorstellt, aber sich selbst in dieser Vorstellung weiterhin als Arbeiter sieht, hat den bestehenden Rahmen nicht überschritten, da er nicht realisiert, dass seine Identität als Arbeiter von der Unterscheidung Arbeiter und Kapitalist abhängig ist. Es reicht nicht aus, nur eine Seite der Dichotomie zu verneinen, verneint werden muss vielmehr der Rahmen, in dem diese Dichotomie formuliert wird. Erst die Überwindung des Rahmens ermöglicht eine wirkliche Veränderung. Žižek geht es nicht um ein „Nein zu etwas", sondern um das „Nein zu allem". Durch die Verschiebung des Rahmens löst sich das Problem im genannten Beispiel von selbst; im Rahmen einer klassenlosen Gesellschaft ist es gar nicht möglich, Arbeiter und Bourgeois gegenüberzustellen.

Das „Nein zu allem" kann auf unterschiedlichen Ebenen und in unterschiedlichen Formen zum Tragen kommen: Beispielsweise auf gesamtgesellschaftlicher Ebene in Form einer Revolution oder auf der persönlichen Ebene in Gestalt einer Handlung, die den Handelnden vollkommen verändert. Mit der Überwindung des bestehenden Rahmens ist immer ein Risiko verbunden, da man über ihre Folgen keine sicheren Angaben machen kann: Wohin eine Revolution die Gesellschaft führen wird ist unklar, wer man sein wird, wenn man sich vollkommen verändert hat, kann man erst im Nachhinein wissen.

Im Folgenden wird zunächst Žižeks methodisches Vorgehen (sein Schreibstil, seine Art und Weise Texte neu zu interpretieren) erläutert und sein Theorie-Praxis-Verständnis vorgestellt. Danach werden Žižeks Wahrheitsverständnis und einige Grundmotive seines Denkens skizziert. Abschließend wird auf das Verhältnis von Psychoanalyse und Gesellschaft eingegangen.

Die ersten beiden Hauptteile der vorliegenden Einführung beleuchten die Grundlegung von Žižeks Werk in der Philosophie Hegels und der Psychoanalyse Lacans (Negativität I + II). Der dritte Teil rekonstruiert ausführlich die politische Philosophie Žižeks, seine Kritik des Multikulturalismus (Postmoderne) und der zeitgenössischen linken Theoriebildung (Negativität III). Der abschließende Teil geht auf die Kritik an Žižek ein.

Žižeks methodisches Vorgehen: Die Wiederholung

Ernesto Laclau beschreibt sehr eingängig das methodische Vorgehen Žižeks anhand des Aufbaus seiner ersten englischsprachigen Publikation *The Sublime Object of Ideology* (Žižek 1989). Es handele sich bei dem Text weder um ein klassisches Buch (Entwicklung eines Arguments entlang eines vorherentwickelten Plans), noch um eine Sammlung von in sich geschlossenen, lose aufeinander bezogenen Essays, sondern um eine Reihe von theoretischen Interventionen, die sich wechselseitig beleuchteten. Es werde nicht ein Argument linear entwickelt, sondern in unterschiedlichen diskursiven Kontexten wiederholt, aus den unterschiedlichsten Richtungen in den Blick genommen. Die jeweiligen Wiederholungen verschieben das Wiederholte und sind damit mehr als das bloße Anwenden einer Überlegung auf unterschiedliche Gegenstände (vgl. Žižek 1989: xii). Diesem Verfahren ist Žižek auch in seinen späteren Schriften treu geblieben.

Um sich einen Weg zu Žižeks Werk[2] erschließen zu können, ist weniger seine Person von Interesse, als vielmehr seine Art und Weise, klassische Texte neu zu interpretieren. Žižek ist politischer Philosoph, nicht Philologe. Es ist sicher möglich, ihm an vielen Stellen in seinem Werk philologische Fehler, Fahr-

---

[2] Ich beziehe mich, wo dies möglich ist, auf die deutschen Übersetzungen der Arbeiten Žižeks. Dies ist eine größere Einschränkung als man vermuten möchte, da viele der auf Deutsch erschienenen Bücher Žižeks (u.a. *Auf verlorenem Posten, Körperlose Organe, Parallaxe, Die Pest der Phantasmen*) gegenüber den englischsprachigen Originalfassungen stark gekürzt wurden und/oder die Kapitelanordnung verändert wurde.

lässigkeiten und sogar offensichtliche Fehlinterpretationen nachzuweisen. Žižek würde sich für den Hinweis auf solche Fehler, beispielsweise in seiner Marxinterpretation, sicher bedanken und wohl Hegel paraphrasieren: „Umso schlechter für Marx!" Žižek liest Kant, Hegel, Marx, Freud und Lacan als Zeitgenossen. Ziel einer solchen Lektüre ist es, Neues an Altvertrautem aufleuchten zu lassen, und „Neues" bedeutet: „Etwas, das uns hilft, die Gegenwart zu verstehen". Ob eine Hegelinterpretation nun philologisch sauber ist oder nicht, korrekt oder nicht, spielt für Žižek keine so große Rolle, solange er mit Hilfe dieser Interpretation in der Lage ist, Probleme, die unsere Gegenwart betreffen, auf ihren Begriff zu bringen. Žižek bezieht sich auf Paul de Man[3] und spricht von der „Gewalt der Interpretation" (vgl. Žižek 2008c: 121): Jede Interpretation reißt den Text (oder auch: das historische Ereignis) aus seinem Kontext und verleiht ihm einen neuen Sinn, rekontextualisiert ihn und verfehlt damit notwendig seine ursprüngliche Intention. Eine solche Lektüre erzeugt einen Wahrheitseffekt, wie man Žižek zufolge an Lacans Lesart von Platon und Kant erkennen kann. Lacan liest Platon und Kant so, als wären sie seine Zeitgenossen, und obwohl – oder gerade weil – sich faktische Fehler einschleichen und die Texte aus ihrem Entstehungskontext gerissen werden, eröffnet diese Lesart ganz neue Perspektiven. Mit anderen Worten: Nur indem wir Kant, Hegel und Marx „falsch" lesen, können sie uns heute noch etwas sagen. Das bedeutet nicht, dass Philosophiegeschichte unwichtig oder gar überflüssig sei, natürlich sind exakte Quellenstudien wichtig, aber jeweils am richtigen Ort und mit dem Bewusstsein, dass man trotzdem immer interpretiert, immer neuen Sinn zuweist.

Was in den Elogen auf und vielmehr noch in vielen Kritiken an Žižek verlorengeht, ist, dass er nicht einfach wild assoziiert und dass das oben angeführte Interpretationsverfahren nicht bedeutet, dass jedem Text eine beliebige Bedeutung zugewiesen werden kann. Der Vorwurf, Žižek argumentiere nicht konsequent, ja, er kenne nicht einmal die Autoren, auf die er sich ständig bezieht, ist unberechtigt. Es gibt Publikationen Žižeks, die sich stärker eines eher assoziativen Verfahrens bedienen als andere, und sicher finden sich teilweise gewagte Analogien und Querverbindungen in seinen Büchern, aber diese stehen nicht allein, sondern gruppieren sich um detaillierte Interpretationen philosophischer Klassiker (Kant, Hegel, Schelling, Fichte, Hölderlin, Marx, Heidegger, um nur einige zu nennen) und intensive Auseinandersetzungen mit zeitgenössischen philosophischen und politischen Positionen.

Žižek bezeichnet seine Art der Neuinterpretation klassischer Autoren als „Wiederholung". Der Terminus „Wiederholen" wird von Žižek in diesem Zusammenhang weder im Sinne der Psychoanalyse verstanden, noch in seiner all-

---

[3] „Reading as disfiguration, to the very extent that it resists historicism, turns out to be historically more reliable than the products of historical archaeology." (Man 1984: 123)

gemeinen Bedeutung. In seinem Buch über Lenin (*Die Revolution steht bevor*, Žižek 2002) erläutert er seinen Gebrauch des Begriffs wie folgt:

„Lenin *wiederholen* bedeutet folglich keine *Rückkehr* zu Lenin – Lenin wiederholen heißt akzeptieren, daß ‚Lenin tot ist‘, daß seine Lösung gescheitert ist, sogar fürchterlich gescheitert ist, aber daß darin ein utopischer Funken war, der es wert ist bewahrt zu werden. Lenin zu wiederholen bedeutet, daß man unterscheiden muß zwischen dem, was Lenin effektiv getan hat, und dem Möglichkeitsfeld, das er eröffnet hat, der Spannung in Lenin zwischen dem, was er effektiv getan hat, und einer anderen Dimension, dem, was ‚in Lenin mehr als Lenin selbst‘ war. Lenin wiederholen heißt nicht, das zu wiederholen, was Lenin *tat*, sondern das, was er *nicht tat*, seine *verpaßten* Gelegenheiten." (Žižek 2002: 187)[4] Diese Form des Wiederholens wendet Žižek nicht nur auf politische Autoren wie Lenin oder Mao an, sondern auf die gesamte Philosophiegeschichte. Žižek interessiert sich für genau diejenigen Elemente innerhalb einer Theorie, die über diese hinausgehen, ihr gar widersprechen. Gerade in den scheinbar nicht passenden Elementen findet die Wahrheit einer Theorie ihren Ausdruck.

Auf den ersten Blick scheint es so, als fänden sich in Žižeks Arbeiten nur sehr wenig originelle Gedanken. Žižek greift zumeist Begriffe, Methoden und Diagnosen anderer Autorinnen und Autoren auf, kritisiert diese und bringt sie miteinander in Dialog. Das Originelle an Žižek ist beispielsweise weniger seine Lacan-Interpretation, diese übernimmt er in weiten Teilen von Jacques Alain Miller, sondern die Fruchtbarmachung der lacanschen Theorie für die Gesellschaftsanalyse. Seine politische Theorie deckt sich wiederum zu einem nicht geringen Teil mit derjenigen Jacques Rancières und Ernesto Laclaus. Auch im Fall Rancières und Laclaus richtet sich Žižek weniger gegen deren Analysen, diese akzeptiert er vielmehr und greift auch im großen Umfang auf ihre Begrifflichkeiten zurück; was er ihnen jedoch vorwirft, ist ihre mangelnde Radikalität in Bezug auf die Folgen ihrer Analyse, er unterstellte ihnen, dass sie vor den Konsequenzen ihres eigenen Denkens zurückschrecken würden.

Philosophie als Eingriff

Žižeks Philosophieren versteht sich als eingreifendes Denken, als ein Denken, das die Verhältnisse „zum Tanzen bringen" möchte. Žižek bezieht Position, er versteht sich selbst als politischen Denker und damit notwendig als parteiisch. In seinem Buch *First as Tragedy, then as Farce* (Žižek 2009b) gibt er Auskunft

---

[4] Hier drängt sich eine Verbindung zu Adorno auf. Dieser beginnt sein Hauptwerk *Negative Dialektik* mit dem Satz „Philosophie, die einmal überholt schien, erhält sich am Leben, weil der Augenblick ihrer Verwirklichung versäumt ward." (Adorno 1996a: 15; vgl. Adorno 2003: 55-84)

über sein Vorgehen und bekennt sich klar zum Kommunismus und zur Kapitalismuskritik. Ein solches Bekenntnis überrascht, da ja gerade der Kommunismus, respektive der realexistierende Sozialismus als in allen Belangen gescheitert betrachtet wird. Nimmt man nun noch hinzu, dass Žižek ein Lacanjünger ist, also Anhänger der Psychoanalyse, die ebenfalls als gescheitert betrachtet wird, als unwissenschaftlicher Hokuspokus gilt, und bedenkt man weiter, dass Hegel als politischer Denker ebenfalls keine gute Presse hat, so drängt sich der Schluss auf, Žižek befände sich mit der Wahl seiner Gewährsleute, seines Theoriehintergrunds, wirklich auf verlorenem Posten. Žižek geht aber noch weiter: Er kritisiert nicht nur den Kapitalismus, er identifiziert beinahe die gesamte zeitgenössische Linke als eine Art Fünfte Kolonne des Kapitalismus und unterwirft Autoren wie Lenin, Stalin und Mao einer Re-Lektüre, die diesen Autoren Positives abgewinnt. Er schlachtet alle heiligen Kühe der sogenannten reflexiven Moderne: Er lehnt die liberaldemokratische Demokratie als letzten Horizont des Politischen ebenso ab wie den Multikulturalismus, und er hält an der Idee der Ideologiekritik fest. In seinem Buch *Auf verlorenem Posten* (Žižek 2008a) rekapituliert Žižek das, was er als einigendes Moment der aktuellen, zersplitterten „ideologischen Szene" betrachtet:

„Die Zeit der großen Erklärungen ist vorbei, gegen all die Fundierungstheorien ist ein ‚schwaches Denken' erforderlich, welches der rhizomatischen Textur der Realität gerecht wird; auch in der Politik sollten wir nicht mehr nach alles erklärenden Systemen und globalen emanzipatorischen Projekten streben, vielmehr sollte die gewaltsame Durchsetzung großer Lösungen spezifischen Formen des Widerstands und der Intervention Platz machen", und er fährt fort: „Sollten Sie auch nur die geringste Sympathie für diese Position empfinden, können Sie aufhören zu lesen und das vorliegende Büchlein wegwerfen." (Žižek 2008a: 25)

Was bedeutet es für die Gesellschaftskritik, wenn man die skizzierte Position annimmt? Žižek greift zur Erläuterung auf einen Witz aus den „guten alten Tagen des Realexistierenden Sozialismus" zurück, der unter den Dissidenten geläufig gewesen sein soll und die Sinnlosigkeit ihres Protests beschreibt. Der Witz spielt im Russland des 15. Jahrhunderts zur Zeit der Besatzung durch die Mongolen: Ein Bauer und seine Frau sind auf einer staubigen Landstrasse unterwegs. Ein mongolischer Reiter hält die beiden auf und teilt dem Bauern mit: „Ich werde jetzt deine Frau vergewaltigen". Er fährt dann fort: „Da die Straße hier aber sehr dreckig ist, musst du, während ich deine Frau vergewaltige, meine Hoden halten damit sie nicht schmutzig werden!" Nachdem der Reiter seine Tat vollbracht hat und davongeritten ist, beginnt der Bauer zu lachen und vor Freude zu hüpfen. Seine brüskierte Frau fragt ihn „Wie kannst du vor Freude herumhüpfen, wenn ich doch gerade vor deinen Augen vergewaltigt wurde?" Der Bauer antwortet: „Aber ich habe ihn erwischt! Ich habe seine Hoden gar nicht gehalten und nun sind sie schmutzbedeckt (vgl. Žižek 2009b: 6f.)!"

Die kritische zeitgenössische Linke hat für Žižek die Position des Bauern inne, sie bewirft den Kapitalismus erfolgreich mit Schmutz, obwohl es ihre eigentliche Aufgabe sei, ihn zu kastrieren[5] (vgl. Žižek 2009b: 7[6]). Žižek geht es aber nicht nur darum, aufzuzeigen, dass die heutige linke Gesellschaftskritik keine Wirkung mehr hat. Wichtiger noch ist, dass diese Kritik nicht nur ihr eigentliches Ziel verfehlt, sondern sie arbeitet unbeabsichtigt gerade dem zu, was sie zu bekämpfen meint: der Globalisierung und der Anerkennung des Kapitalismus. Für Žižek sind aus diesem Grund ein nicht geringer Anteil der linken Gesellschaftskritiker Teil des Problems und nicht Teil der Lösung.

Žižek variiert in seinem Werk häufig den bekannten Satz von Max Horkheimer „Wer aber vom Kapitalismus nicht reden will, sollte auch vom Faschismus schweigen" (Horkheimer 1988: 308). Eine Analyse oder Kritik der Gesellschaft, die darauf verzichtet, vom Kapitalismus zu reden, mag interessante Einsichten bieten; letztendlich diene sie aber nur dem Erhalt des *status quo*. Umgekehrt gilt aber für Žižek auch: Wer über den Multikulturalismus und die liberalen westlichen Demokratien nicht reden will, sollte auch über den Kapitalismus schweigen. Žižek wendet sich nicht prinzipiell gegen die Demokratie oder gegen den Multikulturalismus als solchen, sondern dagegen, beide unreflektiert als Allheilmittel zu betrachten, obwohl sie, so seine These, vollständig in das kapitalistische Verwertungsgefüge integriert sind (vgl. Negativität III) und dadurch den Blick auf die eigentlichen Probleme verstellen.

Das Feld dessen was – politisch korrekt – noch sagbar ist, wird, so Žižek, stetig kleiner, die Anzahl der Denkverbote nehme zu. Jeder Versuch, auch nur eine mögliche andere Gesellschaftsform zu imaginieren, werde, so Žižek, sofort mit dem Vorwurf des Totalitarismus belegt: „In dem Moment, in dem man auch nur die kleinste Neigung zeigt, sich für politische Projekte zu engagieren, die ernsthaft auf eine Anfechtung der bestehenden Ordnung abzielen, bekommt man sofort die Antwort: ‚Es mag gut gemeint sein, aber es wird zwangsläufig in einem neuen Gulag enden!' Die ‚Rückkehr zur Ethik' in der aktuellen politischen Philosophie beutet den Horror des Gulags oder des Holocaust schamlos als ultimatives Schreckgespenst aus, um uns dazu zu erpressen, auf jedes ernsthafte radikale Engagement zu verzichten." (Žižek 2001c: 3f.)

---

[5] „Our task is to discover how to go a step further. Our Thesis 11 should be: in our societies, critical Leftists have hitherto only succeeded in soiling those in power, whereas the real point is to castrate them ..." (Žižek 2009b: 7).

[6] Dieser Witz dient Žižek bereits in *The Plague of Fantasies* (vgl. Žižek 2008c: 57) als Beispiel. In der deutschen Übersetzung *Die Pest der Phantasmen* (Žižek 1997) fehlt das entsprechende Kapitel.

Einleitung

Der Nationalsozialismus wie der realexistierende Sozialismus hätten ja schließlich gezeigt, wohin Versuche führen, die Gesellschaft radikal zu verändern. Gegen diese Art von Erpressung wendet sich Žižek. In der Einleitung zu seinem Buch *Die Tücke des Subjekts* (Žižek 2001a) findet sich ein kurzer Absatz, der deutlich macht, welches übergeordnete Projekt Žižek mit seinem Schreiben und Denken verfolgt. Er schreibt:

„Ist dieses Buch auch vom Grundtenor her ein philosophisches, so will es doch zuerst und vor allem eine engagierte politische Intervention sein, die die brennende Frage angeht, wie man in unserem Zeitalter des globalen Kapitalismus und seines ideologischen Supplements, des liberal-demokratischen Multikulturalismus[7], ein linkes, antikapitalistisches Projekt neu formulieren kann." (Žižek 2001a: 10f.)

In unseren westlichen Gesellschaften dürfe zwar jeder jeden kritisieren, aber nur solange die Kritik „konstruktiv" bleibe, solange niemand „verletzt" werde oder bei der Entfaltung seiner Persönlichkeit „behindert". Konstruktive Kritik ist Žižek zufolge immer eine Kritik, die im Rahmen des Bestehenden verbleibt und nach Möglichkeit auch gleich einen Lösungsvorschlag macht. Die Zeit der großen Gesellschaftsutopien, so der Zeitgeist, sei vorbei, es gehe nicht mehr darum, Alternativen zur bestehenden Gesellschaftsordnung (Kapitalismus + liberale parlamentarische Demokratie) zu entwerfen, sondern darum, auf Grundlage des Bestehenden weiterzuarbeiten und dem Kapitalismus ein so menschliches Gesicht wie möglich zu geben. Dieser postmoderne Zeitgeist ist es, gegen den Žižek argumentiert. Das bedeutet aber nicht, dass Žižek die liberalen westlichen Demokratien mit ihrem Toleranzgebot vollständig ablehnen würde, noch vergisst er, das emanzipatorische Potential des Multikulturalismus zu würdigen, er macht aber auf deren massive Kosten aufmerksam, darauf, dass gerade mit der Demokratie und dem Multikulturalismus die unreflektierte Akzeptanz des Kapitalismus als quasi-natürliche Grundlage der Gesellschaft verbunden ist.

Postmoderne und Kritik

Obwohl Žižek den postmodernen Zeitgeist, gerade in der Form des Multikulturalismus, kritisiert, geht er doch in einem gewissen Sinne mit den Mitteln der Postmoderne gegen diese selbst vor und akzeptiert durchaus Techniken, die man im Allgemeinen mit dem Begriff Postmoderne assoziiert. Seine Lektürepraxis,

---

[7] Der Begriff „Multikulturalismus" spielte in den gesellschaftlichen Debatten der neunziger Jahre des letzten Jahrhunderts eine wesentlich größere Rolle als heute. Die von Žižek mit dem Begriff in Verbindung gebrachten Entwicklungen bestehen allerdings fort. Ähnliches gilt für den Begriff „Postmoderne", der heute im deutschsprachigen akademischen Betrieb kaum mehr von Relevanz ist.

das Heraussprengen eines Textes aus seinem Entstehungskontext, um ihm in einem neuen Kontext Sinn zu verleihen, ist eine postmoderne Praxis. Die Idee, dass jeder Begriff über sich selbst hinausweist, dass sich Bedeutung nicht festlegen lässt, die Konzentration auf das, was sich der positiven Bestimmung entzieht etc. – all das findet sich selbstverständlich auch bei postmodernen Autorinnen und Autoren. Žižeks großes Interesse an der Populärkultur (vor allem an Filmen) steht in enger Verbindung mit der Aufwertung des Populären und der Alltagskultur, wie man sie unter anderem in den *Cultural Studies* vorfindet. Žižeks Kritik richtet sich nicht gegen die postmodernen Methoden und Diagnosen, sondern gegen die Folgerungen, die aus ihnen gezogen werden, besser gesagt: er richtet sich gegen die Konsequenzlosigkeit des postmodernen Denkens, gegen dessen Tendenz zur Ästhetisierung und der damit verbundenen Entpolitisierung.

Žižek fasst die „Postmoderne" ähnlich wie vor ihm Fredric Jameson (vgl. Jameson 2009) als die kulturelle Logik des Spätkapitalismus. Es ist umstritten, inwiefern man überhaupt von einer Postmoderne sprechen kann, da sich sehr viele ihrer Charakterisierungen (Auflösung der Grenze zwischen Hoch- und Populärkultur, Ästhetisierung, Ende des Kapitalismus, Ende der Ideologien, Aufgabe des Bezugs auf eine allgemeine Wahrheit (Relativismus), die Unmöglichkeit, zwischen authentisch und unauthentisch zu unterscheiden etc.) natürlich bereits in der Moderne finden lassen. Verändert hat sich jedoch die Reaktion auf solche Grenzüberschreitungen. Sie werden nicht mehr als „hässlich, dissonant, obskur, skandalös, unmoralisch, subversiv und generell ‚antisozial'" (Jameson 2009: 4) wahrgenommen, sie erschrecken niemanden mehr, sondern sie sind zu den prägenden Elementen der zeitgenössischen Kultur geworden. Das Denken der Moderne versuchte dagegen, mittels Reflexion die Grundfesten von Gesellschaft und Kultur zu erreichen, ihr Ziel war es nicht, alles in Fluss zu versetzen. Auch wenn sich eine Kontinuität zwischen Moderne und Postmoderne nachweisen lässt, so unterscheiden sich beide doch in ihrem Verhältnis zum ökonomischen System. Erst in der Postmoderne wurde der Kapitalismus total (vgl. Jameson 2009: 5), nichts konnte sich ihm mehr entziehen. Jameson zufolge hat der Kapitalismus auch noch die letzten Enklaven kritischer Distanznahme, die Natur und das Unbewusste, kolonialisiert (vgl. Jameson 2009: 48f.).

Unsere Gegenwart, die Postmoderne, lässt sich als welt- und zeitlos charakterisieren; Jameson beschreibt sie mit Bezug auf Lacan als schizophren. Wir verlieren den Überblick, da es keine Instanzen mehr gibt, die dem Bestehenden eine Ordnung oder einen Sinn aufzwingen (vgl. Jameson 2009: 26). Damit geht eine Derealisierung der Alltagswelt einher, eine zunehmende Desorientierung, die Unfähigkeit, eine kognitive Karte zu erstellen. Das wissenschaftliche Wissen über die Welt nimmt zwar weiterhin zu, was verlorengeht ist aber die Möglichkeit, dieses Wissen zu repräsentieren, mit anderen Worten: ihm einen Sinn zu verleihen (vgl. Jameson 2009: 53).

Verbunden mit dieser Diagnose ist die Entmächtigung einer jeden Kritik, die versucht, sich in Differenz zum Bestehenden zu setzen, da eine solche Distanznahme schlicht nicht mehr möglich ist. Damit einher geht ein Gefühl von Ohnmacht. Theoretiker wie Adorno, Foucault und auf den ersten Blick auch Žižek, stehen vor dem Problem, dass ihre kritischen Gesellschaftsdiagnosen sich in einem gewissen Sinne selbst lähmen, da diese Diagnosen nahelegen, dass jeder Versuch, die Gesellschaft zu ändern, prinzipiell scheitern muss (vgl. ebd.). Wenn der Kapitalismus total ist, so kann man ihn auch nicht ändern. Gegen diesen Defätismus wendet sich Žižek. Er geht zwar davon aus, dass der Kapitalismus total ist, hält aber daran fest, dass er sich überwinden lässt. Die Reflexion besitzt genügend Macht, die aktuelle gesellschaftliche Situation zu analysieren; er gibt aber jede Hoffnung auf eine grundlegende Systemänderung durch lediglich reformatorische Eingriffe auf. Am Ende bleibt, wie noch deutlich werden wird, als einziges Mittel, eine grundlegende Veränderung zu erreichen, nur Gewalt.

Problematisch am postmodernen Denken ist für Žižek des Weiteren nicht die Infragestellung von bisher als natürlich oder zumindest als unwandelbar wahrgenommener Dichotomien wie Mann/Frau, Natur/Kultur oder die Auflösung des Subjektsbegriffs (Tod des Subjekts), sondern der Umstand, dass im Prozess der zunehmenden Historisierung ein entscheidendes Moment verloren geht: der Bezug auf den grundlegenden, nicht auflösbaren Widerspruch, der jede Gesellschaft durchzieht (s.u.).

Theorie und Praxis

Wie kann aber ein Buch eine „engagierte politische Intervention" sein? Wie lässt sich eine derart komplexe Theorie wie die von Žižek überhaupt in Praxis umsetzen? Es gibt eine starke Tendenz – zumindest in Deutschland – theoretische Arbeit als für die Praxis größtenteils irrelevant zu betrachten. Einher geht diese Einstellung mit der klassischen Trennung zwischen Theorie und Praxis. Vergessen wird dabei, dass Theorie in dem Moment, in welchem sie rezipiert wird, eine besondere Form der Praxis darstellt. Theorien, die ernst genommen werden, ändern die Art und Weise, wie die Welt wahrgenommen wird, und damit auch die Art und Weise, wie gehandelt wird beziehungsweise das Handeln kontextualisiert, mit Bedeutung versehen wird. Das heißt, eine Theorie muss nicht in Praxis *umgesetzt* werden, sie muss lediglich wirklich angenommen werden und *ist* damit bereits Praxis. Theorien geben nur in den seltensten Fällen direkte Handlungsanweisungen. Aufgabe der Theorie ist es vielmehr, den Blick des Subjekts auf sich und die Welt zu verschieben und damit das Subjekt selbst und letztendlich die Gesellschaft zu verändern (vgl. Adorno 1996b). Ein überzeugter Lacanianer sieht die Welt anders als beispielsweise ein überzeugter analytischer Philosoph und handelt deswegen auch anders; ein überzeugter Marxist sieht die Welt anders als ein Anhänger des Neoliberalismus; ein Linker lebt in einer anderen Welt als ein Rechter. Wichtig ist hier die Einschränkung „überzeugte-". Wird Theorie nur als intellektuelles Spiel betrachtet, als eine Arbeit, die ich mache oder rezipiere, die mich aber nicht wirklich berührt, bleibt sie wirkungslos. Verbunden damit ist, dass auch einzelne Begriffe mit vollständig unterschiedlichen Bedeutungen aufgeladen werden: Wenn ein Kantianer von Freiheit und Demokratie spricht, meint er etwas völlig anderes als ein Hegelianer; dies gilt selbst dann, wenn beide denselben Wortlaut verwenden. Spricht ein rechtsgerichteter Aktivist von Heimat und Nation, so verleiht er diesen Begriffen eine Bedeutung, die nichts mit derjenigen zu tun hat, die ein linksgerichteter Aktivist ihnen beilegt. Žižek erläutert dies anhand der Unterscheidung Georg Lukács' zwischen Erkenntnis und Bewusstsein: „Erkenntnis ist dem erkannten Objekt äußerlich, während Bewußtsein an sich ‚praktisch' ist, ein Akt, der sein Objekt verändert. (Wenn ein Arbeiter einmal erkennt, daß er zur Arbeiterklasse gehört, dann verändert das seine gesamte Realität: Er wird anders handeln.) Man tut etwas, man betrachtet (erklärt) sich als derjenige, der das getan hat, und auf der Grundlage dieser Erklärung tut man etwas Neues – der eigentliche Moment der subjektiven Transformation tritt im Augenblick der Erklärung ein, nicht in dem der Handlung. Dieses reflexive Moment der Erklärung bedeutet, daß jede Äußerung nicht nur irgendeinen Inhalt mitteilt, sondern gleichzeitig auch *die Art, in der sich ein Subjekt auf diesen Inhalt bezieht*." (Žižek 2008b: 27f.) Damit rückt die Theoriebildung in enge Nähe zur Ideologie. Das Festhalten am Begriff der Ideologie und verbunden damit auch an der Möglichkeit von Ideologiekritik ist ein weiterer scheinbarer Anachronismus im Werk Žižeks.

Žižek sieht sein Theorie-Praxisverständnis als desjenigen Adornos nahestehend. Adorno wurde 1969, kurz vor seinem Tod, während der Studentenproteste in einem Interview gefragt, wie es denn möglich sei, die gesellschaftliche Totalität ohne Einzelaktionen zu ändern. Žižek zitiert zustimmend dessen Antwort:

„Auf die Frage ‚Was soll man tun' kann ich wirklich meist nur antworten: ‚Ich weiß es nicht'. Ich kann nur versuchen, rücksichtslos zu analysieren, was ist. Dabei wird mir vorgeworfen: Wenn du schon Kritik übst, dann bist du auch verpflichtet zu sagen, wie man's besser machen soll. Und das allerdings halte ich für ein bürgerliches Vorurteil. Es hat sich unzählige Male in der Geschichte ereignet, daß gerade Werke, die rein theoretische Absichten verfolgten, das Bewußtsein und damit auch die gesellschaftliche Realität verändert haben." (Adorno 1986: 404)

Dieser Diagnose Adornos schließt sich Žižek an: „Kurzum, unser historischer Moment ist nach wie vor derjenige Adornos" (Žižek 2002: 18). Deshalb bestünde die vorrangige Aufgabe darin, der Versuchung des unmittelbaren Handelns „zu widerstehen und statt dessen die hegemonialen ideologischen Koordinaten selbst in Frage zu stellen" (ebd.). Gerade diese Position des Nichthandelns fordert natürlich Kritik heraus. Eine solche Kritik basiert Adorno wie Žižek zufolge jedoch auf einem mangelhaften Theorie-Praxis-Verständnis, das sich darin ausdrückt, „daß die Theorie einer praktischen Vorzensur unterworfen" und dabei verkannt wird, „daß eine Theorie viel eher fähig ist, kraft ihrer eigenen Objektivität praktisch zu wirken, als wenn sie sich von vornherein der Praxis unterwirft" (Adorno 1986: 403).

Das wir im Allgemeinen nicht denken während wir handeln ist unproblematisch. Gefährlich wird es erst, wenn das Gebot zu Handeln zum Denkverbot wird. Wenn das Handeln dazu führt, dass der bestehende ideologische Rahmen außer Blick gerät.

Was dies bedeutet, lässt sich gut an Žižeks Kritik des Multikulturalismus und seiner Kritik der zeitgenössischen Linken zeigen (s.u.).

Wahrheit

Kommen wir noch mal auf die beiden großen, als überholt oder gar als falsch oder gefährlich betrachteten theoretischen Systeme zurück, auf die sich Žižek (und auch Adorno) kritisch beziehen: den Marxismus und die Psychoanalyse. Marxismus wie auch Psychoanalyse setzen, so Žižek, auf einen emphatischen Wahrheitsbegriff, auf einen Wahrheitsbegriff, der eines „Glaubenssprungs" bedarf (vgl. Žižek 2008a: 26). Auf der Ebene des empirisch Wissbaren ist Wahrheit nicht möglich; immer fehlt ein Teil, neue Erkenntnisse verlangen die Revision des bestehenden Wissensbestandes, empirische Daten sind mit Ungenauigkeiten behaftet etc. Wahrheit – wenn man in diesem Zusammenhang überhaupt von Wahrheit sprechen möchte/kann – bleibt also immer ein Provisorium, sie ist immer vorläufig. Psychoanalyse wie Marxismus sind für Žižek die einzigen Theorien, die auf einem anderen Begriff von Wahrheit beruhen. Beide Theorien haben gemein, dass es ihnen nicht um die „objektive" Wahrheit geht, „sondern um die Wahrheit der Position, von der aus man spricht" (Žižek 2008a: 27). Obwohl beide Theorien Theorien des Scheiterns der Praxis sind, bleibt die Wahrheit der Position erhalten, ohne – und das ist wichtig für Žižek – das Scheitern zu affirmieren. In „beiden [ist] die Beziehung zwischen Theorie und Praxis eine wahrhaft dialektische, das heißt die einer irreduziblen Spannung: Die Theorie ist nicht nur die konzeptionelle Grundlage der Praxis, sie erklärt gleichzeitig auch, warum die Praxis letztendlich zum Scheitern verurteilt ist" (ebd.). Die Psychoanalyse, so Freud, können eigentlich nur in einer Gesellschaft richtig funktioniere, die ihrer nicht bedarf.

> **Karl Heinrich Marx** (1818 – 1883) ist der Verfasser eines der wirkmächtigsten Bücher, das jemals veröffentlich wurde: *Das Kapital – Kritik der politischen Ökonomie* (1867).[1] Marx identifiziert das Kapital als „die alles beherrschende ökonomische Macht der bürgerlichen Gesellschaft" (Marx 1974: 27), mit der jede kritische Gesellschaftsanalyse anheben und auch enden muss. „Man kann die Idee, die Marx in seinem Hauptwerk auszubuchstabieren versucht, auf den folgenden Begriff bringen: Daß die Gesellschafts- oder Wirtschaftsform, die als kapitalistische den Schein des Unvergänglichen um sich verbreitet, doch nur eine Episode ist, nur (Vor-)Geschichte; daß im Schoße jener ungeheuer produktiven, alle lokalen und nationalen Eigentümlichkeiten mit sich fortreißenden Gesellschaft schon die dynamischen Kräfte schlummern, die diese Gesellschaft [...] mit einer gewissen Zwangsläufigkeit (unter tätiger Mitwirkung der Arbeiterklasse) über sie hinausführe." (Gamm 2001: 33) Von entscheidender Bedeutung für das Verständnis Marxens ist sein Arbeitsbegriff. Arbeit kommt in zwei unterschiedlichen Formen vor, zum einen als tauschwert-setzende, zum anderen als gebrauchswert-schaffende Arbeit. Der Gebrauchswert ist „ein durch Formveränderung menschlichen Bedürfnissen angeeigneter Naturstoff. Die Arbeit hat sich mit ihrem Gegenstand verbunden. Sie ist vergegenständlicht, und der Gegenstand ist verarbeitet. Was auf seiten des Arbeiters in der Form der Unruhe erschien, erscheint nun als ruhende Eigenschaft, in der Form des Seins, auf seiten des Produkts. Er hat gesponnen, und das Produkt ist ein Gespinst." (Marx 1968: 195) Der Gebrauchswert von Waren ist unterschiedlich; allein anhand ihrer Eigenschaften lassen sie sich nicht miteinander vergleichen. Vergleichbar ist aber die Menge der Arbeit (Zeit), die für ihre Herstellung aufgeboten werden muss. „Als Gebrauchswerte sind die Waren vor allem verschiedner Qualität, als Tauschwerte können sie nur verschiedner Quantität sein, enthalten also kein Atom Gebrauchswert." (Marx 1968: 52) Das, was den Wert einer Sache ausmacht, ist die Arbeit, die in sie eingeflossen ist. Über den Anteil der vergegenständlichten menschlichen Arbeitskraft lassen sich Waren miteinander vergleichen. Die lebendige Arbeitskraft wird zur Ware, deren Wert über die zu ihrem Erhalt benötigten Subsistenzmittel bestimmt wird. Arbeitskraft ist aber eine besondere Ware, da „das lebendige Arbeitsvermögen [...] als Gebrauchswert des Kapitals in die Produktions- und Verwertungsprozesse" (Gamm 2001: 40) eingeht. Marx schreibt: „Der Kapitalist tauscht nicht Kapital direkt gegen Arbeit aus oder Arbeitszeit; sondern in Waren enthaltene, aufgearbeitete Zeit gegen im lebendigen Arbeitsvermögen enthaltene, ausgearbeitete Zeit. Die lebendige Arbeitszeit, die er eintauscht, ist nicht der Tauschwert, sondern der Gebrauchswert des Arbeitsvermögens." (Marx 1974: 565) Der Gebrauchswert der Arbeit (das, was der Kapitalist ausnutzt) ist größer als ihr Tauschwert (Arbeitslohn). Die Differenz zwischen beiden ist der Mehrwert. „Das Kapital ist also nicht nur Kommando über Arbeit, wie A. Smith sagt. Es ist wesentlich Kommando

über unbezahlte Arbeit." (Marx 1968: 556) Kapital ist kein Ding, sondern ein Produktionsverhältnis, „das sich an einem Ding darstellt und diesem Ding einen spezifischen gesellschaftlichen Charakter gibt" (Marx 1983: 822). Marx kritisiert die klassischen Nationalökonomen dahingehend, dass sie die Produktion nur innerhalb der bestehenden Kapitalverhältnisse analysieren, „aber nicht, wie dieses Verhältnis selbst produziert wird" (Marx 1970: 89). Sie fassen den Kapitalismus als naturwüchsig, als nicht hinterfragbaren letzten Horizont. Innerhalb der kapitalistischen Produktion wird die Arbeitskraft zu einer Ware unter anderen und der Arbeiter zu einer Sache. Subjekt wird zum Objekt und das gilt – was oft übersehen wird – auch für den Kapitalisten: „Der Kapitalist funktioniert nur als *personifiziertes* Kapital [...] wie der Arbeiter nur als personifizierte *Arbeit*" (Marx 1970: 17). Das Kapital benutzt Arbeiter wie Kapitalisten, um sich zu vermehren, es ist Geld heckendes Geld. So gesehen stellt Marx Hegel wirklich vom Kopf auf die Füße: „Das Fundamentum in re des menschlichen Selbst ist nichts weniger als das allgemeine Bewußtsein einer sich selbst wissenden und sich selbstverwirklichenden Subjektivität; das Selbst ist vielmehr der (unbewußte) Teil des Gesellschaftskörpers, dessen sozialer Charakter durch die sozio-ökonomischen institutionalisierten Befehlsgänge vorgeprägt ist." (Gamm 2001: 54)

Žižek bezieht sich direkt auf Teile des leninistischen Erbes, die sich seines Erachtens für die heutige Politik fruchtbar machen lassen. Zu diesem Erbe gehört die oben bereits angesprochene Wahrheitskonzeption: *Die Politik der Wahrheit*. Wie Žižek selbst feststellt, haben seine Arbeiten einen durchaus konservativen Einschlag; er ist nicht bereit, den Bezug zur Wahrheit aufzugeben, beziehungsweise sie in unterschiedlichste gleichberechtigte Narrative aufzulösen. Wer sich jedoch auf die Wahrheit beziehe, werde sofort unter Totalitarismusverdacht gestellt; jeder Wahrheitsanspruch wird „als Ausdruck verborgener Machtmechanismen verworfen" (Žižek 2002: 25). Heute werde nicht mehr gefragt, ob eine Aussage wahr sei oder nicht, sondern: Unter „welchen Machtverhältnissen kann diese Aussage formuliert werden?" (Ebd.) Es gibt nicht mehr die eine Wahrheit, sondern eine Vielzahl an möglichen Perspektiven, eine Vielzahl an Erzählweisen. Žižek geht es selbstverständlich nicht darum, eine Theorie der objektiven Wahrheit (gar als Abbild der Wirklichkeit) zu vertreten, sondern vielmehr um die universale Dimension der Wahrheit, die aufscheint, wenn eine partikulare Position auf das Allgemeine hin überschritten wird. „Ohne den Bezug auf diese universelle Dimension der Wahrheit bleiben wir letztlich alle die ‚Affen eines kalten Gottes' (wie Marx es in seinem Gedicht von 1841 formulierte) [...]. Lenins Wette, die heute, in unserem Zeitalter des postmodernen Relativismus aktueller ist denn je zuvor, lautet: Universelle Wahrheit und Parteigängertum, die Geste, Stellung zu beziehen, schließen sich nicht nur nicht gegenseitig aus, sondern bedingen einander. In einer konkreten Situation läßt sich die *universelle* Wahrheit nur von einer durch und durch *parteiischen* Position aus artikulieren;

Wahrheit ist per definitionem einseitig." (Žižek 2002: 26) Dieses (politische) Verständnis von Wahrheit wird besonders relevant in Žižeks Beiträgen zur politischen Philosophie.

> **Wladimir Iljitsch Lenin** wurde am 22. April 1870 als Sohn von Maria Alexandrowna Blank (1835-1916) und Ilja Nikolajewitsch Uljanow (1831-1886) in Simbirsk geboren. Lenins Vater wurde 1882 in den Adelsstand erhoben. Lenin besuchte das Gymnasium seiner Heimatstadt und begann 1887 an der juristischen Fakultät der Universität Kasan zu studieren. Lenis Bruder Alexander war Mitglied einer revolutionären Gruppe, die den Zaren Alexander III. ermorden wollte, und wurde 1887 hingerichtet. Die Studentenproteste an der Universität Kasan und die Verurteilung seines Bruders führten dazu, dass Lenin Ende 1887 von der Universität verwiesen wurde. 1890 wurde er an der Universität in Petersburg zum externen Studium zugelassen und erlangte dort das juristische Staatsexamen. Lenin wurde 1895 wegen seiner marxistisch revolutionären Arbeit verhaftet und verbrachte die Jahre zwischen 1897 und 1900 in der Verbannung (Sibirien). 1900 flüchtet er in die Schweiz und im Anschluss nach München. Er gründete die Zeitschrift *Iskra* und beteiligte sich am Aufbau der Sozialdemokratischen Arbeiterpartei. Lenins Radikalismus führt auf dem Parteitag von 1903 zur Spaltung der Partei in die Bolschewiki (Mehrheitsfraktion), die er anführte, und die Menschewiki (Minderheitsfraktion). Lenin unterstützt die Russische Revolution von 1905. Zwischen 1907 und 1917 muss Lenin wieder ins Exil (Schweiz, Paris, Krakau). 1909 wird *Materialismus und Empiriokritizismus* veröffentlicht. 1917 kehrt Lenin mit Ausbruch der Revolution nach Russland zurück und wird Vorsitzender des Rats der Volkskommissare. Nach längerer Krankheit stirbt Lenin am 21. Januar 1924 in Gorki bei Moskau. Lenins Name ist verbunden mit dem sogenannten „Roten Terror", Säuberungen, die eine mögliche Konterrevolution unmöglich machen sollten und der eine Unzahl an Menschen zum Opfer fiel.
> Der Marxismus hat Lenin zufolge das Erbe der deutschen Philosophie, der englischen politischen Ökonomie und des französischen Sozialismus übernommen und fortgeführt.
> Lenin unterscheidet zwischen absoluter und relativer Wahrheit. Wahrheit wird von Lenin nicht transzendentalphilosophisch begründet, sondern als parteiisch betrachtet. Die Wahrheit steht immer auf Seiten des Fortschritts der Menschheit und findet ihre geschichtsontologische Grundlage in der Dialektik von Produktivkräften und Produktionsverhältnissen.

Motive

Die meisten der Grundmotive Žižeks finden sich bereits in seinem ersten englischsprachigen, 1989 erschienenen Buch *The Sublime Object of Ideology* (Žižek 1989). Er verfolgt mit *The Sublime Object of Ideology* drei Ziele: Erstens möchte er eine Interpretation der Arbeiten des französischen Psychoanalytikers Jacques

Lacans vorlegen, die radikal mit der Einordnung Lacans als Poststrukturalist bricht, ihn gegen den Vorwurf des Obskurantismus verteidigt und ihn in die Tradition des Rationalismus stellt. Žižek sieht die lacansche Theorie als die radikalste zeitgenössische Form der Aufklärung. Zweitens geht es ihm um eine Neuinterpretation Hegels, die dessen Theorie nicht als idealistischen Monismus (Panlogismusvorwurf) versteht, sondern als eine Affirmation von Differenz und Kontingenz. Žižek interpretiert Hegels „absolutes Wissen" als Bezeichnung für die Anerkennung eines bestimmten radikalen Verlusts, des Verlusts einer vorgängigen Fülle. Drittens möchte er einen Beitrag zur Ideologietheorie leisten und unterzieht dafür einige klassische Motive (u.a. Warenfetischismus, Lacans Graph des Begehrens, den Steppunkt, die Triade Imaginäres, Symbolisches und Reales) einer (politischen) Relektüre.

Diese drei Ziele sind miteinander verbunden: Die neue Lesart von Hegel und Lacan erlaubt es, zeitgenössische ideologische Phänomene wie Zynismus, Totalitarismus oder den fragilen Status der Demokratie zu erfassen, ohne in eine der postmodernen Fallen wie der Illusion eines Ende der Ideologie, einer postideologischen Welt, zu gehen (vgl. Žižek 1989: 7). Dieses Programm verfolgt Žižek seit mehr als zwei Jahrzehnten. Zwar verschiebt er Buch für Buch seine Position und nimmt immer neue Anläufe, um den genannten Herausforderungen gerecht zu werden, an seiner grundsätzlichen Vorgehensweise hat sich jedoch nichts geändert. Die Treue zu bestimmten Themen und auch der sich nur wenig ändernde Theorierahmen ist mit dafür verantwortlich, dass man bei der Lektüre von Žižeks Texten häufig auf Passagen stößt, die er wortwörtlich aus früheren Publikationen übernommen hat.

Es haben sich aber durchaus Verschiebungen in seinem Denken ergeben, auf die er auch selbst hinweist: *The Sublime Object of Ideology* sei ein Buch, das eine Reihe miteinander verbundener Schwächen aufweise: Der Status des Realen werde nicht ausreichend bestimmt, Lacan einer quasi-transzendentalen Lektüre unterzogen, die das Reale als unmögliches Ding an sich interpretiert und zu einer Verherrlichung des Scheiterns führe. Verbunden mit dieser philosophischen Schwäche sei eine politische Schwäche, ein Verweilen im Raum der liberalen Demokratie. In *The Sublime Object of Ideology* schwanke er zwischen einem echten Marxismus und „dem Lob der ‚reinen' Demokratie, einschließlich einer Kritik des ‚Totalitarismus' im Gefolge von Claude Lefort" (Žižek 2008e: 19). Diese „gefährlichen Residuen bürgerlicher Ideologie" zu „identifizieren und zu liquidieren" (ebd.), habe ihn Jahre harter Arbeit gekostet und zu einer Klärung seiner lacanianischen Hegellektüre, der Ausarbeitung des Begriffs des Akts und einer „spürbaren Distanz zum Demokratie-Begriff" (ebd.) geführt. Die Nähe zur Radikaldemokratie im Sinne von Ernesto Laclau und Chantal Mouffe (Laclau/Mouffe 1991) ist 1989 noch sehr ausgeprägt, spätestens mit dem 1999 erschienenen Band *Die Tücke des Subjekts* (Žižek 2001a) bricht Žižek jedoch mit dem radikaldemokratischen Denken (vgl. Heil 2006). Den Gründen für diese Abkehr wird ausführlich im dritten Hauptteil der vorliegenden Einführung nachgegangen.

Psychoanalyse und Gesellschaft

Ernesto Laclau macht in seinem Vorwort zu *The Sublime Object of Ideology* darauf aufmerksam, dass die Lacanrezeption der Laibacher Lacanschule davon geprägt ist, die Psychoanalyse auch für die Analyse von Literatur und Film fruchtbar zu machen.[8] Die klinische Seite der Psychoanalyse spielt dagegen überhaupt keine Rolle (vgl. Žižek 1989: x). Žižek selbst bezieht sich in der Tat nur sehr selten auf Beispiele aus der klinischen Praxis (meist auf die Fallberichte Freuds). Wichtiger ist ihm die Anwendung der Psychoanalyse im Rahmen der Gesellschaftskritik. Die Übertragung psychoanalytischer Konzepte auf die Gesellschaft wird häufig kritisiert. Eine solche Kritik verfehlt aber, so Žižek, den eigentlichen Fokus der Psychoanalyse. Er schreibt in der Einleitung zu seinem Buch *Parallaxe*: „Das Soziale, das Feld sozialer Praktiken und Glaubensvorstellungen, liegt nicht einfach auf einer anderen Ebene als die individuelle Erfahrung; es ist vielmehr etwas, mit dem sich *das Individuum selbst in Beziehung setzen* und das *das Individuum selbst* als eine Ordnung erfahren muß, die minimal ‚verdinglicht', entäußert ist. Die Frage ist also nicht: Wie kommt man von der individuellen auf die soziale Ebene? Sie lautet vielmehr: *Wie muß die äußerlich-unpersönliche gesellschaftlich-symbolische Ordnung institutionalisierter Praktiken und Glaubensvorstellungen strukturiert sein, wenn das Subjekt seinen ‚Verstand' bewahren und ‚normal' funktionieren soll?*" (Žižek 2006: 11) Bereits Freud trennte nicht scharf zwischen der individuellen und der gesellschaftlichen Ebene, so dass man durchaus sagen kann, dass die Gesellschaft schon immer Gegenstand der Psychoanalyse gewesen ist. Die Reduzierung der Psychoanalyse auf eine Individualtherapie ist eine nachfreudsche Verschiebung. Unter anderen erkannten die Theoretiker der frühen Kritischen Theorie (vor allem Theodor W. Adorno) das gesellschaftskritische Potential gerade der freudschen Psychoanalyse. Sie versuchten, Freud und Marx zusammenzudenken. Der Nationalsozialismus setzte diesen Bemühungen ein brutales Ende. In Deutschland wurde die

---

[8] Laclau weist bereits 1989 auf die enorme Produktivität der Laibacher Lacanschule hin. Neben Žižek nennt er Mladen Dolar; Rado Riha; Miran Božovič (Relektüren von Descartes, Leibniz und Spinoza); Zravko Kobe (Hegels Logik); Zdenko Vrdlovec, Stojan Pelko und Marcel Stefančič (Filmtheorie); Eva D. Bahovec (Epistemologie); Jelica Sunnič-Riha (Analytische Philosophie), sowie Renata Salecl (Rechtswissenschaft) (vgl. Žižek 1989: xi).

gesellschaftstheoretische Relevanz der Psychoanalyse in den sechziger und siebziger Jahren des 20. Jahrhunderts wiederentdeckt; die Werke von Freud, Wilhelm Reich oder Otto Fenichel, um nur einige zu nennen, wurden intensiv rezipiert (vgl. Lohmann 2006: 9f.).

Negativität I: Hegel

Georg Wilhelm Friedrich Hegel ist der wichtigste Referenzautor Žižeks. Der Bezug auf Hegel zieht sich durch alle seine Bücher von *The Sublime Object of Ideology* (Žižek 1989) bis zu *First as Tragedy, Then as Farce* (Žižek 2009). Folgt man Žižeks eigenen Ausführungen, dann ist der Deutsche Idealismus (Fichte, Schelling, Hegel), der wichtigste Bezugspunkt seines Denkens, sogar noch vor der Psychoanalyse Lacans (vgl. Parker 2008: 3). Die beiden wichtigsten Publikationen Žižeks zu Hegel sind bereits Anfang der 90er Jahre erschienen: *Der erhabenste aller Hysteriker* (1991) und *Verweilen beim Negativen* (1994). In den beiden Bänden entfaltet Žižek, unter ständigem Rückgriff auf die lacansche Psychoanalyse, seine Hegelinterpretation. In das Zentrum seiner Interpretation stellt er den Begriff der Negativität. Die Relevanz der hegelschen Dialektik für Žižek kann nicht hoch genug eingeschätzt werden und macht es nötig, detailliert auf diese einzugehen.

> **Georg Wilhelm Friedrich Hegel** wurde am 27. August 1770 in Stuttgart geboren. Seine Eltern sind Mitglieder der württembergischen Oberschicht, der Vater Georg Ludwig (1733–1799) war herzoglicher Beamter (Rentkammersekretär), die Mutter Maria Magdalena Louisa Hegel (geborene Fromm, 1741-1783) stammt aus einem Juristenhaushalt. 1788 immatrikuliert Hegel sich im Tübinger Stift für Theologie und Philosophie. Dort schließt er Freundschaft mit dem gleichaltrigen Friedrich Hölderlin und dem 1775 geborenen Friedrich W.J. Schelling. Statt Pfarrer zu werden verdingt sich Hegel ab 1793 als Hauslehrer. Er beschäftigt sich nicht nur mit der Philosophie und Theologie, sondern auch mit der Nationalökonomie. 1799 stirbt Hegels Vater, das Erbe ermöglicht ihm auf einige Jahre ein Auskommen. 1801 wechselt Hegel seinen Wohnort nach Jena. Er habilitiert sich und lehrt als Privatdozent. 1806 vollendet Hegel, kurz vor der Schlacht von Jena, die *Phänomenologie des Geistes*, neben der Logik wohl sein wichtigstes Werk. Im darauffolgenden Jahr wird Hegel Redakteur der Bamberger Zeitung, 1808 wird er Gymnasialdirektor in Nürnberg. In die Nürnberger Zeit fällt die Abfassung und Veröffentlichung des zweiten Hauptwerks Hegels, der *Wissenschaft der Logik* (1812-1816). Hegel wird 1816 Professor in Heidelberg, 1818 wird er Fichtes Nachfolger in Berlin. Im Jahr 1831 stirbt Hegel, wie vermutet wird an der Cholera, in Berlin.
>
> Hegel zählt mit zu den wirkmächtigsten Philosophen. Die Hegelsche Dialektik ist neben der Nationalökonomie die wichtigste Grundlage des Marxismus.

Žižeks Hegelinterpretation steht in strikter Opposition zur Standard- oder Lehrbuchinterpretation Hegels, die sich wie folgt charakterisieren lässt: „Der spekulative Idealismus Hegels habe zwar die Kantische Subjekt-Objekt-Spaltung überwunden, aber nur um den Preis einer erneuten Reontologisierung des Wirklichen; der Idealismus logifiziere die Welt (,Panlogismus') und erkläre zuletzt jedwedes Sinnwidrige zum Vernünftigen. Vor allem aber setze sich die Dialektik über die von Kant für eine Theorie möglicher Erfahrung markierten Grenzen (bedenkenlos) hinweg; er mache die in vernunftkritischer Intention eingeführten Trennungen wieder rückgängig, die eine Metaphysik, welche sich als Wissenschaft etablieren möchte, aber notwendig brauchte, um nicht – wie die rationalistische Metaphysik vor Kant – wieder in den Phantasmagorien eines Konstruierens aus reinen Begriffen zu landen." (Gamm 1997: 86f.) Einer solchen Version der hegelschen Dialektik geben aus dem Kontext gerissene Äußerungen Hegels wie „Das Wahre ist das Ganze" (Hegel 1984: 24), „Was vernünftig ist, das ist wirklich; und was wirklich ist, das ist vernünftig" (Hegel 1996b: 24), natürlich Vorschub. Die oben angeführte Standarddarstellung Hegels ist wenig produktiv und verfehlt die hegelsche Revolution des Denkens vollständig. Auch Versuche, die Philosophie Hegels als Subjektphilosophie zu fassen und nicht als Philosophie des Geistes, verfehlen die eigentliche Pointe seines Denkens. Im folgenden werden anhand einer alternativen Hegelinterpretation (Gamm 1997)[9], die ähnliche Schwerpunkte setzt wie Žižek, jedoch auf das Vokabular der Psychoanalyse verzichtet, die für Žižeks Denken entscheidenden Begriffe und Konzeptionen eingeführt. Im Anschluss an diese Darstellung wird dann der Begriffsgebrauch Žižeks erläutert. Dieser Weg durch die „Wüste der Abstraktion" ist leider unvermeidlich. Da der Begriff der Negation aber in allen Bereichen von Žižeks Denken von entscheidender Bedeutung ist, kann die Leserin/der Leser die folgenden Ausführungen zunächst überspringen und mit den weniger abstrakten Ausführungen zu Žižeks Lacaninterpretation und seiner politischen Philosophie fortfahren.

Hegels Dialektik ist der Versuch, das philosophische Denken über die Transzendentalphilosophie Kants hinauszuführen.

Nach Kant ist dem Subjekt der Einblick in das Wesen einer Sache immer verborgen, da es den Gegenstand, den es erkennen möchte, nicht direkt erkennen kann, sondern sich zwischen das Subjekt und den Gegenstand der Erkenntnisakt selbst schiebt. Das Subjekt erkennt den Gegenstand nicht in seinem Ansichsein (so, wie er wirklich ist), sondern es gibt ihm im Akt des Erkennens etwas zu. Das Ding an sich, die Sache selbst, bleibt unerreichbar.

---

[9] Die folgende Darstellung der Hegelschen Philosophie orientiert sich, auch wo es nicht explizit angegeben wird, an Gerhard Gamms *Der Deutsche Idealismus* (Gamm 1997).

Dieses erkenntnistheoretische Problem löst Hegel, indem er gerade den Umstand, der bei Kant dafür verantwortlich ist, dass das Ding an sich unerreichbar bleibt, nicht als Problem, sondern als dessen Lösung versteht. Im Unterschied zu Kant befinden sich Subjekt und Gegenstand in der hegelschen Dialektik auf einer Ebene; sie sind immer schon aufeinander verwiesen, und hinter diese Verwiesenheit kann man nicht zurück: „Es gibt keine neutrale Basis des Vergleichs zwischen der Wahrheit eines Ansich und unseren Vorstellungen. Der Vergleich fällt, wie Hegel sagt, in uns, in unser Bewußtsein." (Gamm 1997: 91) Das Bewusstsein geht davon aus, etwas zu wissen, beispielsweise, dass dieser oder jener Gegenstand unabhängig vom Bewusstsein existiert. In der Reflexion überwindet es dieses naive oder auch intuitive Wissen, indem es feststellt, dass das, was es als unmittelbar wahrnimmt, immer schon mit ihm selbst in einem Verhältnis steht, und dessen vermeintliches Ansichsein nur für das Bewusstsein selbst existiert. Aus dieser Verschiebung entsteht für das Bewusstsein ein neues Ansich des Gegenstands. Hegel schreibt: „Diese *dialektische* Bewegung, welche das Bewußtsein an ihm selbst, sowohl an seinem Wissen als an seinem Gegenstande ausübt, *insofern ihm der neue wahre Gegenstand* daraus *entspringt*, ist eigentlich dasjenige, was *Erfahrung* genannt wird." (Hegel 1984: 78)

Erkennen ist bei Hegel immer ein Verkennen, aus dem ein neues Ansich (Gegenstand) entsteht, welches im weiteren Verlauf der Reflexion wieder in Frage gestellt wird. Die Transzendentalphilosophie Kants verkennt genau diesen Umstand, indem sie davon ausgeht, dass es ein fixes, unveränderliches Ansich gäbe, dem unser Erkenntnisapparat seine Kategorien überstülpt. In der Transzendentalphilosophie wirkt so ein theologisches Motiv weiter: „die Angst vor der Verunreinigung des Absoluten (des Ansich). Es darf gleichsam nicht durch die Erkenntnisschemata endlicher Menschen befleckt werden." (Gamm 1997: 95) Dieses theologische Motiv, die „passion du réel", die Passion für das Wirkliche, für das Eigentliche, ist, so Alain Badiou, auch noch das Charakteristikum des 20. Jahrhunderts. Gamm charakterisiert die gesamte Moderne als den Versuch, doch irgendwie das Ansichseiende zu erreichen. All diese Versuche müssen fehlgehen, da sie nicht akzeptieren, dass wir als erkennende und handelnde Subjekte immer schon mittendrin sind. Während die Moderne also daran scheitert, dass sie sich des nichthintergehbaren Vermittlungszusammenhangs nicht bewusst wird, droht der sogenannten Postmoderne „die sophistische Beliebigkeit des Meinungsrelativismus" (Gamm 1997: 96). Die hegelsche Dialektik steuert zwischen diesen beiden Polen hindurch, aber nicht, indem sie sie synthetisiert, sie versöhnt, sondern indem sie die Spannung zwischen diesen beiden Polen aushält und sie fruchtbar macht:

„Die Ungleichheit, die im Bewußtsein zwischen dem Ich und der Substanz, die sein Gegenstand ist, stattfindet, ist ihr Unterschied, das *Negative* überhaupt.

Es kann als der *Mangel* beider angesehen werden, ist aber ihre Seele oder das Bewegende derselben; weswegen einige Alte das *Leere* als das Bewegende begriffen, indem sie das Bewegende zwar als das *Negative*, aber dieses noch nicht als das Selbst erfaßten. – Wenn nun dies Negative zunächst als Ungleichheit des Ichs zum Gegenstande erscheint, so ist es ebensosehr die Ungleichheit der Substanz zu sich selbst." (Hegel 1984: 39)

In dieser kurzen Passage findet sich *in nuce* alles, was Hegel für Žižek so interessant macht: Das Negative, dass seinen Ausdruck im Subjekt wie in der Substanz findet und diese mit einem Mangel versieht, beziehungsweise Ausdruck dieses Mangels ist. Das Motiv des Mangels (auf Seiten des Subjekts wie der Substanz) bestimmt, wie noch deutlich werden wird, auch die Psychoanalyse Lacans.

Die Negativität in ihren unterschiedlichsten Formen steht im Zentrum der Dialektik und ist auf der einen Seite ein Mangel, der Subjekt wie Objekt durchstreicht, sie daran hindert, mit sich selbst identisch zu sein oder zu werden, auf der anderen Seite führt dieser Mangel dazu, dass das Subjekt sein Wissen immer wieder aufs Neue in Frage stellt. Dieser Negativitätsbegriff, „Seele oder das Bewegende", welcher alle Feststellungen immer wieder unterläuft, ist es, der es Lacan erlaubt, Hegel als den „erhabensten aller Hysteriker" zu bezeichnen, da die Dialektik genauso wenig zum Stillstand kommt, wie der Hysteriker auf seine Fragen niemals eine Antwort bekommt, die ihn zufriedenstellen würde. Das Subjekt findet niemals Ruhe, es befindet sich immer im Widerspruch mit sich selbst und der Welt und ist genau aus diesem Grund in der Lage, alles zu hinterfragen, beziehungsweise es wird, sobald es anfängt nachzudenken, zum Hinterfragen gezwungen. Dieser Widerspruch ist sein Sein, es ist nicht mehr als die „Tätigkeit des Scheidens", die „Kraft und Arbeit des *Verstandes*, der verwundersamsten und größten oder vielmehr der absoluten Macht". Diese Macht des Negativen „ist die Energie des Denkens, des reinen Ichs". Der Geist „gewinnt seine Wahrheit nur, indem er in der absoluten Zerrissenheit sich selbst findet", „indem er dem Negativen ins Angesicht schaut, bei ihm verweilt" (Hegel 1984: 36). Das entscheidende Moment ist die grundlegende Verschiebung der Perspektive, die mit der Einführung der Negativität auf beiden Seiten, auf der Seite des Subjekts wie des Objekts, einhergeht: „Als diese Operation des Denkens, die ebenso vom Subjekt zum Objekt wie umgekehrt verläuft, ist das Denken ‚Geist'. ‚Geist' ist weder Subjekt, noch Objekt, sondern das in seiner Bewegung diese Gegensätze aufhebende Absolute." (Gamm 1997: 99)

Die Subjektivität, beziehungsweise das Bewusstsein ist der Ort, an dem die wechselseitige Durchdringung und Bestimmung von Subjekt und Objekt am deutlichsten wird. Die Durchdringung wird direkt vom Bewusstsein erfahren, da es Bewusstsein von sich selbst, Selbstbewusstsein ist. Das Bewusstsein „ist *für sich selbst*, es ist *Unterscheiden des Ununterschiedenen* oder *Selbstbewußtsein*. Ich *unterscheide mich von mir selbst*, und *es ist darin unmittelbar für mich, daß dies Unterschiedene nicht unterschieden ist*. Ich, das Gleichnamige, stoße mich von mir selbst ab; aber dies Unterschiedene, Ungleich-Gesetzte ist unmittelbar, indem es unterschieden ist, kein Unterschied für mich." (Hegel 1984: 134f.) (Selbst)Bewusstwerden kann ich mir nur, indem ich mich selbst zum Objekt mache. Nur durch die Verobjektivierung meiner selbst kann ich mich auf mich selbst beziehen. Gleichzeitig ist diese Unterscheidung aber eine Unterscheidung, die ich selbst vornehme, die in mich selbst fällt beziehungsweise gerade das ausmacht, was ich bin. Hegel spricht hier von einem absoluten Unterschied, ein Unterschied, der gleichzeitig gesetzt und aufgehoben ist: „Im absoluten Unterschied fallen Identität und Unterschied zusammen. In ein und derselben Hinsicht unterschieden, sind die Momente zugleich identisch." (Gamm 1997: 102) Im Gegensatz zu einem relativen Unterschied (beispielsweise ein farblicher Unterschied zwischen zwei Gegenständen, der diesen äußerlich bleibt), bestimmt der absolute Unterschied die Identität des Gegenstandes. Das Bewusstsein ist niemals in der Lage, sich vollständig zu objektivieren, es entzieht sich jedem Versuch, sein Wesen positiv zu bestimmen, jede Festlegung wird immer auf das Neue unterlaufen. Subjektivität ist absolute, sich auf sich selbst beziehende Negativität. In dieser Unmöglichkeit, das Wesen des Bewusstseins positiv zu fassen, drückt sich sein eigentliches Wesen aus: Das Subjekt ist nicht mehr als dieser negative Selbstbezug. Hegel „weigert sich, für die sich zersetzende Mitte des Selbst, diese Einheit von Bestimmtheit und Unbestimmtheit einen synthetischen Begriff zu geben, der auch nur den Anschein erwecken könnte, dieser dritte Terminus, diese *synthetische Differenz* vereinige die beiden Momente unter sich" (Gamm 1997: 104). Der für die Subjektivität konstitutive Riss findet sich auch auf der Seite der Substanz, da Subjekt wie Objekt beide in die Reflexionsbewegung des Geistes einbezogen sind. Die Dialektik ist weder, wie oft behauptet, ein Rückfall hinter Kant, noch ist sie Subjektphilosophie. Zwar wird die Substanz als Subjekt gedacht, ihr also die paradoxe Struktur des Subjekts eingeschrieben, aber die Subjektivität ist nicht das oberste Prinzip aus dem „alle Kategorien und Regeln des Denkens und Handelns abgeleitet werden", sondern Subjektivität „steht vielmehr dafür, daß allen begrifflich konstruierbaren Zusammenhängen in Natur und Geschichte, Religion, Kunst und Wissenschaft eine logische Struktur eingearbeitet ist, deren selbstbezügliche Schleifen den *Geist* als ‚das in sich selbst tragende, absolut reale Wesen' auszeichnen" (Gamm 1997: 106).

Der Geist, von Hegel auch konkrete Totalität oder konkrete Allgemeinheit genannt, kennt kein Außen: „Ganzes und Moment, Innen und Außen, Subjekt und Objekt finden sich auf einer Fläche, die in sich gefaltet ist" (Gamm 1997: 109). Gamm verweist zur Verdeutlichung dieser Struktur auf die Zeichnungen

M.C. Eschers und wie Lacan und Žižek auf die Struktur des Moebiusbands: Ein Moebiusband ist so in sich verschlungen, dass man von der Außen- auf die Innenseite gelangt, indem man einfach dem Band folgt.[10] Anstelle der Verankerung in (zureichenden) Gründen tritt die „Vermittlung des Sichanderswerdens mit sich selbst". Jeder vermeintliche Grund wird in der Dialektik in einen Verweisungszusammenhang aufgelöst. „Der Geist ist das ‚Mehr'; er/es bildet das *Supplement* all unseres Denkens, Sprechens und Handelns." (Gamm 1997: 112). Der Geist ist das Medium, in dem sich all unser Sprechen und Handeln bewegt. „In Sprache und Institutionen, das heißt, in einer symbolvermittelten Realität uns ständig voraus, bleibt der Geist auch *unendlich hinter dem, was wir sind, sagen und tun zurück* (dem Einzelnen, Neuen usf.); er verkörpert diese an die Extreme verfallene logische Bewegung von *Erkennen* und *Verkennen, Handeln (Wirken)* und *Verwirken*, von *Unsvoraussein* und *Hinterunszurückbleiben*." (ebd.) Der Geist ist zwar Darstellung, aber nicht Darstellung eines Etwas, sondern Darstellung seiner selbst. Gamm beschreibt den Geist als eine Oberfläche von Markierungen, die nicht auf etwas ihnen Vorgängiges oder Zugrundeliegendes verweisen, sondern auf andere Markierungen. „Es ist nichts dahinter, das Innerlichste ist das Äußerlichste und umgekehrt." (Gamm 1997: 113) Wir entfremden uns in den Geist, der uns gleichzeitig Identität verleiht. Der Geist wird in der Sprache, im Handeln, in gesellschaftlichen Institutionen, Kunst, Religion, Philosophie usw. repräsentiert und ist nicht mehr als diese Repräsentation. Bedingt durch seine Abhängigkeit von der Repräsentation, von den Formen in denen er sich ausdrückt, ist der Geist geschichtlich. Den Vorwurf, dass der hegelsche Geist „alles ohne Ausnahme in den Kreis rationaler Selbstvermittlung" einschließen würde, lässt Gamm nicht gelten. Die hegelsche Dialektik ist keine Präsenzmetaphysik. Der Geist ist kein Übersubjekt, keine geschlossene Totalität, sondern ein Medium.

Ähnlich wie die Phänomenologie des Geistes keine Metaphysik im überkommenen Sinne ist, steht Hegels *Logik* (Hegel 1996a) quer zu den herkömmlichen Bestimmungen von Logik. Sie ist weder eine formale Logik, noch eine Logik der formalen Logik, noch hält sie sich an die Trennung von Form und Inhalt. Der Gegenstand von Hegels Logik ist „die Darstellung und Analyse *sprachlich* bedingter Denkformen, wie sie in der Geschichte des okzidentalen Denkens leitend gewesen sind" (Gamm 1997: 149). Wichtig ist, dass Hegel Sprache, in ihrem Vollzug als gesprochene Sprache, nicht einfach als Mittel der Kommunikation begreift, sondern als „die ‚absolute Form', das ‚Selbst', das ‚sich zeigt', ‚sich manifestiert', und nur im Medium dieses ‚Sich-Zeigens' die bestimmten Hinsichten/Unterscheidungen unserer Welt- und Selbstverhältnisse als Momente seiner selbst setzt" (ebd.).

---

[10] Ein Moebiusband ist einfach herzustellen: Man nimmt einen Papierstreifen, formt ihn zu einem Kreis und dreht vor dem Zusammenkleben der beiden Enden ein Ende des Streifens um 180°.

Žižeks Hegellektüre

Wie Gamm wendet sich Žižek gegen das überkommene Bild der hegelschen Dialektik. Žižek möchte Hegel nicht nur gegen dessen Kritiker verteidigen, sondern auch gegen die Hegelianer, die vor der Radikalität Hegels zurückweichen oder versuchen, Hegel zu retten, indem sie ihn öffnen. „Kurz gesagt, sogar bei den Anhängern Hegels ist der Bezug zum Hegelschen System immer der eines ‚Ich weiß zwar …, dennoch aber …': Man weiß zwar, daß Hegel den zutiefst widersprüchlichen Charakter der Wirklichkeit erkannt hat, die Dezentrierung des Subjekts usw., dennoch aber sei dieser Riß letztlich in einer Selbstvermittlung der absoluten Idee annulliert, die alle Wunden schließt." (Žižek 1992: 7)

Diese Annullierung wird im hegelschen Begriff des absoluten Wissens verortet, und dieses wiederum wird als in sich ruhend, als total verstanden. Wie bereits aus den obigen Ausführungen zu Hegel deutlich geworden sein sollte, verfehlt diese Konzeption des absoluten Wissens den Kern der Dialektik vollkommen. Das panlogistische Verständnis des absoluten Wissens wird von Žižek als eine Art von Abwehrformation begriffen, als etwas, das zugleich unmöglich *und* verboten ist: „Was verbirgt diese phantasmatische Konstruktion durch ihre faszinierende Präsenz? Ein Loch, ein Leeres. Es wird möglich, dieses Loch einzukreisen, wenn man sich dazu versteht, Hegel mit Lacan zu lesen – auf der Basis der Lacanschen Problematik des Mangels im Anderen, des traumatischen Leeren, um welches herum sich der signifikante Prozeß artikuliert. In dieser Perspektive erweist sich das ‚absolute Wissen' als der Hegelsche Name für das, was Lacan durch die Bezeichnung der ‚*passe*' einzukreisen versucht hat: den Endpunkt des analytischen Prozesses, die Erfahrung des Mangels im Anderen." (Žižek 1992: 8) Absolutes Wissen heißt damit gerade, nicht alles zu wissen, sondern zu der Erkenntnis zu kommen, dass das, was man vollständig erkennen möchte selbst unvollständig (mangelhaft, gebarrt, gelöchert) ist, mit sich selbst im Widerspruch steht (vgl. Negativität II).

Žižek erhebt gegen Autoren, die die hegelsche Dialektik als geschlossenes System begreifen, welches auf der Idee der Versöhnung von Widersprüchen sowie des Vorrangs der Identität basiert und die versuchen, dieses System zu überwinden, um die „Dialektik zu retten", den Vorwurf, dass sie Hegel missverstehen, dass sie selbst etwas in die hegelsche Dialektik hineinlesen (die Geschlossenheit), was sie dann anschließend bekämpfen.

Hegels Begriff der Versöhnung der Widersprüche wird von Žižek als ein Übergang, als eine Verschiebung begriffen: Das, was als Hindernis erschien, ist bereits die angestrebte Versöhnung. In der Versöhnung wird das Hindernis zu seiner eigenen Lösung. Hegel geht es dabei aber nicht um eine letzte Versöhnung, um ein System, in dem alle Widersprüche aufgehoben sind, sondern darum, zu zeigen, inwiefern der Widerspruch selbst der Vater aller Dinge ist. Was Autoren wie Adorno und Habermas übersehen, so Žižek, ist die wahre Radikalität des hegelschen Denkens, sein Denken der Negativität. Ähnliches gilt für die aus der analytischen Tradition stammenden Neohegelianer wie Robert Brandom und John McDowell: Sie reduzieren Hegels Logik auf eine Sammlung von Diskursstrategien, wobei von der Dialektik nicht viel mehr übrig bleibt als eine verallgemeinerte historische Epistemologie. Hegel wird so zu einem Pragmatiker ohne jegliche metaphysische Ambitionen. Dieser Umgang führt dazu, dass der radikale Bruch, den Hegel vollzieht, übersehen wird (vgl. Gabriel/Žižek 2010: 13). Kierkegaard, Marx, Nietzsche und Heidegger begreifen sich alle als Anti-Hegelianer: Hegel, so Žižek, habe heute die Position Platons inne, er diene als negativer Referenzpunkt. Alle Philosophie nach Hegel sei Antihegelianismus, allerdings ein Antihegelianismus, der selbst erst ein Zerrbild Hegels aufbaut, von dem er sich im Nachhinein absetzen kann. Deshalb sei eine Wiederholung Hegels notwendig.

Žižek sieht Lacan in großer Nähe zu Hegel. Allerdings sei dieser genau dort Hegelianer, wo er selbst meint, Hegel überwunden zu haben. Daher interessiert Žižek nicht der direkte Bezug Lacans auf Hegel, da sich dieser dort auf das panlogistische Zerrbild Hegels bezieht, sondern er findet die Hegelsche Dialektik im Spätwerk Lacans wieder, „in der Logik des *Nicht-Alles*, in der Akzentuierung des *Realen*, des *Mangels im Anderen*" (Žižek 1992: 9). Die hegelsche Dialektik mit Lacan zu lesen, heißt, sie als eine „*Logik des Signifikanten*" zu begreifen, als selbstbezüglichen Prozess, als „wiederholte Positivierung eines zentralen Leeren" (ebd.). Eine solche Lektüre fasst nicht nur die hegelsche Dialektik neu, sondern sie ermöglicht, so Žižek, auch eine Klärung des „subversivsten Kern[s] der Lacanschen Doktrin", des „konstitutiven Mangels im Anderen" (ebd.). Žižek möchte nicht nur mit Hilfe der Psychoanalyse Lacans Hegel neu interpretieren, sondern umgekehrt auch Lacan mit Hegel lesen. Auf die Signifikantenlogik wird im Kapitel Negativität II noch näher eingegangen.

Zwei der wichtigsten Begriffe der hegelschen Dialektik sind Verstand und Vernunft. Ähnliches wie für den Begriff des absoluten Wissens, der in der Standarddarstellung Hegels verfehlt wird, gilt auch für das Begriffspaar Verstand/Vernunft. Der hegelschen Dialektik geht es nicht darum, sich aus der abstrakten Verstandeswelt zu befreien, indem die fixen Verstandeskategorien aufgelöst, verflüssigt werden und damit eine vorgängige Fülle wiedererreicht wird, sondern darum, aufzuzeigen, dass dieses Vorgängige, das verlorengegangene Eine, niemals existiert hat: Es ist eine Setzung des Verstandes selbst. Der Irrtum, dem der Verstand verfällt, liegt darin, dass er davon ausgeht, dass es ein ihm Vorgängiges gäbe, eine Ganzheit, die es zu erfassen gälte.

Der Übergang zur Vernunft findet Žižek zufolge genau dann statt, wenn der Verstand einsieht, dass es jenseits seiner selbst nichts gibt. Die Vernunft bezeichnet „den Punkt der Reduktion jeglichen Inhalts des Denkens auf die Immanenz des Verstandes. Die Verstandeskategorien ‚werden flüssig', man führt die ‚dialektische Bewegung' ein, wenn man sie nicht mehr als starre Momente auffaßt, als ‚Objektivationen' eines lebendigen Prozesses, der sie überragt, das heißt, wenn man die treibende Kraft ihrer Bewegung *in der Immanenz ihres eigenen Widerspruchs* lokalisiert" (Žižek 1992: 20f.). Die Vernunft bereichert den Verstand nicht, sondern zieht ihm im Gegenteil etwas ab: das gegebene Objekt, das kantische Ding-an-sich. Der Übergang vom Verstand zur Vernunft liegt in der Erkenntnis, dass der Verstand „schon in sich selbst diese lebendige Bewegung der Selbstvermittlung ist, die man in seinem Jenseits suchte" (Žižek 1992: 19).

Der Widerspruch, der es der Dialektik erlaubt, voranzuschreiten, lässt sich genauer bestimmen als der Widerspruch einer Allgemeinheit mit sich selbst, als Widerspruch zwischen Gemeintem und Gesagtem. Artikuliert wird dieser Widerspruch im Vergleich der Allgemeinheit mit ihrem Inhalt. Was geschieht, wenn ein Subjekt eine allgemeine Aussage macht? Im Moment des Sprechens kommt es zu einer unvermeidbaren Verschiebung: Das, was man sagen möchte, unterscheidet sich von dem, was man gesagt hat. Žižeks Beispiel ist hier unter anderem der Satz der Identität: Der Sprecher möchte sagen, dass jedes Ding sich selbst gleich ist, dass A = A ist. Im Moment des Aussagens schreibt sich aber gerade das Gegenteil dessen, was gemeint ist, ein.[11] Hegel schreibt im zweiten Band der Logik dazu:

„So ist [es] die leere Identität, an welcher diejenigen festhangen bleiben, welche sie als solche für etwas Wahres nehmen und immer vorzubringen pflegen, die Identität sei nicht die Verschiedenheit, sondern die Identität und die Verschiedenheit seien verschieden. Sie sehe nicht, daß sie schon hierin selbst sagen, *daß die Identität ein Verschiedenes ist*; denn sie sagen, die *Identität sei verschieden* von der Verschiedenheit; indem dies zugleich als die Natur der Identität zugegeben werden muß, so liegt darin, daß die Identität nicht äußerlich, sondern an ihr selbst, in ihrer Natur dies sei, verschieden zu sein." (Hegel 1996a, Bd. II: 41)

Die Differenz zwischen dem, was das Subjekt sagen will, und dem, was es wirklich sagt, treibt den dialektischen Prozess voran. Äußere ich den Satz der Identität, so wird die Bedeutung des Satzes durch das Ausgesagte unterlaufen und im Unterlaufen dessen, was gesagt werden soll, findet das Wesen der Identität seinen Ausdruck. Aus der Identität soll die Verschiedenheit ausgeschlossen

---

[11] Das sich in jede Identität die Nichtidentität einträgt, wird von der klassischen analytischen Philosophie, wie sie beispielsweise von Donald Davidson vertreten wird, übersehen.

werden, aber um dies sagen zu können, muss man sich genau auf das Ausgeschlossene beziehen.

Weiter verdeutlichen lässt sich diese Subvertierung des Gemeinten durch das Gesagte anhand der Bewusstseinsgestalt, mit der Hegels Phänomenologie des Geistes beginnt, mit der *Sinnlichen Gewisheit* (vgl. Hegel 1984: 82-91). Die Sinnliche Gewisheit meint das Sein direkt, ohne Vermittlung, so wie es gegeben ist, erfahren und aufnehmen zu können. Dies bedeutet nichts anderes, als das Sein als solches, als Ansich, erfassen zu können. Wenn das Bewusstsein nun versucht, diese Erfahrung zu beschreiben, muss es dies innerhalb eines Mediums, der Sprache, tun. Etwas, dass gewusst wird, muss auch ausdrückbar sein. Was kann die sinnliche Gewisheit nun über die Fülle des Seins aussagen? Nicht mehr, als dass das Sein ist. Eine allgemeinere Aussage ist nicht denkbar. Sagen möchte die Sinnliche Gewisheit die Fülle des Seins, was es aber sagt, ist das genaue Gegenteil, nämlich eine völlig abstrakte Bestimmung. Versucht diese Bewusstseinsgestalt nun zu erläutern, was sie eigentlich meint, verwickelt sie sich immer weiter in Widersprüche. Die Sinnliche Gewisheit „zeigt z.B. auf etwas und sagt ‚Dieses‘, muß jedoch die Erfahrung seiner Unerreichbarkeit oder: der *allgemeinen* Bedeutung des ‚Dieses‘ machen." (Gamm 1997: 129). Was sagt die Sinnliche Gewisheit, wenn sie sich scheinbar konkret auf ein bestimmtes Sein bezieht, ein Sein, das ihr *hier* und *jetzt* sinnlich gewiss ist? Hegel schreibt:

„*Sie* ist also selbst zu fragen: *Was ist das Diese?* Nehmen wir es in der gedoppelten Gestalt seines Seins, als das *Jetzt* und als das *Hier*, so wird die Dialektik, die es an ihm hat, eine so verständliche Form erhalten, als es selbst ist. Auf die Frage: *was ist das Jetzt?* antworten wir also zum Beispiel: *das Jetzt ist die Nacht*. Um die Wahrheit dieser sinnlichen Gewißheit zu prüfen, ist ein einfacher Versuch hinreichend. Wir schreiben diese Wahrheit auf; eine Wahrheit kann durch Aufschreiben nicht verlieren; ebensowenig dadurch, daß wir sie aufbewahren. Sehen wir *jetzt, diesen Mittag*, die aufgeschriebene Wahrheit wieder an, so werden wir sagen müssen, daß sie schal geworden ist." (Hegel 1984: 84)

Dasjenige Jetzt, welches Nacht ist, wird hier so behandelt, wie es die sinnliche Gewisheit behauptet, nämlich als ein unabhängig Seiendes, aber gerade in seiner Unmittelbarkeit scheint die Vermittlung auf. „Das *Jetzt* selbst erhält sich wohl, aber als ein solches, das nicht Nacht ist; ebenso erhält es sich gegen den Tag, der es jetzt ist, als ein solches, das auch nicht Tag ist, oder als ein *Negatives* überhaupt." (Ebd.) „Jetzt" ist demnach nichts Unmittelbares, sondern es ist immer schon vermittelt. Das Jetzt wird davon, dass es mal Nacht, mal Tag ist, nicht berührt. „Ein solches Einfaches, das durch Negation ist, weder Dieses noch Jenes, ein *Nichtdieses*, und ebenso gleichgültig, auch Dieses wie Jenes zu sein, nennen wir ein *Allgemeines*; das Allgemeine ist also in der Tat das Wahre der sinnlichen Gewißheit." (Hegel 1984: 85) Man stellt sich zwar ein konkretes Seiendes *vor* wenn man spricht, aber gesagt, ausgedrückt, wird ein Allgemeines. Deutlich wird an der ersten Bewusstseinsfigur der Phänomenologie des Geistes die enorme Bedeutung der Sprache innerhalb der hegelschen Dialektik. Hegel geht es nicht um das, was gemeint wird, sondern um das, was gesagt wird. „Die Sprache aber ist, wie wir sehen, das Wahrhaftere; in ihr widerlegen wir selbst unmittelbar unsere *Meinung*; und da das Allgemeine das Wahre der sinnlichen Gewißheit ist und die Sprache nur dieses Wahre ausdrückt, so ist es gar nicht möglich, daß wir ein sinnliches Sein, das wir *meinen*, je sagen können." (Ebd.) Egal, wie man es anstellt, entweder sagt man zuviel oder zuwenig, aber nie das, was man eigentlich sagen möchte.

Der Widerspruch (die Negativität), der den dialektischen Prozess vorantreibt, schreibt sich, wie bereits angeführt, auf Seiten des Subjekts wie der Substanz ein, beziehungsweise die Trennung zwischen beiden ist bereits ein Ausdruck der Negativität. Von entscheidender Bedeutung ist, dass der Unterschied, den das Bewusstsein zwischen „für es" (wie es eine Sache wahrnimmt) und „an sich" (die Sache so wie sie selbst ist), in es selbst fällt. Der Irrtum, dem das Bewusstsein unterliegt, ist, dass es das von ihm selbst gesetzte „an sich" nicht als Produkt seiner eigenen Reflexion fasst, sondern als aus einem Außen stammend. Žižek schreibt: „In einem gewissen Sinn ‚ist alles im Bewußtsein', das wahre Ansich ist keineswegs in einem transzendenten Jenseits versteckt: Der ganze Irrtum des Bewußtseins besteht darin, nicht zu merken, daß das, was es für ein dem Objekt äußerliches Verfahren hält, schon das Objekt selbst ist." (Žižek 1992: 29)

In Žižeks Verständnis der hegelschen Dialektik findet sich die Wahrheit auf der Seite der Form und nicht des Inhalts. Der Inhalt ist ein Fetisch, der seine eigene Form verdeckt. Der vorgängige Inhalt, das kantische Ding-an-sich, an den eine Annäherung versucht wird, wird nichtig. Der Inhalt entspringt der Vermittlungsbewegung und geht ihr nicht voraus. Im Übergang zur Wahrheit geht das als unabhängig existierend vorausgesetzte Objekt verloren, es löst sich in seinen Vermittlungen auf, genauer gesagt: es ist nicht mehr als diese Vermittlungen. „Die Wahrheit besteht nicht in der Übereinstimmung unseres Denkens (des Satzes, des Begriffs) mit dem Ding, dem Objekt, sondern in der Übereinstimmung des Objekts selbst mit seinem Begriff" (Žižek 1992: 30). Ein Begriff wird von Žižek verstanden als die Form, in der sich das Meinen des Bewusstseins äußert. Der dialektische Prozess selbst bleibt dem Bewusstsein, welches die Erfahrung eines Objekts macht, verschlossen. Für das Bewusstsein bleibt der Inhalt welcher aus der Vermittlung entsteht ihm äußerlich, er gerinnt zum Gegenstand. Das, was wir als Sein wahrnehmen, ist das Ergebnis der verfehlten Begegnung zwischen Objekt und Begriff: „Das Objekt kann niemals mit seinem Begriff übereinstimmen, denn seine *Existenz, seine Verfassung selbst*, hängt an dieser Nicht-

Übereinstimmung. Das ‚Objekt' selbst als starres, lebloses Gegebenes, das heißt, in seiner nicht-dialektisierten Präsenz, ist in einem gewissen Sinne die *inkarnierte Nicht-Wahrheit* und stopft durch seine Gegebenheit das Loch der Wahrheit; deshalb zieht der Übergang zur Wahrheit eines Objekts dessen Verlust nach sich, die Auflösung seiner ontologischen Verfassung." (Žižek 1992: 30f.) Die „Objekte" täuschen uns darüber hinweg, dass die Substanz mit sich selbst in Widerspruch steht, dass sie nicht vollständig ist.

Wie Žižek selbst feststellt, unterscheidet sich diese Interpretation der Dialektik auf den ersten Blick nicht von derjenigen, die Hegel als Panlogisten begreift, da der Gegenstand ja vollkommen in der Totalität des Begriffs aufgelöst wird. Für Žižek steht und fällt die Dialektik nun genau mit der Totalität des Begriffs beziehungsweise mit der Art und Weise, wie die in Frage stehende Totalität aufgefasst wird. Sehr vereinfacht gesagt liegt der Unterschied zwischen dem transzendentalphilosophischen Ansatz Kants und der Hegelschen Dialektik, wie bereits angeführt, in der unterschiedlichen Art und Weise, wie sie den Erkenntnisprozess begreifen. Kant bleibt dem Subjekt-Objekt-Dualismus verhaftet: Das Subjekt verkennt das Ding an sich, da es dem Ding beim Erkennen etwas zugibt. Das Ding an sich bleibt von dieser Zugabe aber völlig unbeeinflusst. Das subjektive Erkennen verfehlt im Moment des Erkennens notwendig das, was es eigentlich erkennen möchte. Reines Erkennen wäre also ein Erkennen, welches das Objekt von allen subjektiven Zugaben befreit. Hegel geht genau den umgekehrten Weg, indem er die Substanz als Subjekt fasst. Das heißt aber eben nicht, dass ein Objekt subjektiviert wird, sondern dass, wie wir gesehen haben, „der Akt der subjektiven Erkenntnis [...] vielmehr im voraus in ihrem substantiellen ‚Objekt' enthalten [ist]: der Weg zur Wahrheit ist Teil der Wahrheit selbst" (Žižek 1992: 34). Hinter dem Vorhang der Erscheinung findet das Subjekt nur das, was es selbst mitgebracht hat, und nicht etwa ein Ding, das sich immer schon dort befunden hätte. Diese Verwiesenheit von Subjekt und Substanz, die Subjektwerdung der Substanz, nennt Hegel Geist. Dieser Geist ist aber gerade kein Übersubjekt. Das, was Hegel mit Geist meint, wird verfehlt, wenn man den Geist (verstanden als unendliches *absolutes* Subjekt) und das endliche menschliche Subjekt (Bewusstsein) voneinander trennt. Weder wird das endliche Bewusstsein auf ein bloßes Mittel der Bewusstwerdung des Geistes reduziert, noch die Substanz auf das endliche Subjekt. Hegels „Substanz ist Subjekt" muss Žižek zufolge als „unendliches Urteil" oder als spekulative Identität gelesen werden und nicht als einfache Identitätsbehauptung. „‚Subjekt' steht für die nichtsubstanzielle Instanz der Phänomenalisierung, Erscheinung, ‚Illusion', Spaltung, Endlichkeit usw., und Substanz als Subjekt zu begreifen bedeutet nichts anderes, als dass diese Spaltung [...] dem Leben des Absoluten selbst innewohnt. Es gibt kein ‚absolutes Subjekt' – das Subjekt ‚als solches' ist relativ, durch eine Selbstteilung gezeichnet, und genau *als solches* ist das Subjekt der Substanz inhärent." (Žižek 2001a: 123f.)

Erkennen im Rahmen der Dialektik ist für Žižek ein performativer Akt, der in seinem Vollzug das erzeugt, was er erkennt. Zwar lässt sich dieses performative Moment im Erkenntnisakt problemlos aufweisen, doch ist die Dialektik kein reiner Konstruktivismus. Liest man Hegel rein performativ, verfehlt man ein wichtiges Element innerhalb der Dialektik. Žižek weist darauf hin, dass Hegel den Umschlag von der Entzweiung (These/Antithese) in die Synthese immer mit derselben „Stilfigur, die des ‚schon da seins', des ‚immer schon'" (Žižek 1992: 35) beschreibt. Die Synthese ist keine Versöhnung der Gegensätze, sondern ein Wechsel der Perspektive, „die Feststellung, daß ‚es schon so ist': Was man sucht, *das hat man schon*, wonach man strebt, *das ist schon realisiert*" (ebd.). In der Synthese wird festgestellt, dass „die Entzweiung imgrunde *niemals existiert hat*" (ebd.), beziehungsweise dass die Entzweiung bereits die Synthese ist, „die man jenseits der Entzweiung gesucht" (Žižek 1992: 36) hat.

Žižek expliziert sein Verständnis der dialektischen Synthese anhand der Bewusstseinsfigur des *Unglücklichen Bewusstseins*, wie Hegel sie in der Phänomenologie des Geistes entwickelt (vgl. Hegel 1984: 163-177). Das unglückliche Bewusstsein, so Žižek, leidet daran, dass es sich als vom Absoluten getrennt wahrnimmt. Sein Ziel ist es, mit dem transzendenten Absoluten zu verschmelzen. Für den Phänomenologen, der quasi einen Blick von Außen auf die Bemühungen des Bewusstseins werfen kann, besteht die Überwindung der Entzweiung „in der einfachen Feststellung, daß das ‚unglückliche Bewußtsein' selbst schon das Medium, das Feld der Vermittlung, die Einheit der Gegensätze ist, weil die beiden Momente in *es* fallen, und nicht ins Absolute" (Žižek 1992: 36). Der Umstand, dass das unglückliche Bewusstsein an der Trennung leidet, ist Žižek zufolge der Beweis dafür, dass „es *selbst* die Einheit der Gegensätze, seiner selbst und des Absoluten ist, welches nicht ein gleichgültig in seiner inneren Ruhe beharrendes Absolutes ist" (ebd.). Das unglückliche Bewusstsein meint vom Absoluten getrennt zu sein, dabei drückt sich gerade in dieser Trennung das Absolute, die Totalität aus. Das Problem des unglücklichen Bewusstseins liegt in dem Umstand, dass es sich einen falschen Begriff von der Struktur des Absoluten macht. Würde es erkennen, dass das Absolute kein in sich ruhendes Ganzes ist, sondern mit sich selbst im Widerspruch steht, zerrissen ist, so würde es auch erkennen, dass es selbst gar nicht vom Absoluten getrennt ist. In seiner eigenen Zerrissenheit artikuliert sich gerade die Unmöglichkeit eines sich in sich geschlossenen Absoluten, dessen Teil es selbst sein könnte.

Die Dialektik besitzt demnach nicht nur einen performativen Anteil, sondern auch einen Moment, den Žižek als retroaktive Performativität bezeichnet:

Etwas wird rückwirkend, durch den Wechsel der Perspektive, zu dem, was es immer schon gewesen ist.

Das unglückliche Bewusstsein stellt in der Phänomenologie des Geistes die Übergangsfigur vom Selbstbewusstsein zur Vernunft dar, einer Vernunft, die aber weiterhin verdinglicht gedacht wird: „die Vorstellung der *Vernunft*" (Hegel 1984: 177). Noch bleibt dem Bewusstsein der Einblick in das Wesen der Vernunft verstellt. Worauf Žižek abzielt, formuliert Hegel bereits ganz zu Anfang des Kapitels, wenn er schreibt:

„Seine [des unglücklichen, in sich entzweiten Bewusstseins, RH] wahre Rückkehr aber in sich selbst oder seine Versöhnung mit sich wird den Begriff des lebendig gewordenen und in die Existenz getretenen Geistes darstellen, weil an ihm schon dies ist, daß es als *ein* ungeteiltes Bewußtsein ein gedoppeltes ist: es selbst *ist* das Schauen eines Selbstbewußtseins in ein anderes, und es selbst *ist* beide, und die Einheit beider ist ihm auch das Wesen; aber es *für sich* ist sich noch nicht dieses Wesen selbst, noch nicht die Einheit beider." (Hegel 1984: 163f.)

Die Erkenntnis beziehungsweise die Erfahrung, dass es als ungeteiltes Bewusstsein immer schon ein gedoppeltes ist, verstellt sich das Bewusstsein immer wieder aufs Neue, indem es die beiden Momente auseinanderfallen lässt und sie verdinglicht. Die *Phänomenologie des Geistes* verfolgt den Weg des Bewusstseins hin bis zu dem Punkt, wo der Geist „in der absoluten Zerrissenheit sich selbst findet" (die Substanz Subjekt wird), ein Punkt, von dem das unglückliche Bewusstsein noch weit entfernt ist: Es überschreitet zwar wirklich die Entzweiung, aber nur um sie durch eine neue Entzweiung zu ersetzen. Erst ganz am Ende des dialektischen Prozesses steht eine Art Selbsttransparenz: in der Erkenntnis, dass die Einheit des Geistes seine Zerrissenheit ist. Aus einem erkenntnistheoretischen Problem (Wie kann man das Ding an sich erkennen?) wird so eine Aussage über die ontologische Verfasstheit der Welt. Nicht unser Erkennen ist mangelhaft, sondern dem Sein ist selbst ein Mangel eingeschrieben.

Žižek etabliert sein Verständnis des dialektischen Prozesses als retroaktive Performativität weiter in Absetzung vom „klassischen Verständnis" der Dialektik. Dieses klassische Verständnis der Dialektik setzt die These als positiven Ausgangspunkt, die, durch die Arbeit der Negation, der Entzweiung, in die Antithese verkehrt wird. These und Antithese werden dann in der Synthese versöhnt. Die neue, aus der Synthese entstehende These enthält auf einem höheren Niveau wiederum die Antithese (vgl. Žižek 1992: 71). Žižek begreift dagegen die Versöhnung als einen reinen Perspektivenwechsel, dessen Struktur er anhand eines Witzes, auf den er in seinem Werk des Öfteren zurückgreift, nachzeichnet. Der Jude Rabinowitsch möchte aus der Sowjetunion emigrieren. Der Beamte des

Auswanderungsamtes verlangt von Rabinowitsch eine Begründung der Emigrationsabsicht. Rabinowitsch antwortet:

„‚Ich habe zwei Gründe. Erstens fürchte ich mich davor, daß die kommunistische Herrschaft in der Sowjetunion zusammenbrechen wird und daß dann die Reaktion, wie gewöhnlich, die Schuld für alle Fehler des Sozialismus wieder den Juden in die Schuhe schieben wird – erneut Pogrome …' Der Beamte unterbricht ihn: ‚Aber das ist ja vollkommen absurd! Die kommunistische Herrschaft [...] ist unbesiegbar, bei uns kann sich nichts verändern …' ‚Nun', erwidert Rabinowitsch ruhig, ‚das wäre mein zweiter Grund.'" (Žižek 1992: 37)

Der Beamte äußert die Antithese (die UdSSR wird nicht zusammenbrechen) zu Rabinowitschs These (die UdSSR wird zusammenbrechen). Rabinowitschs Antwort, die Synthese, ist eine Wiederholung der Antithese, die, bedingt durch den Wechsel der Perspektive, in ihr Gegenteil verkehrt wird. „Die Synthese *ist* die Antithese, was zwischen beiden vorgeht, ist nur ein Wechsel der Perspektive: Eine retroaktive Feststellung, daß die Antwort dort zu finden ist, wo zuerst nur das Problem war" (Žižek 1992: 38). Die Aufhebung oder Versöhnung ist bereits in der Aufspaltung von These und Antithese enthalten. Der Clou der Synthese ist Žižek zufolge nicht die Vereinigung der entgegengesetzten Momente, sondern die nachträgliche Feststellung, dass die Spaltung nie existiert hat. Die Wahrheit, die aus dem dialektischen Prozess entspringt, ist auf diesen Prozess in seiner Gänze angewiesen: Sie findet ihren Ausdruck nicht allein im Endresultat (der Synthese), sondern der dialektische Prozess selbst gehört zu ihr. Überspringt man den dialektischen Prozess, indem direkt zur Synthese übergegangen wird, verliert man die Wahrheit.

Seine Interpretation der Dialektik nutzt Žižek, um ein weiteres umstrittenes Begriffspaar zu erläutern: Zufall und Notwendigkeit. Zum Zerrbild Hegels als Panlogisten gehört die Annahme, dass Hegel selbst den Zufall der Vermittlung unterwerfe. Žižek sieht dagegen in der dialektischen Philosophie „die einzige philosophische Theorie, die den Begriff des *absoluten Zufalls* kennt und den Zufall in den Begriff des Wesens selbst einschließt" (Žižek 1992: 40).

Der Zufall, so Žižek, beherrscht die Natur. Der Umstand, dass es 122 und nicht 123 Arten einer bestimmten Tiergattung gibt, ist, wie Žižek ausführt, zufällig und nicht logisch notwendig. Dass die Natur ständig die rationale Ordnung des Begriffs überschreite, dürfe man jedoch nicht als kreative Macht der Natur interpretieren, sondern als „ihre radikale *Ohnmacht*, ihre Unfähigkeit, das Niveau des Begriffs zu erreichen" (Žižek 1992: 41). Wie begreift Hegel den Zufall, welche begriffliche Form gibt er ihm? Žižek zitiert zustimmend Dieter Henrichs Überlegung zum Begriff des Zufalls bei Hegel. Henrich hält fest, dass nicht das Zufällige (bestimmte Zufälle) notwendig sei, sondern der Zufall. Er schreibt: „Nicht im unendlichen Drang, das Kontingente in Begriffe aufzulösen, sondern gerade im Verzicht auf solches Begreifen liegt die richtige Haltung des Subjekts dem Zufall gegenüber, der als die frei entlassene Natürlichkeit durch die Idee schon überwunden und damit als gleichgültig gesetzt ist." (Henrich nach Žižek 1992: 41)

Dieser Zufallsbegriff erleichtert auch das Verständnis des berühmt-berüchtigten Satzes aus der Hegelschen Rechtsphilosophie „Was vernünftig ist, das ist wirklich; und was wirklich ist, das ist vernünftig." (Hegel 1996b: 24) Man verfehlt Hegel, so Žižek, wenn man diesen Satz als „*Alles*, was wirklich ist, ist vernünftig" liest. Die hegelsche Intention ist eine andere, die sich besser mit dem Satz „*Es gibt nichts* Wirkliches, was nicht vernünftig wäre" (Žižek 1992: 42) ausdrücken lässt. Es gibt sehr wohl etwas, das der begrifflichen Vermittlung entgeht, das konkrete Zufällige, und das ist, weil es nicht vernünftig ist, auch nicht wirklich, sondern existiert lediglich. Wirklichkeit im hegelschen Sinne ist mehr als Faktizität, als bloßes Dasein. Hegel unterwirft also nicht das Zufällige dem Begriff, sondern er schränkt auf den ersten Blick die Vernunft ein, indem er ihr das Zufällige entgegensetzt. Folgt man diesem ersten Eindruck verfehlt man aber die entscheidende hegelsche Pointe: Hegel begreift den Zufall gerade nicht als Gegensatz des Notwendigen, da eine solche Entgegensetzung den Zufall viel zu wichtig nehmen würde. Zwar entgeht dem Begriff das Zufällige, aber gerade darin liegt die Nichtigkeit des Zufälligen. Das Zufällige ist nicht mehr als „ein erloschenes Moment, in sich selbst verschwindend, sich selbst auflösend, ohne jegliches substantielles Gewicht" (ebd.). Während Kant den Zufall in Gestalt der pathologischen Neigungen bekämpfen würde, wird er bei Hegel ausgeschlossen, als unwesentlich, als gleichgültig gesetzt. Der Zufall kann daher nicht als Erscheinungsform einer verborgenen Notwendigkeit gefasst werden, sondern die Notwendigkeit setzt rückwirkend ihre eigenen Bedingungen. Was zufällig war, wird in der Rückschau notwendig, aber eben erst in der Rückschau: Die Notwendigkeit ist nicht im Zufälligen enthalten. Ein Beispiel zur Verdeutlichung: Fasst man die Notwendigkeit als dem Zufall inhärent (alles, was zufällig erscheint, ist in Wirklichkeit die Folge einer verdeckten Notwendigkeit), so kann man sagen, dass sich im Verlauf der Französischen Revolution die historische Notwendigkeit des Übergangs zum Kaiserreich Ausdruck verschaffte. Diese Notwendigkeit benötigte eine Person *wie* Napoleon; dass es sich bei dieser Person aber *um* Napoleon handelte ist reiner Zufall. In dieser Beschreibung geht die Notwendigkeit dem Zufall voraus; die historischen Bedingungen für den Übergang sind erfüllt, also wird dieser Übergang auch notwendig vollzogen. Bei Hegel vollzieht sich dieser Prozess genau umgekehrt: Erst durch eine zufällige Handlung (die sich nicht vollständig aus der bestehenden Situation bestimmen lässt) werden rückwirkend die Bedingungen für den Übergang zum Kaiserreich gesetzt und der Zufall damit gleichgültig.

Dieses Setzen der Voraussetzungen versteht Žižek wiederum als retroaktive Performanz. Er folgt weiter Henrichs Erläuterung des hegelschen Verständnisses der Zufälligkeit: „Zufälligkeit ist die Weise, in der die Möglichkeit als realisierte gesetzt ist. Etwas, das nur möglicherweise existiert, ist, wenn es wirklich ins Dasein tritt, mit Rücksicht auf diese bloße Möglichkeit zufälligerweise wirklich geworden." (Henrich nach Žižek 1992: 44) Mit anderen Worten: Es hätte auch anders kommen können. Geht man nun vom Resultat aus, vom wirklich gewordenen Möglichen, so ist dieses nicht zufällig, „sondern notwendig, weil es sich selbst seine eigenen Bedingungen setzt" (Henrich nach Hysteriker: Žižek 1992: 44). Wie stellt sich dieser Übergang vom Kontingenten zum Notwendigen aus Žižeks Sicht genau dar? Die Notwendigkeit ist ein retroaktiver Effekt, der einen kontingenten Prozess im Nachhinein als notwendig erscheinen lässt. Der Prozess unterliegt also nicht einer teleologischen Notwendigkeit, er ist nicht von vorneherein auf ein Ziel ausgerichtet, sondern die Notwendigkeit ist ein nachträglicher Bedeutungseffekt.

Žižek fasst die Dialektik als die „Wissenschaft des ‚Wie-die-Notwendigkeit-aus-dem-Zufall-hervorgeht'" (Žižek 1992: 45). Das heißt, die Notwendigkeit selbst ist kontingent in der Form, dass sich die Bedeutung, die das Kontingente in ein Notwendiges umwandelt, eben nicht aus der Reihe der zufälligen Bedingungen selbst ersehen lässt, sondern dass diese Bedingungen erst nach ihrem Setzen zu notwendigen Bedingungen dessen werden, was sie gesetzt haben. Das ist die dialektische Einheit von Notwendigkeit und Zufall, Notwendigkeit darf demnach nicht „als die umfassende Einheit ihrer selbst und ihres Gegenteils, des Zufalls" (ebd.) verstanden werden. Notwendigkeit bedeutet nicht, dass alles bereits entschieden ist und nur seinem notwendigen Gang folgen würde. Zwar erscheint alles notwendig, sobald man es von seinem Ende her betrachtet, aber das Ende selbst, die Geste, die retroaktiv die Notwendigkeit setzt, ist selbst wiederum kontingent. Žižek erläutert den (zufälligen) Umschlag von Zufälligkeit in Notwendigkeit anhand der Ausführungen Hegels zur Monarchie in der Philosophie des Rechts (vgl. Hegel 1996b: 432-456) und anhand der Dreyfus-Affäre.

Der Monarch ist innerhalb der Monarchie ein kontingentes Element, „welches einzig durch die gänzlich unvernünftige Logik der Erblichkeit bestimmt wird und trotzdem in seiner reinen Präsenz die Verwirklichung, die Aktualisierung des Staates als vernünftiger Totalität ‚ist', in welchem der Staat also zu seinem Dasein gelangt" (Žižek 1992: 47). Žižek sieht als entscheidendes Charakteristikum der Hegelschen Dialektik, dass sich die vernünftige Totalität (das Allgemeine) „*in einem absolut besonderen Moment, in einem reinem Abfall verkörpern muß, um sich zu realisieren*" (ebd.). Die konkrete Person des Monarchen mit all ihren persönlichen Eigenschaften spielt deshalb keine Rolle. Wenn der

Staat richtig eingerichtet ist, braucht man „zu einem Monarchen nur einen Menschen, der ‚Ja' sagt und den Punkt auf das I setzt" (Hegel 1996b: 449). Die Autorität des Monarchen ist nicht abhängig von seinen Fähigkeiten, sondern sie folgt aus seiner Herkunft, aus seiner Natur (Kontingenz). Der Monarch „ist das Unmittelbare, das *Natürliche*, das heißt, *daß die Natur hier Unterschlupf gefunden hat*; er ist deren *letzter Rest, deren letzter positiver Rest*" (Hegel nach Žižek 1992: 49). Es gibt also ein Element, von dem aus der gesamte Rest seine Bedeutung erhält.[12] Diesen Punkt des Umschlags bezeichnet Žižek mit Lacan auch als Steppunkt (*point de capiton*; vgl. Negativität II). Ohne den Monarchen wäre der Staat kein Staat, sondern nur eine Ansammlung von partikularen Institutionen.

Die oben beschriebene retroaktive Performativität, von Žižek auch als „‚wunderbare Wende' des diskursiven Feldes" (Žižek 1992: 55) bezeichnet, expliziert er anschaulich am Beispiel der Dreyfus-Affäre. Den Wendepunkt der Affäre macht Žižek nicht in dem berühmten, 1898 erschienenen „J'accuse" („Ich klage an") Zolas aus, der alle Argumente, die man zur Verteidigung Dreyfus' anführen konnte, noch ein Mal aufführte, da Zolas Intervention im Rahmen der bisherigen Bedeutung bleibt. Erst als der Oberstleutnant Henry, Chef des Deuxième Bureau, verdächtigt wird, ein Geheimdokument gefälscht zu haben, das zu Dreyfus' Verurteilung als Hochverräter führte und Henry in der Haft Selbstmord begeht, gerät der bisherige Bedeutungsrahmen unter Druck. Danach wurde erwartet, dass der Prozess wiederaufgenommen und Dreyfus freigesprochen würde.

„‚In diesem Augenblick' – wir übernehmen hier die ‚poetische' Beschreibung Ernst Noltes – ‚erschien ein Zeitungsartikel, welcher die Situation vollkommen veränderte. Der Verfasser war Charles Maurras, ein dreißigjähriger, bis dahin nur in engeren literarischen Zirkeln bekannter Schriftsteller. Der Artikel trug den Titel: ‚Das erste Blut'. Er betrachtete die Dinge in einer Weise, wie sie noch niemandem in den Sinn gekommen war, oder wie niemand noch gewagt hatte, sie zu betrachten.'" (Nolte nach Žižek 1992: 56)

Die Umdeutung, die Maurras vollführte, basiert Žižek zufolge nicht auf neuen Informationen oder einer neuen Widerlegungsstrategie, sondern in einer Verschiebung des Bedeutungsrahmens selbst: Er verwandelte den Täter Henry in ein Opfer: „Nachdem er gesehen hatte, wie das jüdische ‚Verrätersyndikat' einen kleinen Justizirrtum ausbeutete, um die Grundfesten des französischen Lebens zu untergraben und die Heereskraft zu brechen, zögerte Henry nicht, eine kleine, patriotische Fälschung zu begehen, um den Wettlauf in den Untergang aufzuhalten." (Ebd.) Maurras stilisierte Henry zum Opfer, zum einsamen Patrioten, der versuchte, Frankreich vor der jüdischen Verschwörung zu retten und von seinen Vorgesetzen verraten wurde. Diese Umdeutung, so Žižek, veränderte das Feld

---

[12] Vergleiche zur Funktion des Monarchen auch Žižek 2006: 57f.

der Bedeutung radikal. Aus den Elementen, die bisher für Verwirrung sorgten (Fälschung der Dokumente, Ungerechtigkeit des Urteils gegen Dreyfus), schuf Maurras den Mythos des ersten Opfers. Nicht dadurch, dass er diese Verwirrung stiftenden Elemente zu widerlegen oder zu ignorieren versuchte, gelang ihm die Umdeutung, sondern indem er den Rahmen, in welchem sie ihre Bedeutung erhalten, neu definierte. Der Perspektivenwechsel zur „jüdischen Verschwörung" klärte eine bisher als verworren wahrgenommene Situation. Das sinngebende Element, die „jüdische Verschwörung" selbst, ist in einem gewissen Sinne kontingent, es muss aber dazu in der Lage sein, die Elemente der gegebenen Situation zu vereinen, ihnen Kohärenz zu verleihen, sie lesbar zu machen. Ein weiteres Beispiel für diese Logik findet Žižek in der paulinischen Interpretation des Kreuzigungstodes Christi: „Paulus zentrierte das gesamte christliche Gebäude genau auf den Punkt, der den Jüngern bis dahin als erschreckendes, ‚unmögliches', nicht-symbolisierbares Trauma erschien, nicht integrierbar in ihr Bedeutungsfeld: den schändlichen Kreuzestod Christi, zwischen zwei Banditen. Gerade aus dieser endgültigen Niederlage seiner irdischen Mission, welche die Hoffnung auf Erlösung (der Juden von der römischen Herrschaft) zunichte machte, machte Paulus den Akt seiner Errettung: Durch seinen Tod erlöste, rettete Christus die menschliche Gattung." (Žižek 1992: 57f.)

Negativität des Allgemeinen
Die dialektische Synthese, auch als Negation der Negation bezeichnet, ist das wichtigste Element der Hegelschen Dialektik. Im dialektischen Prozess findet der Umstand Ausdruck, dass jede allgemeine Bestimmung auf ein besonderes Element angewiesen ist, in dem sie sich verkörpert. Žižek erläutert den dialektischen Prozess anhand des Gesetzesbegriffs. Die dialektische Bewegung beginnt mit der „abstrakt-allgemeine[n] Positivität des Gesetzes" (Žižek 1992: 59). Das Gesetz wird, als These, in seiner Positivität gesetzt. Ihm steht unvermittelt das Verbrechen, die Übertretung des Gesetzes gegenüber, die Negation des Gesetzes. Die unterschiedlichen Formen der Gesetzesübertretung spalten das Gesetz, sie negieren es, sie bilden also die Antithese zur These. Negation der Negation heißt nun nicht einfach, „daß das Gesetz die Partikularität des Verbrechens wieder in sich begreifen würde, daß das Verbrechen zu einem Umweg würde, über den sich die Herrschaft des Gesetzes letzten Endes wieder behaupten könnte" (ebd.). Mit anderen Worten, die Negation der Negation ist keine Versöhnung im alltagssprachlichen Sinne, sondern bezeichnet den Moment der „Umkehrung, in der *das Gesetz selbst als das höchste Verbrechen erscheint*" (ebd.). Gesetz und Gesetzesverletzung stehen sich nicht unvermittelt gegenüber, sondern Gesetz und Verbrechen fallen zusammen, sie sind eins und gleichzeitig entzweit. Die einzel-

nen Gesetzesübertretungen sind zwar Negationen des Gesetzes, sie übersteigen sich aber nicht hin auf eine Allgemeinheit, sie bleiben partikular. Das Gesetz selbst ist „das allgemein gewordene, auf das Niveau der Allgemeinheit erhobene Verbrechen" (ebd.). Dies heißt aber nicht, wie Žižek betont, dass das Verbrechen allgemein wird, sondern: „Es ist das Gesetz, das sich am Punkt der dialektischen Wende als allgemein *gewordenes* Verbrechen entpuppt – die *Wahrheit* steht auf seiten des Verbrechens" (Žižek 1992: 59f.). Das Besondere wird von Žižek nicht als ein Moment begriffen, welches überwunden werden muss, um zum Allgemeinen zu gelangen, sondern das Allgemeine ist immer auch Teil von sich selbst. Im Besonderen trifft es auf sich selbst in seiner gegensätzlichen Bestimmung. Das Allgemeine ist immer schon in sich unterschieden, es ist immer „*schon in sich selbst besonders*" (Žižek 1992: 63), das heißt, es ist immer schon gespalten, uneins mit sich selbst. Hegels Allgemeines ist kein „Segeltuchallgemeines" (Gamm), kein Allgemeines, das lediglich eine unvermittelte Addition von Besonderheiten wäre, sondern ein „Nicht-Alles", ein Alles, dem ein Riss eingeschrieben ist. Erst durch diesen Riss, diesen Selbstwiderspruch, wird es zu einem Alles, das kein Außen besitzt. Das Allgemeine verkörpert, verdinglicht sich, in einem besonderen Element, entlang derselben Logik, die oben anhand des Subjekts eingeführt wurde. Um zu sich selbst zu kommen, muss es sich von sich selbst unterscheiden. Es ist diese Bewegung, die dazu zwingt, die Substanz auch als Subjekt zu denken:

„Die lebendige Substanz ist ferner das Sein, welches in Wahrheit *Subjekt* oder, was dasselbe heißt, welches in Wahrheit wirklich ist, nur insofern sie die Bewegung des Sichselbstsetzens oder die Vermittlung des Sichanderswerden mit sich selbst ist." (Hegel 1984: 23)

Man könnte auch sagen, Gesetz und Verbrechen fallen beide unter den Begriff des Gesetzes; im Unterschied zwischen Gesetz und Verbrechen findet die wahre Natur des Gesetzes ihren Ausdruck, ohne, und das ist für Žižeks Hegelverständnis entscheidend, dass die beiden Elemente (These und Antithese) in der Synthese zusammengeführt, auf eins reduziert würden, da sich gerade im Unterschied die Allgemeinheit ausdrückt.

Allgemeines und Besonderes lassen sich nicht versöhnen, sie verfehlen sich immer und diese Verfehlung entspricht dem Wesen des Allgemeinen. Gamm fasst die oben beschriebene Bewegung wie folgt: „Das Ganze ist darüber hinaus nicht die Urteilssumme, die alles umfaßt, sondern *ein Ganzes, das sich als Element unter seinen Elementen findet*. […] Im selbstbezüglichen Denken nach Art der Dialektik trifft das Ganze in mitten seiner Momente auf sich selbst." (Gamm 1997: 118). Die Spaltung zwischen dem Allgemeinen und dem Besonderen fällt selbst in das Allgemeine. Eine Ansammlung von Partikularitäten ist noch kein Ganzes im Hegelschen Sinne. Zum Ganzen wird eine solche Vielheit, indem man ihr „ein Element, das gerade als partikulares die Allgemeinheit als solche verkörpert, wegnimmt, von ihr abzieht" (Žižek 1992: 65). Abziehen bedeutet hier: verdinglichen in einem bestimmten Besonderen.

Žižek zieht zur weiteren Verdeutlichung einen in Misskredit geratenen Begriff heran, den der Überdeterminierung (Althusser). Jede Totalität wird, wie beschrieben, von einem Ausnahmeelement bestimmt. Dieses Ausnahmeelement bestimmt das Ganze, überdeterminiert es; obwohl es nur ein „Beispiel", ein Besonderes unter Besonderem ist, geht es nicht in seiner Besonderheit auf. Ein in diesem Zusammenhang von Žižek des Öfteren angeführtes Beispiel ist die besondere Stellung, die Marx der Produktion zuweist. Sie bildet zusammen mit der Distribution, dem Tausch und der Konsumtion eine Totalität, sie ist aber gleichzeitig das bestimmende Moment dieser Totalität. Marx schreibt:

„In alle Gesellschaftsformen ist es eine bestimmte Produktion, die allen übrigen und deren Verhältnisse daher auch allen übrigen, Rang und Einfluß anweist. Es ist eine allgemeine Beleuchtung, worin alle übrigen Farben getaucht sind und [die] sie in ihrer Besonderheit modifiziert. Es ist ein besondrer Äther, der das spezifische Gewicht alles in ihm hervorstehenden Daseins bestimmt." (Marx 1971: 637) Überdeterminierung bedeutet demnach nichts anderes, als das ein Ganzes, eine Allgemeinheit, durch ein Besonderes bestimmt wird. Marx fasst dieses Verhältnis von Besonderem und Allgemeinem mit Hegel als „gegensätzliche Bestimmung": „Die Produktion greift über, sowohl über sich in der gegensätzlichen Bestimmung der Produktion, als über die anderen Momente." Das Allgemeine ist immer auf ein besonderes Element angewiesen, in dem es sich verkörpert.

Damit ist zwar schon viel gewonnen, aber um wirklich verstehen zu können, was Hegel mit „Die lebendige Substanz ist ferner das Sein, welches in Wahrheit *Subjekt*" (Hegel 1984: 23) ist, meint, muss noch erläutert werden, an welchem „Ort" das Allgemeine auf sich selbst als gegensätzliche Bestimmung trifft. Žižek greift dazu auf eine weitere kontraintuitive Erkenntnis Hegels zurück, auf die oben bereits angeführte Subversion des Satzes der Identität (Tautologie). Intuitiv sind Sätze wie „A = A" oder „Gott ist Gott" keine besondere Herausforderung. Untersucht man sie aber genauer, so stellt man fest, dass sie genau das Gegenteil von dem aussagen, was unterstellt wird. Eine Tautologie ist keine Identität, sondern ein reiner Widerspruch. Warum? Hegel fasst „Gott ist Gott" als Satz, als prädikative Bestimmung. Über Etwas soll etwas ausgesagt, es soll bestimmt werden. Hegel schreibt:

„Wenn einer den Mund auftut und anzugeben verspricht, was Gott sei, nämlich Gott sei – Gott, so findet sich die Erwartung getäuscht, denn sie sah einer *verschiedenen Bestimmung* entgegen. [...] Indem aber nur dasselbe wiederkehrt, so ist vielmehr das Gegenteil geschehen, es ist *nichts* herausgekommen. Solches *identische* Reden *widerspricht sich* also selbst." (Hegel nach Žižek 1992: 61)

Während man meint, mit einer Tautologie alles zu sagen, sagt man aber genau nichts. Im Moment des Aussagens wird die gemeinte Bedeutung subvertiert, sie schlägt in ihr Gegenteil um. „Die Selbstidentität, die Tautologie ist schon in sich selbst der reine Unterschied, ein Mangel an partikulärer Bestimmung (dort, wo eine Bestimmung, ein Prädikat erwartet wird, steht ein Nichts, ein Mangel an Bestimmung)" (Žižek 1992: 66). Dieses schon immer in jede Totalität eingeschriebene Nichts, diese Leere, ist das Subjekt selbst. Diese Leerstelle, die das Subjekt ist, ist der Ort, an dem die Allgemeinheit auf sich selbst in der Form eines besonderen Elementes trifft. Es füllt die Leere aus; „durch dieses Element verkehrt sich der Mangel an Bestimmung reflexiv in die Bestimmung des Mangels" (Žižek 1992: 67). In der Tautologie „Gott ist Gott" wird Gott subjektiviert. Žižek fasst zusammen:

„Die anfängliche Nicht-alles-Totalität ist also in sich selbst mangelhaft, bestimmt durch die reine Differenz; das heißt, die absolute reine Differenz ist immer schon das Prädikat der Selbstidentität, der Tautologie. Der ‚Anfang' ist der reine, der absolute Widerspruch sozusagen, die Tautologie, die reine Differenz; dieses Nicht-alles, diese ‚unbeständige' Sammlung totalisiert sich nur durch den Ausschluß des reflexiven Moments, der ihr Leeres füllt." (Žižek 1992: 67). Erst durch die Trennung von Subjekt und Objekt, erst durch die Macht des Verstandes wird aus einer Reihe unverbundener Elemente ein Ganzes.

Žižek spürt diesem seltsam anmutenden Verhältnis weiter nach. Die Leere (der Mangel) findet sich auch als wichtiges Moment in der Bestimmung dessen, was ein Ding ist. Hegel weist die Voraussetzungen auf, die es uns ermöglichen, ein Ding als Ding zu identifizieren. Die Frage „Was für ein Ding ist das?" erscheint auf den ersten Blick nicht sonderlich kompliziert. Sie setzt aber voraus, dass man ein Ding überhaupt als Etwas identifizieren kann, dass es eine Identität besitzt.[13] Hegel liest das „ein" in der Frage „Was für *ein* ...?" (vgl. 1996a, Bd. I: 177f.) nicht als unbestimmten Artikel, sondern als Eins der Einheit, das dem Anderen entgegengesetzt ist. Wie wird dieses „Eins" nun bestimmt? Žižek rekonstruiert Hegel wie folgt: Das in Frage stehende Eins ist kein Etwas, denn das Korrelat von Etwas ist *ein Anderes*. Die Beziehung von Etwas und Anderes gehört in den Bereich des Daseins, den Bereich der endlichen Realität. Ein Etwas wird immer bestimmt über seinen Bezug zu Anderem, es „ist also immer ein *Sein-für-Anderes*". Žižek fährt fort: „man erfaßt das Eins nur, wenn dieses Andere, dieses andere Etwas, für welches etwas ist, sich in diesem Etwas selbst, als in

---

[13] Die Frage, was ein Ding, was ein Ereignis etc. ist, treibt auch die analytische Philosophie um. Da ihr aber genau die hier beschriebenen, an der Negativität ausgerichteten begrifflichen Bestimmungen fremd bleiben, scheitern die Versuche, Identitätsbedingungen für Dinge und Ereignisse anzugeben.

seiner eigenen ideellen Einheit, reflektiert: Wenn Etwas nicht mehr für ein anderes Etwas ist, sondern für sich selbst – so geht man vom *Sein-für-Anderes* zum *Fürsichsein* über." (Žižek 1992: 69) Die Einheit des Eins ist eine ideelle Einheit, die etwas anderes ist als die Addition der einzelnen Eigenschaften eines Dinges. „Das Ding, als Element der Realität, wird in dem Eins *aufgehoben*. Der Übergang von Etwas zum Eins fällt mit dem Übergang der Realität zur Idealität zusammen: Dieses Eins, *für welches* das Ding, als ein reales Etwas, *ist* (‚Was für ein Ding *ist* das?'), ist dieses Ding in seiner eigenen Idealität." (Ebd.)

An dieser Stelle, dem Übergang von der Realität zur Idealität, verortet Žižek nun den „Auftritt" der symbolischen Ordnung (vgl. Negativität II). Die Einheit des Dings selbst muss bezeichnet werden können. „Das Ding, als Element der Realität, wird ‚getötet', annulliert, beseitigt und zugleich in sein Symbol erhoben, welches es als Eins, jenseits der Vielzahl seiner Eigenschaften setzt', indem „es auf einen Zug, *den einzigen Zug*, auf seine signifikante Markierung, reduziert" (ebd.) wird. In dem genannten Übergang von Sein-für-Anderes zum Fürsichsein, sieht Žižek eine radikale Dezentrierung des Dings realisiert. Um „für sich" werden zu können, muss das Ding Eins werden. „Das Ding ist ‚mehr es selbst' in seinem äußerlichen Symbol als in seiner Realität, in seiner unmittelbaren Gegebenheit" (ebd.). Um überhaupt als Ding identifizierbar zu sein, muss den reellen Eigenschaften des Dings eine ideelle Eigenschaft zugefügt werden, die es als „ein Eins" bestimmt. Mit anderen Worten: Ein Ding ist immer mehr als die Summe seiner Eigenschaften oder genauer: Damit überhaupt die Eigenschaften eines Dings aufzählbar sind, muss das Ding als „ein" Ding zu identifizieren sein. Das Element, das diese Identifikation erlaubt, kann aber nicht wieder eine positive Eigenschaft sein, da durch die Addition einer weiteren Eigenschaft nichts gewonnen wäre, man hätte immer noch eine Serie von nicht miteinander in Bezug stehenden Eigenschaften.

Das oben skizzierte „eine Eins" ist eine Qualität, keine Quantität, das heißt, das „eine Eins" ist nicht die quantitative Eins, von der aus man weiterzählen könnte. Das Korrelat des einen Eins ist nicht das Andere, in Form eines anderen Etwas, da das eine Eins „schon die, in sich selbst reflektierte, Einheit mit seinem Anderen ist, es ist das Ding selbst, als sein *eigenes Anderes* – das Andere, für welches das Ding ist, ist es selbst als das Eins, als seine ideelle Einheit" (Žižek 1992: 70). Das Korrelat des einen Eins ist deshalb das Leere. Diese Leere ist die reine Andersheit, eine Andersheit ohne jegliche Bestimmung, „die nicht mehr ‚*ein Anderes*' ist. Die Reflexion-in-sich von Etwas ist die ideelle Einheit, das eine Eins, die Reflexion-in-sich der Andersheit ist die Leere. Diese komplizierte Überlegung schreibt die Leere in das Eins ein, „das Leere ist sein einziger ‚Inhalt'." (Ebd.) Das heißt, „Eins" beschreibt nicht die positiven Eigenschaften einer Sache, sondern nur, dass dieses Eins *ist*. Bestimmt wird es nicht dadurch, dass es sich von anderen „Eins" unterscheiden würde. Es steht vielmehr für die Differenz als solche, für die „reine Differenz", die „nicht mehr die Differenz zwischen zwei positiv existierenden Objekten" ist, „sondern eine minimale Differenz, die ein und dasselbe Objekt von sich selbst trennt" (Žižek 2006: 22). Diese minimale Differenz legt Žižek an den unterschiedlichsten Stellen offen.

Die Versuchung liegt nahe, die genannte Differenz als Differenz zwischen einem vorgängigen (vollem) Sein und den konkreten seienden Dingen zu verstehen. Ein solches Verständnis verfehlt aber den für Žižek entscheidenden Punkt, da die minimale Differenz so wieder als Differenz zwischen zwei positiven Entitäten, dem Sein als Ganzes und einzelnen Seienden, gedacht wird. Das Sein ist aber nicht mehr als die Differenz selbst (vgl. Žižek 2006: 33).

Ein Beispiel, anhand dessen sich diese paradoxe Logik konkretisierend lässt, entnimmt Žižek dem Werk des Ethnologen Claude Lévi-Strauss.

Lévi-Strauss analysiert die räumliche Verteilung der Häuser in einem Dorf der Winnebago (vgl. Lévi-Strauss 1987: 148-180), eines Indianerstamms der großen amerikanischen Seengebiete. „Die Winnebago waren [...] ehemals in zwei Hälften geteilt, die *wangeregi* oder ‚die von oben', und die *manegi* oder ‚die, die auf der Erde leben' (wir sagen fortan aus Bequemlichkeit ‚die von unten'). [...] Als Radin den Einfluß der Einteilung in Hälften auf die Dorfstruktur prüfte, stellte er eine seltsame Uneinigkeit zwischen den älteren Personen, die ihm als Informanten dienten, fest. In der Mehrzahl beschrieben sie ein kreisförmig angelegtes Dorf, wo die beiden Hälften durch einen von Nordwesten nach Südosten verlaufenden theoretischen Durchmesser voneinander getrennt waren [...]. Dennoch bestritten mehrere Personen energisch diese Aufteilung des Dorfes und reproduzierten eine andere, wo die Hütten der Häuptlinge der Hälften im Zentrum lagen und nicht mehr an der Peripherie" (Lévi-Strauss 1987: 149). Zwar sehen alle Bewohner das Dorf als kreisförmig an, sie teilen es aber unterschiedlich auf. Für diejenigen „von oben" teilt sich das Dorf in die zwei Hälften eines Kreises, für diejenigen „von unten" in ein kreisförmiges Zentrum und die Peripherie. Diese unterschiedlichen Wahrnehmungen der Dorfstruktur sind nicht einfach zwei Weisen, ein Dorf zu beschreiben. Es ist nicht möglich, zu entscheiden, beispielsweise indem man eine Luftaufnahme des Dorfes macht, welche der Beschreibungen objektiv die richtige ist: „Die Tatsache der Aufspaltung in zwei ‚relative' Wahrnehmungen impliziert den versteckten Bezug auf eine Konstante – nicht auf die objektive, ‚tatsächliche' Verteilung der Gebäude, sondern auf einen traumatischen Kern, einen fundamentalen Antagonismus, den die Dorfbewohner nicht symbolisieren, erklären, ‚internalisieren' und bewältigen konnten, ein Ungleichgewicht in den Sozialbeziehungen, welches die Gemeinschaft daran hinderte, sich als harmonisches Ganzes zu stabilisieren." (Žižek 2006: 35) In den unvereinbaren Beschreibungen drückt sich damit das Wesen (das Sein) der Gemeinschaft selbst aus.

Rekapitulieren wir: Žižek liest Hegel nicht als Panlogisten, als Denker, der alles Sein in rationale Verweisungszusammenhänge auflöst und damit letztendlich alle Widersprüche überwindet, sondern als Denker des Negativen, der Unabgeschlossenheit, des Widerspruchs als solchem. Hegel verdeckt nicht die grundsätzlichen Widersprüche, sondern er zeigt das Drama auf, welches das Bewusstsein aufführt, um mit diesen Widersprüchen zu Rande zu kommen. In dem Umstand, dass sich das Subjekt immer als getrennt von sich selbst und den Anderen wahrnimmt, drückt sich das Wesen der Subjektivität selbst aus. In dem Umstand, dass wir das Allgemeine niemals als Ganzes fassen können, drückt sich das Wesen des Allgemeinen, seine Struktur aus. Die berühmte hegelsche Versöhnung, die Aufhebung von These und Antithese zur Synthese, ist die Erkenntnis, dass der Widerspruch konstitutiv für die Sache selbst ist. Erst das im Widerspruch zu sich selbst stehen macht den Selbstbezug überhaupt möglich. Dass es *die* Realität *nicht* gibt (dass sie nicht mit sich selbst identisch ist), macht es erst möglich, dass wir in einer mit Sinn versehenen Welt leben können.

Negativität II: Lacan

Žižek entwickelt seinen Subjektbegriff, wie gesehen, im Ausgang von Hegel. Die für ihn wichtigste Eigenschaft dieses Begriffs von Subjekt ist dessen Leere, oder anders gesagt dessen formale selbstbezügliche Struktur. Der erste Versuch das Subjekt als von allem Inhalt entleert zu denken, wurde von René Descartes (1596-1650) unternommen, der dadurch zum Hauptvertreter des neuzeitlichen Rationalismus wurde. Descartes geht in seinen *Meditationen* (Descartes 1986) davon aus, dass sich unsere Sinne prinzipiell täuschen können[14], dass es beispielsweise keine Möglichkeit gibt, festzustellen, ob die Personen, die gerade unter meinem Fenster vorbeilaufen, wirklich mit Selbstbewusstsein ausgestattet sind oder ob es sich nicht vielmehr um Automaten[15] handelt. Letztendlich kann ich alles in Frage stellen, was sich meinem Verstand über die Sinne mitteilt, ja ich könnte sogar Opfer eines bösen Dämons sein, der mir all das, was ich zu erkennen meine, lediglich vorspielt. Das einzige, worüber ich mich nicht täuschen kann, ist, dass ich es bin, der gerade denkt: *cogito ergo sum* – ich denke also bin ich. Alles andere kann ich bezweifeln, nur nicht das „ich denke". Mit dem Ergebnis dieser Meditation des Descartes ist eine Aufwertung des Verstandes verbunden oder – wie es die Rationalismuskritik sieht – eine Abwertung der Sinne. Am Ende der Meditation steht ein völlig von jedem besonderen Inhalt entleertes Subjekt.

Der Kampf gegen diese Art und Weise, das Subjekt zu denken, eint Žižek zufolge eine beträchtliche Anzahl ansonsten unvereinbarer Positionen. In der Ablehnung des cartesianischen Subjekts seien sich Dekonstruktivisten, Habermasianer, (Post-)Marxisten, Kognitivisten, Feministen und selbst die Vertreter des New Age einig, wenn sie auch sonst wenig gemein haben (vgl. Žižek 2001a: 7). Gegen diese mächtige Allianz möchte Žižek das cartesianische Subjekt verteidigen, obwohl er einem großen Teil der geäußerten Kritik durchaus zustimmt. Es geht ihm „nicht darum, zum *Cogito* in der Weise zurückzukommen, in der dieser Begriff das moderne Denken beherrscht hat (in Form eines sich selbst transparenten, denkenden Subjekts also), sondern seine vergessene Rückseite ans

---

[14] „Alles nämlich, was ich bis heute als ganz wahr gelten ließ, empfing ich unmittelbar oder mittelbar von den Sinnen; diese aber habe ich bisweilen auf Täuschungen ertappt, und es ist eine Klugheitsregel, niemals denen volles Vertrauen zu schenken, die uns auch nur ein einziges Mal getäuscht haben." (Descartes 1986: 65)

[15] „Was sehe ich denn außer Hüten und Kleidern, unter denen auch Automaten stecken könnten?" (Descartes 1986: 93)

Licht zu bringen, den exzessiven, nicht anerkannten Kern des *Cogito*, der weit von dem besänftigenden Bild des transparenten Selbst entfernt ist" (Žižek 2001a: 8). Es geht ihm darum, den Wahnsinn direkt in das Zentrum des Subjekts einzutragen. Zwar sei die Kritik an der cartesianischen Subjektivität durchaus gerechtfertigt, sie schütte aber das Kind mit dem Bade aus, da gerade der entscheidende Moment des *Cogito* von ihr verfehlt werde. Auch stoßen die „echten Philosophen der Subjektivität" (Descartes, Kant, Hegel) immer wieder auf diesen nicht anerkannten Kern des *Cogito* und brächten ihn mehr oder weniger direkt zum Ausdruck, gleichzeitig schrecken sie aber auch vor ihm zurück und versuchen dieses überbordende Moment zu normalisieren. Beispielhaft nennt Žižek Kants Konzeption des diabolisch Bösen und Hegels Nacht der Welt (vgl. Žižek 2001a: 9). Žižek konzentriert sich auf genau diese exzessiven Momente des Wahnsinns, welche die Theorien heimsuchen und denen sich die Autoren nicht stellen wollen oder können. Eine beinahe poetische Beschreibung dieses exzessiven Moments des Wahnsinns findet Žižek in Hegels *Jenenser Realphilosophie*. Hegel schreibt in einem Vorlesungsmanuskript von 1805/1806:

„Der Mensch ist diese Nacht, dies leere Nichts, das alles in ihrer Einfachheit enthält, ein Reichtum unendlich vieler Vorstellungen, Bilder deren keines ihm gerade einfällt oder die nicht als gegenwärtige sind. Dies [ist] die Nacht, das Innre der Natur, das hier existiert – *reines Selbst*. In phantasmagorischen Vorstellungen ist es ringsum Nacht; hier schießt dann ein blutig[er] Kopf, dort ein[e] andere weiße Gestalt plötzlich hervor und verschwindet ebenso. Diese Nacht erblickt man, wenn man dem Menschen ins Auge blickt – in eine Nacht hinein, die *furchtbar* wird; es hängt die Nacht der Welt hier einem entgegen." (Hegel 1969: 180f.)[16]

Žižek interpretiert Hegels Theorie der Subjektwerdung als den Ausgang des Subjekts aus dem Wahnsinn. Der Wahnsinn ist nicht etwa eine Abweichung von der Normalität, sondern Normalität ist etwas, das sich das Subjekt erst erarbeiten muss – eine Aufgabe, die niemals abgeschlossen werden kann, da der Wahnsinn weiterhin Teil der Subjektivität bleibt und alle Bemühungen des Subjekts, sich eine stabile Form zu geben oder sich gar selbst transparent zu werden, zum Scheitern verurteilt. An der Geburtsstätte des modernen Subjekts steht demzufolge nicht die Vernunft, sondern der Wahnsinn in Form ungezügelter Negativität. Das hegelsche – und lacansche – Subjekt ist nicht mehr das Subjekt der Aufklärung, ist nicht mehr das Licht der Vernunft und die Durchdringung der gegebenen Natur, sondern „sein innerster Kern, die Geste, die den Raum für das Licht des *lógos* öffnet, ist absolute Negativität, die ‚Nacht der Welt', der Punkt des schieren Wahnsinns [...]" (Žižek 2001a: 51).

---

[16] Diese Beschreibung des Subjekts als Nacht der Welt, greift Žižek an den verschiedensten Stellen in seinem Werk auf.

Žižek ist fasziniert von der Macht der Negation, wie Hegel sie unter anderem in der Einleitung zur Phänomenologie des Geistes beschreibt:
„Die Tätigkeit des Scheidens ist die Kraft und Arbeit des *Verstandes*, der verwundersamsten und größten oder vielmehr der absoluten Macht. Der Kreis, der in sich geschlossen ruht und als Substanz seine Momente hält, ist das unmittelbare und darum nicht verwundersame Verhältnis. Aber daß das von seinem Umfange getrennte Akzidentelle als solches, das Gebundene und nur in seinem Zusammenhange mit anderem Wirkliche ein eigenes Dasein und abgesonderte Freiheit gewinnt, ist die ungeheure Macht des Negativen; es ist die Energie des Denkens, des reinen Ichs. Der Tod, wenn wir jene Unwirklichkeit so nennen wollen, ist das Furchtbarste, und das Tote festzuhalten das, was die größte Kraft erfordert. Die kraftlose Schönheit haßt den Verstand, weil er ihr dies zumutet, was sie nicht vermag. Aber nicht das Leben, das sich vor dem Tode scheut und von der Verwüstung rein bewahrt, sondern das ihn erträgt und in ihm sich erhält, ist das Leben des Geistes. Er gewinnt seine Wahrheit nur, indem er in der absoluten Zerrissenheit sich selbst findet. Diese Macht ist er nicht als das Positive, welches von dem Negativen wegsieht, wie wenn wir von etwas sagen, dies ist nichts oder falsch, und nun, damit fertig, davon weg zu irgend etwas anderem übergehen; sondern er ist diese Macht nur, indem er dem Negativen ins Angesicht schaut, bei ihm verweilt. Dieses Verweilen ist die Zauberkraft, die es in das Sein umkehrt. – Sie ist dasselbe, was oben das Subjekt genannt worden [...]." (Hegel 1984: 36)

Der Wahnsinn, dasjenige, was man im Allgemeinen eher mit einem Verlust der Identität in Verbindung bringt, wird von Žižek als ontologische Notwendigkeit begriffen. Ohne den Wahnsinn ließe sich der Übergang vom vollständig in seine Umwelt eingebetteten Tier hin zum Menschen als Bewohner eines symbolischen Universums, das heißt, als Bewohner einer mit Bedeutung versehenen Welt, nicht erklären. Der Wahnsinn tritt als der „verschwindende Vermittler" auf, als „Geste des radikalen Zurückweichens von der Realität, die den Raum für ihre symbolische (Re-)Konstitution eröffnet" (Žižek 2001a: 51).

Die Psychoanalyse hat es Žižek zufolge nun genau mit den Spuren dieses „traumatischen Übergangs aus jener ‚Nacht der Welt' in unser ‚tägliches' Universum des *lógos*" (Žižek 2001a: 52) zu tun. Wie schafft es ein Subjekt, das ja in sich selbst zerrissen ist, das selbst die Verkörperung eines Widerspruchs darstellt, überhaupt so etwas wie eine Identität zu entwickeln, dem Wahnsinn zu entgehen? Folgt man der *Phänomenologie des Geistes*, so liegt die Antwort darin, dass das Subjekt, den Widerspruch externalisiert, ihn in einzelne, einander abstrakt gegenüberstehende Momente auflöst und sich zu diesen Momenten verhält. Dieses Auflösen des Widerspruchs in einzelne Momente löscht ihn aber nicht aus, sondern vermag ihn nur auf Zeit zu verdecken. Die lacansche Psychoanalyse bietet eine alternative Antwort auf die Frage wie ein Subjekt in der Lage ist, eine Identität zu entwickeln. Sie besitzt aber, so lautet Žižeks These, genau dieselbe Struktur wie die Hegelschen Dialektik, da sie genauso am Begriff des Negativen ausgerichtet ist wie diese.

Subjektivierung

Wie anhand von Žižeks Hegellektüre deutlich wurde, geht Žižek davon aus, dass Subjekt und Substanz von einem konstituven Riss durchzogen sind. Weder das Subjekt noch die Substanz sind ontologisch konsistent. Wie im Kapitel zu Hegel angeführt, lässt sich die Unfähigkeit des Subjekts, sich selbst und die Welt (Objekte) als solche zu erkennen, nicht auf ein mangelhaftes Erkenntnisvermögen zurückführen, sondern darauf, dass das Subjekt und die Welt in sich unvollständig sind. Das, was das Subjekt hinter den Erscheinungen sucht, die verlorengegangene Fülle, existiert nicht. Das Subjekt findet hinter den Erscheinungen nur das, was es selbst dorthin getragen hat. Jede Identitätsfindung oder Wesensbestimmung ist ein Versuch, den Riss, der Subjekt wie Welt durchzieht, zu verdecken.

Diese prinzipielle Unabgeschlossenheit des Seins findet sich bei Lacan wieder. Žižek spricht im Anschluss an Lacan vom *Mangel des Subjekts* und vom *Mangel im Anderen*. Das Subjekt des Mangels wird von Lacan auch als „gebarrtes" oder „durchgestrichenes" Subjekt bezeichnet. Die Barre, der Schrägstrich, symbolisiert den konstituven Mangel auch im Falle des Anderen. Weder der Andere als derjenige, der mir in Gestalt eines anderen Menschen (kleiner Anderer) begegnet, noch die mich umgebende soziale Ordnung (der Große Andere) besitzen eine Existenz im ontologischen Sinne: Der Andere existiert nicht, er ist das Produkt der Suche nach ihm und dasselbe gilt für das Subjekt. Lacan konzipiert das Subjekt wie Hegel als ein Suchendes, als Subjekt, das ständig auf der Suche nach seiner verloren geglaubten Identität ist. Ein Ende findet diese Suche bei Lacan wie Hegel in der Erkenntnis, dass das was gesucht, was verloren geglaubt wurde, nicht existierte und niemals besessen wurde. Das Subjekt bei Hegel ist die absolute Zerrissenheit (Negativität) als solche und nichts sonst. Bei Lacan endet die Suche, wie noch deutlich werden wird, ebenfalls mit dieser Erkenntnis, im Übergang vom Phantasma zum Trieb muss sich das Subjekt der Nacht der Welt stellen.

Zurück zu Freud (Lacan), Zurück zu Lacan (Žižek)

Jacques-Marie-Émile Lacan wurde am 13. April 1901 in Paris geboren. Seine Eltern, die dem katholischen Milieu entstammen, schickten ihn auf das *Collége Stanislas*, einer von Jesuiten geführten Schule. Im Anschluss an sein Abitur studierte er Medizin und Psychiatrie. Seine klinische Ausbildung beginnt er 1927 am Krankenhaus Sainte-Anne und setzt sie auf dem Krankenrevier der Polizeipräfektur Paris fort. Der dortige Chefarzt, Gaëtan Gatian de Clérambaultfort (1872-1934), beeinflusst Lacan stark. 1931 beendet er seine Ausbildung zum forensischen Psychiater und promoviert 1932 mit der Arbeit *De la psychose paranoïque dans ses rapports avec la personnalité*. Seine Doktorarbeit stößt auf Interesse unter den Surrealisten. Entscheidend für Lacans Hegelverständnis (wie für das vieler französischer Intellektueller) ist das Einführungsseminar in Hegels Phänomenologie des Geistes, welches Alexandre Kojève (1902-1968) zwischen 1933 und 1939 an der *Ecole Pratique des Hautes Etudes* hält. Dieses Seminar wurde nicht nur von Lacan besucht, sondern auch von Raymond Queneau, Georges Bataille, Maurice Merleau-Ponty, André Breton und Raymond Aron. Kojèves Interpretation der hegelschen Herr-Knecht-Dialektik hat unter anderem Eingang in Lacans Konzeption des Spiegelstadiums gefunden. Lacan wird 1934 Mitglied der *Société Psychoanalytique de Paris* (SPP). Ab 1940 arbeitet er am Militärkrankenhaus Val-de-Grâce. Nach dem Krieg setzt die SPP ihre Arbeit fort. Lacan wird Lehranalytiker und Supervisor sowie 1953 Präsident der SPP. Ein halbes Jahr später tritt er zurück und wird eines der Gründungsmitglieder der *Société Française de Psychanalyse* (SFP). In das Jahr 1953 fallen auch seine Heirat mit Sylvia Maklés (ehemals Bataille) und der Beginn seiner Seminare am Krankenhaus Sainte-Anne. Mit diesen Seminaren wird Lacan 27 Jahre lang großen Einfluss auf die Psychoanalyse nehmen. Die Seminare bilden die Grundlage für die Écrits (Schriften) von 1966. An diesen Seminaren nehmen unter anderem Jean Hyppolite, Alexandre Koyré, Claude Lévi-Strauss, Maurice Merleau-Ponty, Marcel Griaule und Emile Benveniste teil. Lacans Verstöße gegen die anerkannten Behandlungsregeln verhindert 1962 die Anerkennung der SFP durch die *International Psycho-Analytical Association* (IPA). Diese fordert die Streichung Lacans von der Liste der Lehranalytiker. 1963 wird dieser Forderung nachgegeben. Lacan gründet 1964 die wenig später in die *Ecole Freudienne de Paris* (EFP) umgewandelte *Ecole Française de Psychanalyse*. Im Jahr 1965 hält Lacan sein Seminar *Die vier Grundbegriffe der Psychoanalyse* an der *Ecole Normale Supérieure* (ENS). Zu den Hörern gehört auch sein späterer Schwiegersohn Jacques-Alain Miller. Lacans Ausbildungsmethoden und das von ihm geänderte Zulassungsverfahren für Analytiker führt 1969 zur Abspaltung der *Le Quatrième groupe*. Im selben Jahr wird Lacan unter dem Vorwand, er habe direkten Einfluss auf die studentischen Unruhen 1968 genommen, von der ENS gekündigt. Michel Foucault bittet ihn, das Institut für Psychoanalyse in Vincennes aufzubauen. Lévi-Strauss ermöglicht es Lacan, sein Seminar an der juristischen Fakultät fortzusetzen. 1974 wird das Institut für Psychoanalyse an der Universität von Vincennes in *Le Champ freudien* umbenannt. Kurz vor seinem Tod löst Lacan Anfang 1980 die EFP auf und gründet die *Ecole la Cause freudienne* (später: *L'École de la Cause Freudienne*). Am 9. September 1981 stirbt Lacan in Paris. Lacan hat auf

> das französische Geistesleben großen Einfluss genommen. Sein Werk hat viele der so genannten postmodernen Denker beeinflusst (vgl. zur Biographie Lacans Roudinesco 1996, Žižek 2008b).
> Die wichtigsten Begriffe der Lacanschen Psychoanalyse werden im Haupttext vorgestellt.

Žižek ist einer der bekanntesten Vertreter der lacanschen Psychoanalyse. Jacques Lacans Werk gilt als ausgesprochen schwer zugänglich, ja, als geradezu kryptisch und, betrachtet man die zu jedem Freudjubiläum stattfindenden Abgesänge auf die Psychoanalyse, als völlig obsolet, von den echten Wissenschaften überholt usw.[17]

Warum gilt die Psychoanalyse als (scheinbar) überholt? Žižek führt drei mögliche Erklärungen an: Erstens wird behauptet, dass die Psychoanalyse durch den Fortschritt der Biologie und der Kognitionswissenschaft schlicht überholt sei. Die freudsche Topologie der menschlichen Psyche wurde durch ein kognitivistisch-neurobiologisches Modell ersetzt. Im direkten Zusammenhang damit steht ein Bedeutungsverlust der Psychoanalyse in der therapeutischen Praxis, in der zusehends auf Neuropharmaka und Verhaltenstherapien gesetzt wird. Drittens – das ist im übrigen auch einer der Haupteinwände gegen die *Dialektik der Aufklärung* respektive gegen die gesamte Tradition der frühen Kritischen Theorie (die wie Žižek Psychoanalyse und Marxismus zusammen denkt) – basiere die Psychoanalyse auf längst überholten gesellschaftlichen Zuständen. Die heutigen, hedonistisch orientierten westlichen Gesellschaften seien nicht mehr repressiv, die Sexualität werde nicht mehr unterdrückt etc. (Vgl. Žižek 2008b: 10f.). Žižek geht entgegen dem allgemeinen Totengeläut davon aus, dass die Zeit der Psychoanalyse überhaupt noch kommt.

Lacans *Zurück zu Freud* interpretiert Žižek nicht als ein *Zurück zur freudschen Orthodoxie*, sondern als Rückkehr zur Freudschen Revolution, als eine Rückkehr zu dem, was an Freud über ihn selbst hinausgeht. Das Zurück zu Freud (mit Žižek gesprochen: die Wiederholung Freuds) bedeutet nichts weniger, als die Psychoanalyse neu zu begründen.

Von *der* Psychoanalyse als solcher kann man nicht sprechen, da bereits relativ früh eine Differenzierung innerhalb der sich gerade erst konstituierenden Disziplin einsetzte. Unterschiedliche Analytiker entwickelten die Methoden und Einsichten Freuds weiter, kritisierten sie und entwickelten teilweise ganz neue

---

[17] Ähnliches gilt für das *Kapital* von Karl Marx und für ein weiteres wichtiges Dokument der deutschen Philosophie, die *Dialektik der Aufklärung* von Theodor W. Adorno und Max Horkheimer, die ebenfalls immer wieder mit großer Vehemenz für tot, überholt, falsch usw. erklärt werden. Es drängt sich jedoch die Frage auf, warum man sie immer wieder exhumiert, nur um sie auf ein Neues für tot erklären zu können.

Ansätze, um das psychische Geschehen zu verstehen. Das berühmte *Zurück zu Freud* stellt eine Intervention Lacans in dieses Feld dar.

> **Sigmund Freud (1858 – 1939) / Die Psychoanalyse.**
> Freud, der Begründer der Psychoanalyse, ist einer der wirkmächtigsten Autoren des 20. Jahrhunderts. Sein Denken wirkt heute – oft subkutan – noch fort. Sein erstes großes Werk *Die Traumdeutung* erschien 1899 (Freud 2000a). In dieser Arbeit entwickelt Freud viele der für die Psychoanalyse grundlegenden Begriffe, wie Oedipuskomplex, Zensur (Über-Ich) und die Unterscheidung zwischen Traumgedanken und manifestem Trauminhalt. Bereits in diesem frühen Werk wird deutlich, inwiefern sich die Psychoanalyse von der Psychiatrie unterscheidet. Zu Zeiten Freuds wurde in der Psychiatrie noch klar zwischen seelischer Krankheit und Gesundheit unterschieden. Diese Trennung wird in der Psychoanalyse Freuds aufgelöst: alle psychischen Krankheiten (Neurosen, Psychosen) finden sich in abgeschwächter Form auch bei „gesunden" Menschen. „Deshalb darf gesagt werden, die Psychoanalyse sei in erster Linie nicht eine Krankheitslehre (und ein therapeutisches Verfahren zur Heilung von Krankheiten), sondern die umfassende Theorie vergangener und gegenwärtiger Kultur sowie die Lehre von den individuell und kollektiv internalisierten Opfern, die die Kultur als Preis ihres Erhalts den Individuen abfordert." (Lohmann 2006: 19f.)
> Freud betrachtet Träume als die Erfüllung von Wünschen aus der Kindheit, die im Verlauf der psychischen Entwicklung verdrängt, der Zensur unterworfen wurden. Die im Unbewussten sich befindenden infantilen Wünsche finden jedoch auch im Traum keinen direkten Ausdruck, da die Zensur in den Träumen zwar eingeschränkt, aber nicht aufgehoben ist. Der unbewusste Wunsch wird der Traumarbeit unterworfen, das bedeutet, das sein Inhalt durch die Traumzensur verdichtet und verschoben wird. Die Folge davon ist, dass sich am manifesten Trauminhalt der durch die Zensur entstellte latente Traumgedanke nicht direkt ablesen lässt. Die Traumzensur ist auch die Erklärung dafür, warum Freud unangenehme Träume trotzdem als Wunscherfüllung betrachtet: Die im Wachzustand vorhandene Abwehr des Wunsches bleibt erhalten, so dass der Wunsch nur in entstellter Form im Traum auftreten kann. Alle Träume, abgesehen von denjenigen, in denen Schockerlebnisse oder traumatische Situationen nacherlebt werden, dienen Freud zufolge der Erfüllung verdrängter infantiler Wünsche. Neben der Traumdeutung sind Freuds Arbeiten zur Sexualtheorie von großer Bedeutung. Das Revolutionäre an Freuds Umgang mit dem Thema ist nicht, dass er sich überhaupt damit beschäftigt (um die Wende zum 20. Jahrhundert beschäftigten sich viele Autoren mit der Sexualität), auch nicht, dass er den Menschen als prinzipiell bisexuell fasste und sich mit der Sexualität von Kindern beschäftigte, sondern, dass er das Sexualleben entpathologisierte und entmoralisierte. Er fasst die kindliche, die erwachsene und die pathologischen Sexualität nicht als drei voneinander getrennte Formen, sondern setzt sie miteinander in Verbindung. Die Psychoanalyse Freuds kennt keine von der Natur vorgegebene Normalität (vgl. Lohmann 2006: 18f.).
> Ziel der Psychoanalyse ist es, dass Unbewusste zum Sprechen zu bringen. Die Traumdeutung ist eine Möglichkeit, Zugang zum Unbewussten zu finden; für Freud ist sie „*die Via regia*", der Königsweg, „*zur Kenntnis des Unbewußten im Seelenleben*"

> (Freud 2000a: 577). Eine andere Möglichkeit ist die analytische Sitzung. Kann man mittels der Traumdeutung indirekt auf den sich im Unbewussten befindenden Wunsch schließen, da im Traum die Zensur nicht so stark wie im Wachzustand ist, so bietet die von Freud mitentwickelte Technik der freien Assoziation eine Möglichkeit, auch im Wachzustand an der Zensur vorbeizukommen. Der Patient wird aufgefordert, frei über das zu reden, was ihn gerade beschäftigt. Wie bei der Traumanalyse ist weniger das von Interesse, was der Patient direkt sagt, sondern das, was er indirekt in Form von Versprechern, Stockungen und Verneinungen ausdrückt. Beim „sich versprechen" gelingt es einem kleinen Teil des Unbewussten, sich an der Zensur vorbeizuschieben. Eine Stockung im Redefluss deutet darauf hin, dass die Zensur es gerade noch geschafft hat, das Unbewusste am Reden zu hindern. Heftige Abwehrreaktionen auf vom Analytiker vorgeschlagene Deutungen lassen darauf schließen, dass sie dem verdrängten Inhalt besonders nahe kommen.

Lacan kritisierte die Art und Weise, wie innerhalb der von Freud gegründeten *International Psycho-Analytical Association* (IPA) mit dessen intellektuellem Vermächtnis umgegangen wurde. Diese Kritik führte unter anderem dazu, dass er 1953 aus der Vereinigung ausgeschlossen wurde. Im Zentrum seiner Kritik stehen die sogenannte Ich-Psychologie, die Kleinsche Psychoanalyse und die Objektbeziehungstherapie. Lacan behauptet, dass die drei Hauptströmungen innerhalb der IPA das Freudsche Erbe verraten haben. Unter dem Motto *Zurück zu Freud* liest Lacan Freud im deutschen Original und deutet dessen Werk neu. Sein *zurück zu* ist eher eine radikale Neuinterpretation als eine Rückbesinnung, eine Wiederholung Freuds im Sinne Žižeks. Lacan überträgt Freud in eine neue psychoanalytische Sprache, eine Sprache, die von vielen für noch wesentlich unverständlicher gehalten wird, als das Original. Der Hauptgegner Lacans und gleichzeitig die mächtigste Strömung innerhalb der Psychoanalyse ist die Ich-Psychologie (vgl. Evans 2002: 140f.). Ihren Ursprung findet diese Form der Psychoanalyse in den Arbeiten Anna Freuds (1895-1982), der Tochter Freuds, und bei Heinz Hartmann (1894-1970). Im Zentrum dieser Interpretationsrichtung stehen das sogenannte autonome Ich und die Anpassung. Die Ich-Psychologie wurde hauptsächlich von österreichischen Analytikern vertreten, die auf der Flucht vor den Nationalsozialisten in die USA emigriert waren. Für Lacan stellt sie einen Verrat an Freud und eine Anpassung an die amerikanische Kultur dar. Seine Ablehnung der Ich-Psychologie ist entscheidend für die Interpretation seines Werkes.

Die Ich-Psychologie stellt, wie der Name bereits nahelegt, das Ich in den Mittelpunkt der Analyse. Ziel der Analyse ist es, dem Ich Autonomie zu ermöglichen. Autonomie lässt sich in diesem Zusammenhang fassen als ein Gleichgewicht zwischen den Trieben und den gesellschaftlichen Anforderungen. Ein autonomes Ich kann auch als starkes Ich, als angepasstes Ich oder gesundes Ich bezeichnet werden. Erreicht wird die Autonomie des Ichs in der Analyse durch die Identifikation mit dem starken Ich des behandelnden Psychoanalytikers. Lacan lehnt diese Ich-Konzeption ab, er begreift die so erzeugte „Autonomie" als narzisstische Illusion von Herrschaft. Der Versuch, das Ich an die gesellschaftlichen Bedingungen anzupassen, verfehlt Lacan zufolge die eigentliche Dimension der Psychoanalyse. Diese mache sich so zu einem Instrument der sozialen Normierung und verlöre ihre subversiven Eigenschaften. Lacan verbindet die Vorrangstellung der Anpassung innerhalb der Ich-Psychologie mit dem gesellschaftlichen Hintergrund ihrer Hauptprotagonisten, die als Emigranten in den USA lebten und nicht nur sich selbst an die US-amerikanische Gesellschaft anpassten, sondern auch die psychoanalytische Theorie und Praxis. Theodor W. Adorno, der sich intensiv mit der freudschen Psychoanalyse auseinandergesetzt hat, lehnt die Ich-Psychologie aus ähnlichen Gründen wie Lacan ab. Auch für ihn ist das sogenannte autonome Ich ein Ideologem.

An Lacans Kritik des Begriffs „Anpassung" lässt sich die auch für Žižek relevante subversive Dimension der Psychoanalyse verdeutlichen. Eine Psychoanalyse, die sich vor allem an der Fähigkeit des Ichs ausrichtet, sich an gegebenen gesellschaftliche Bedingungen anzupassen, übersieht, dass das, was wir Wirklichkeit nennen, nichts objektiv Vorliegendes ist, sondern vielmehr das Ergebnis von (Fehl-)Interpretationen und Projektionen. Das Ich muss nicht gestärkt werden, ihm muss vielmehr vorgeführt werden, dass es viel zu gut angepasst und selbst an der Erzeugung der Wirklichkeit beteiligt ist, der es sich unterwirft. In der Ich-Psychologie entscheidet der Analytiker, ob der Patient ausreichend angepasst ist oder nicht. Für Lacan bedeutet das, dass der – besser angepasste – Analytiker dem Patienten die gesellschaftliche Norm vorgibt; dass er seine Machtposition ausnutzt und den Patienten entsprechend seines eigenen Bildes formt, ihn also einer Suggestion unterwirft, anstatt eine Analyse durchzuführen. Auch verfehlt der aus der Biologie übernommene Begriff der Anpassung, dass der Mensch sich nicht in einer natürlichen Ordnung bewegt, sondern sich durch seinen Eingang in die symbolische Ordnung niemals in Harmonie mit seiner Umwelt befinden kann.

Lacan lehnte nicht nur die Ich-Psychologie, sondern auch die Kleinsche Psychoanalyse ab (vgl. Evans 2002: S. 163f.). Melanie Klein (1882-1960) hat ebenfalls schulbildend gewirkt. Die Vertreter der Kleinschen Psychoanalyse kritisieren ähnlich wie Lacan die Ich-Psychologie. Lacan erwähnt Klein zwar durchaus auch lobend (vor allem, dass sie den Begriff des Todestriebs [s.u.] nicht aufgegeben hat, rechnet er ihr an), insgesamt befindet er sich aber in Opposition auch zu diesem Zweig der Psychoanalyse. Während Klein davon ausgeht, dass das Unbewusste einen vorsprachlichen Anteil besitzt, besitzt für Lacan das Unbewusste die Struktur einer Sprache. Das Unbewusste ist nach Lacan nicht „der Bereich der irrationalen Triebe, etwas, das dem rationalen bewußten Selbst entgegengesetzt ist" (Žižek 2008b: 11), sondern es besitzt eine eigene Grammatik und Logik: „Das Unbewußte spricht und denkt. Das Unbewußte ist nicht das Reservat wilder Triebe, die vom Ich gezähmt werden müssen, sondern der Ort, an dem sich eine traumatische Wahrheit äußert." (Ebd.)

Lacan kritisiert an der Ich-Psychologie auch, dass sie die intersubjektiven Verflechtungen des Subjekts vernachlässigt, mithin also atomistisch verfährt. Die sogenannte Objektbeziehungs-Theorie (R. Fairbairn, D.W. Winnicott, M. Balint) (vgl. Evans 2002: 203f.), eine weitere Spielart der Psychoanalyse, erfasst hingegen zwar die intersubjektive Dimension der Subjektbildung, sie geht aber davon aus, dass es möglich sei, zwischen dem Subjekt und dem von ihm begehrten Objekt eine harmonische Beziehung auszubilden. Ähnlich, wie es kein vollständig angepasstes Verhältnis zwischen Subjekt und Wirklichkeit gibt, so die Kritik Lacans, gibt es aber auch kein solches Verhältnis zwischen dem Subjekt und dem von ihm begehrten Objekt. Lacan konzeptualisiert das Subjekt als ein immer mit sich und seiner Umwelt in Widerspruch stehendes, niemals mit sich selbst identisches.

Um die obigen Ausführungen auf den Punkt zu bringen: Aufgabe der Psychoanalyse im Sinne Lacans ist es nicht, Individuen zu zeigen, wie sie sich an die bestehende Realität anpassen können, sondern sie darüber aufzuklären, wie sich Realität überhaupt konstituiert, wie es dazu kommt, dass wir etwas als Realität wahrnehmen: „Für Lacan besteht das Ziel der psychoanalytischen Behandlung nicht im Wohlbefinden, in einem erfolgreichen Sozialleben oder in persönlicher Erfüllung des Patienten, sondern darin, den Patienten dazu zu bringen, sich mit den elementaren Koordinaten und Blockaden seines Begehrens zu konfrontieren." (Žižek 2008b: 12) Mit anderen Worten: Der Psychoanalyse, im Verständnis Lacans und Žižeks, geht es nicht um *Heilung*, sondern um *Aufklärung*. Die Psychoanalyse erlaubt es dem Subjekt, Einblick in die Struktur seines Begehrens zu gewinnen und dieser Einblick hat nichts Versöhnendes oder Heilendes an sich. Was die Psychoanalyse leisten kann, ist, dass sie ein „größeres Übel anbietet, um ein kleineres zu heilen [...], sie zeigt, daß die Krankheit, an der das Subjekt leidet, unheilbar ist, daß aber diese unheilbare Krankheit ein anderer Namen für das Subjekt ist" (Dolar 1991: 25).

Deutlich sollte aus dem Vorhergehenden geworden sein, dass es unterschiedliche psychoanalytische Sprachen gibt, die zwar ein ähnliches, oft von Freud übernommenes Vokabular pflegen, den einzelnen Vokabeln aber sehr unterschiedliche Bedeutungen geben. Wird von *der* Psychoanalyse gesprochen, so ist meist die Ich-Psychologie gemeint. Gegen diese Formen der Psychoanalyse richtete sich Lacans *Zurück zu Freud*.

Signifikanten

Eine Besonderheit der Rezeption Freuds durch Lacan sieht Žižek darin, dass „der Schlüssel, den Lacan bei seiner ‚Rückkehr zu Freud' verwendet, von außerhalb des psychoanalytischen Feldes stammt: um den geheimen Schatz von Freud zu heben, nimmt Lacan eine bunte Mischung von Theorien in seinen Dienst, von der Linguistik Ferdinand de Saussures über Claude Lévi-Strauss' strukturale Anthropologie zur mathematischen Mengenlehre und den Philosophien von Platon, Kant, Hegel und Heidegger" (Žižek 2008b: 13; vgl. Lacan 2005). Die entscheidenden Begriffe Lacans, so Žižek, finden sich nicht im Werk Freuds. Weder erwähnt Freud die Triade Imaginäres, Symbolisches und Reales, noch spricht er wie Lacan vom Subjekt, sondern vom „Ich" (vgl. ebd.). Lacan führt diese Theorien und Begriffe in die Psychoanalyse ein, um Intuitionen Freuds zu konzeptualisieren, für die Freud selbst kein Begriffsapparat zur Verfügung stand. Der aus der Linguistik de Saussures übernommene Begriff Signifikant nimmt im Zuge dessen eine prominente Stelle im Werk Lacans ein.

De Saussure unterscheidet zwischen dem Signifikat eines Zeichens und dessen Signifikanten. Das Signifikat (franz. *signifié*) steht für das, was bezeichnet wird, für den Zeicheninhalt. Der Signifikant (franz. *signifiant*) ist die Bezeichnung selbst, das phonetische Klangbild (Laut) des Zeichens. Lacan übernimmt diese Aufteilung Saussures, verschiebt aber deren Bedeutung: Bei Saussure sind Signifikat und Signifikant aufeinander verwiesen, sie stehen in einem symmetrischen Bedingungsverhältnis. Auch bei Lacan stehen beide Elemente im Verhältnis zueinander, allerdings kommt dem Signifikanten eine größere Bedeutung zu, da er das Signifikat überhaupt erst erzeugt.[18] Lacan begreift Sprache nicht als Zeichensystem, sondern als System von aufeinander verweisenden Signifikanten. Die Verbindung von Signifikant und Signifikat ist arbiträr, das heißt, ein Signifikant hat keine feste Bedeutung, kein ihm angestammtes Signifikat. Seine Bedeutung ist stattdessen abhängig von seiner Position innerhalb der Kette der Signifikanten. Signifikanten verweisen nur auf andere Signifikanten, es gibt kein Jenseits der Signifikanten. Bedeutung entsteht, wenn dieser allgemeine Verweisungszusammenhang unterbrochen wird; Lacan spricht vom Steppen der Signifikantenkette. „Der ‚Steppunkt' [*point de capiton*, RH] ist der Punkt, durch welchen das Subjekt an den Signifikanten ‚angeheftet' wird, und gleichzeitig der Punkt, der das Individuum als Subjekt anruft, indem er sich mit dem Ruf eines bestimmten Herrensignifikanten (‚Kommunismus', ‚Gott', ‚Freiheit', ‚Amerika') an es wendet – mit einem Wort, er ist der Punkt der Subjektivierung der Signifikantenkette." (Žižek 1992: 216) Die lacansche Signifikantenlogik unterscheidet

---

[18] Žižek entwickelt die lacansche Signifikantenlogik en detail in Žižek 1992: 211-244.

zwischen dem Herrensignifikanten und der so genannten Batterie der Signifikanten. Bedeutung entsteht, wie bei Hegel, retroaktiv, in dem Moment, wo ein Signifikant als Träger der Bedeutung als solcher festgehalten wird. Dieser Herrensignifikant ist auf der einen Seite ein völlig leerer Signifikant (er steht für die Differenz als solche), auf der anderen Seite steht er für die Fülle der Bedeutung selbst. Einerseits ist er völlig vom Subjekt abhängig, andererseits verleiht er dem Subjekt überhaupt erst eine Identität. Er steht für den Mangel im Anderen und verdeckt diesen Mangel zugleich. Er verleiht der Signifikantenkette (Batterie der Signifikanten) Bedeutung, indem er darüber hinwegtäuscht, dass es überhaupt keine Bedeutung gibt. Er füllt das Loch in der Wahrheit (den Umstand, dass es keine in sich geschlossene Realität gibt, vgl. Negativität I) aus. Signifikanten wie Freiheit, Staat, Gerechtigkeit oder Frieden erhalten ihre Bedeutung erst rückwirkend in Abhängigkeit von einem Herrensignifikanten. Wird die angeführte Signifikantenkette beispielsweise durch den Herrensignifikanten „Kommunismus" bestimmt[19], erhalten die Signifikanten der Kette eine andere Bedeutung als wenn der Signifikant „Demokratie" als Herrensignifikant fungiert. Prinzipiell kann jeder Signifikant als Herrensignifikant fungieren und der Signifikantenkette eine Bedeutung beilegen. „Dies ist demnach die fundamentale Lacansche These hinsichtlich der Beziehung von Signifikant und Signifikat: Anstelle des linearen, immanenten notwendigen Fortschreitens, das heißt der Entfaltung der Bedeutung, ausgehend von einem anfänglichen Keim, haben wir einen radikal zufälligen Prozeß retroaktiver Bedeutungsproduktion." (Žižek 1992: 218)

Žižeks Bestimmung der Dialektik als „Wissenschaft des ‚Wie-die-Notwendigkeit-aus-dem-Zufall-hervorgeht'" (Žižek 1992: 45) trifft auch auf die lacansche Signifikantenlogik zu. Es wäre falsch zu fragen, wo dieser Bedeutungsprozess seinen Ursprung hat: nur dort wo es Subjekte gibt, gibt es Bedeutung und nur wo es Bedeutung gibt, gibt es Subjekte.

Die Triade Reales, Imaginäres und Symbolisches

Die Triade Reales, Imaginäres und Symbolisches ist nicht nur für Lacan von zentraler Bedeutung, sondern sie steht auch im Zentrum von Žižeks Lacanrezeption.

---

[19] „‚Freiheit' wird allein dadurch wirklich, daß sie die formale bürgerliche Freiheit überwindet, welche nur eine Form von Sklaverei ist; der ‚Staat' ist das Mittel, mit dessen Hilfe die herrschende Klasse die Bedingungen ihrer Herrschaft sichert; Marktwirtschaft kann niemals ‚gerecht' sein, weil gerade die Form des Tauschs von Arbeit und Kapital Ausbeutung impliziert; Krieg ist der Klassengesellschaft als solcher inhärent, nur die sozialistische Revolution kann dauerhaften ‚Frieden' bringen usw." (Žižek 1992: 217).

Der aus der lacanschen Psychoanalyse stammende Begriff des Realen ist wohl der Begriff, den Žižek am stärksten strapaziert und in immer neuen Konstellationen fruchtbar zu machen versucht. Das lacansche Reale hat nichts (und gleichzeitig alles) mit der uns umgebenden Realität (verstanden als die Welt dort draußen) gemein. Lacan unterscheidet zwischen dem Realen (R), dem Imaginären (I) und dem Symbolischen (S), man spricht von der Triade RIS. Diese Triade stellt drei strikt aufeinander verwiesene Momente dar, die eine Analyse des Welt- und Selbstzugangs des Subjekts ermöglichen. Alle drei Momente lassen sich nicht unabhängig voneinander denken, sie bilden, mit Lacan gesprochen, einen borromäischen Knoten[20]: Wird eines der Momente isoliert, so löst sich der gesamte Knoten auf. Während das Symbolische und das Imaginäre sich noch relativ gut erläutern lassen, gilt dies für das Reale nicht.

Die Ordnung des *Imaginären* steht in enger Verbindung mit der frühen Ich-Bildung im Spiegelstadium. Das Ich identifiziert sich mit der Ganzheit seines Spiegelbilds (das Bild muss natürlich nicht in einem Spiegel erscheinen, sondern kann sich auch in den Personen seiner Umgebung, meistens der Mutter, spiegeln: „Das Imaginäre ist der Bereich des Bildes und der Vorstellung, der Täuschung und Enttäuschung. Die grundlegenden Illusionen des Imaginären sind die Ganzheit, die Synthese, die Autonomie, die Dualität und vor allem die Ähnlichkeit. Das Imaginäre ist demnach die Ordnung der oberflächlichen Erscheinungen, der täuschenden, beobachtbaren Phänomene, die die darunterliegenden Strukturen verbergen." (Evans 2002: 146f.) Das Bild, das ich mir von mir selbst mache verleiht mir eine Identität und verhindert gleichzeitig, dass mir die eigentliche, in sich zerrissene Struktur meiner Subjektivität bewusst wird. Dieser Vorgang ist immer auf eine Art Spiegel (ein Anderes) angewiesen, in dem ich mein Bild erkennen kann. In die Ordnung des Imaginären schreibt sich so immer die Ordnung des Symbolischen ein. Erst durch die symbolische Ordnung erhält das Imaginäre eine Struktur.

Lacans Konzeption des *Symbolischen* ist von der strukturalen Anthropologie Claude Lévi-Strauss beeinflusst. Das Symbolische ist der Raum der sozialen Interaktion, der Sprache, der Kultur. Die Ordnung des Symbolischen ist unnatürlich im wahrsten Sinne des Wortes. Kein Signifikant bezieht sich auf irgendetwas anderes als auf andere Signifikanten. Lacan weist beispielsweise darauf hin, dass die von Lévi-Strauss im Rahmen der Ethnologie untersuchten Verwandtschaftsbeziehungen sich nicht auf eine biologische (genetische) Ursache zurückführen lassen, sie stellen eine unabhängige Ordnung dar. Wer wen heiraten oder

---

[20] Ein borromäischer Knoten oder Ring besteht aus mindestens drei Komponenten, von denen jeweils zwei nicht miteinander verschlungen sind, so dass sich bei der Herauslösung eines Ringes alle Ringe voneinander lösen.

nicht heiraten darf (Inzestverbot)[21] lässt sich nicht aus der Biologie des Menschen herleiten.

Mit der symbolischen Ordnung eng verbunden ist das Problem des Ursprungs (s.u.: Phantasma). Ist die symbolische Ordnung etabliert, so scheint sie immer schon dagewesen zu sein, so dass „wir es für absolut unmöglich halten, über das Vorher anders als in Symbolen zu spekulieren" (Lacan nach Evans 2002: 300). Jedes Sprechen über die Sprache setzt diese voraus, es ist nicht möglich, hinter die Sprache zurückzugehen. Jeder Versuch einer Sprachursprungstheorie ist damit – für Lacan – zum Scheitern verurteilt, weil sich über das, was dem Symbolischen vorausgeht, nur im Rahmen des Symbolischen sprechen lässt.

Die Unterscheidung zwischen dem Imaginären und dem Symbolischen und ihr Verhältnis zueinander lässt sich anhand eines anderen Begriffspaars, Idealich und Ich-Ideal, gut illustrieren: Eine imaginäre Identifizierung ist die Identifikation mit dem Idealich, „mit jenem Bild, in welchem wir uns selbst liebenswert erscheinen, wobei das Bild all das repräsentiert, ‚was wir gerne wären'". Die symbolische Identifikation ist dagegen die Identifikation mit dem Ich-Ideal, die „Identifizierung mit eben jenem Ort", „*von welchem aus* wir beobachtet werden, *von welchem aus* wir uns selbst so betrachten, daß wir uns liebenswert und liebenswürdig erscheinen" (Žižek 1992: 221). Das imaginäre Bild (Idealich) das man sich von sich selbst macht, wird von der symbolischen Identifikation (Ideal-Ich) beeinflusst. Es gibt kein Imaginäres, das nicht bereits durch das Symbolische mitbestimmt ist.

Die symbolische Ordnung basiert letztendlich auf Vertrauen in Regeln. Ein grundlegendes Regelwerk ist beispielsweise die Grammatik. Den grammatischen Regeln wird gefolgt, ohne dass man sich dieser Regelbefolgung ständig bewusst wäre, beziehungsweise ist die blinde Beherrschung der Grammatik eine Bedingung der Rede selbst. Neben der Beherrschung der Grammatik ist ein gemeinsamer lebensweltlicher Hintergrund unabdingbar, um sich wechselseitig verstehen zu können.

---

[21] Zum Inzestverbot muss angemerkt werden, dass es sich nicht auf die übliche biologische Bedeutung (sexuelle Beziehung zwischen nahen Verwandten) bezieht, sondern auf die grundsätzliche Funktion als Heiratsverbot. Das Inzestverbot ist universal, da jede menschliche Gemeinschaft „Heirats"-Regeln kennt. Bestimmte Personen dürfen nicht geheiratet werden, ihr Ausschluss definiert die Gruppe derjenigen, die heiraten dürfen. Heiratsregeln sind soziale Regeln, die nichts mit biologischer Verwandtschaft zu tun haben müssen. Der oft genannte Einwand gegen den universalen Status des Inzestverbots, dass es sehr wohl Kulturen gibt oder gab, in denen es gestattet ist/war, die eigene Schwester, den eigenen Bruder zu ehelichen, geht deshalb fehl. Die These lautet vielmehr: Es gibt keine menschliche Gesellschaft ohne Heiratsverbot. Das heißt es mag zwar Gesellschaften geben, in denen es erlaubt ist, direkte Blutsverwandte zu heiraten, aber auch in diesen Gesellschaften findet sich immer ein Heiratsverbot.

Die für die symbolische Ordnung konstitutiven Regeln operieren auf unterschiedlichen Ebenen: Es gibt Regeln, die zwar gewohnheitsmäßig angewendet werden (die Regeln der Grammatik), sich aber explizit machen lassen; Regeln die das Handeln bestimmen, sicher aber nur schwer explizit machen lassen (unbewusste Verbote); und Regeln, die einem zwar bewusst sind, von denen man aber nicht sprechen darf. Die letztgenannten stellen die von Žižek so genannte obszöne Unterseite[22] der symbolischen Ordnung dar (vgl. Žižek 2008b: 19 und weiter unten die Ausführungen zum Begriff des Phantasmas). Die symbolische Ordnung selbst kann in der Gestalt des Großen Anderen „in einem einzigen Urheber personifiziert oder verdinglicht werden: als ‚Gott', der vom Jenseits über mich und über alle Individuen wacht, oder als die Idee, der ich verbunden bin (Freiheit, Kommunismus, Nation) und für die ich mein Leben zu geben bereit bin. Wenn ich spreche, bin ich niemals ein bloßer ‚kleiner anderer' (Individuum), der mit anderen ‚kleinen anderen' interagiert: der große Andere muß immer dabei sein." (Žižek 2008b: 19f.) Der Große Andere stellt also eine Verkörperung der handlungsbestimmenden (sinngebenden) Regeln dar. Entscheidend für Žižek ist, dass der Große Andere vollständig abhängig vom Handeln der Subjekte ist; er existiert nur, solange Individuen *„so handeln, als ob es ihn gäbe"* (ebd.) und ist doch gleichzeitig die Bedingung für das Sprechen selbst.

Die dritte Ordnung, die Ordnung des *Realen,* ist am schwersten zu fassen und ist diejenige, die von Žižek – im Anschluss an Jacques Alain Miller – am weitesten über Lacans eigenen Gebrauch hinausgetrieben wird. Das Reale im Sinne Lacans ist nicht die Realität, so wie wir sie wahrnehmen, sondern ein die Realität störendes Element. Lacan fasst das Reale als „das Reich außerhalb der Symbolisierung", als das „was der Symbolisierung gänzlich widersteht" (Lacan nach Evans 2002: 251). Das Reale ist etwas Unmögliches, etwas, das weder imaginiert, noch symbolisiert werden kann, und diese Unmöglichkeit ist es, die die traumatischen Folgen eines Einbruchs des Realen verursacht. Das Reale ist immer etwas, das in einer gegebenen symbolischen Ordnung keinen Platz hat, etwas, dem keine Bedeutung verliehen werden kann. Ob ein Ding der Ordnung des Realen angehört oder nicht, ist nicht von diesem Ding abhängig, sondern davon, ob es einen Platz in der symbolischen Ordnung einnehmen kann oder nicht: „So unterscheidet Lacan in seiner Diskussion der Fallgeschichte des Kleinen Hans [...] zwei reale Elemente, die in die präödipale imaginäre Harmonie eindringen und stören: der reale Penis, der in der infantilen Masturbation spürbar wird, und die Geburt der kleinen Schwester" (Evans 2002: 251). Die beiden Elemente gehören deswegen der Ordnung des Realen an, weil sie innerhalb der

---

[22] In der Psychoanalyse haben Begriffe wie „obszön" oder „pervers" keine sexual-ethische Bedeutung. Wenn Žižek von „obszön" spricht, so meint er damit einen Verstoß gegen eine bestehende Regel, der nicht öffentlich werden darf.

symbolischen Ordnung des Kleinen Hans keinen Platz finden; sie besitzen keine Bedeutung, sondern treten als Störungen auf.

Relevant für Žižek ist eine entscheidende Verschiebung des Begriffs, den Lacan zum Ende seiner Karriere vornimmt: er stellt Reales und Realität gegenüber. Das Reale ist dasjenige, das sich nicht symbolisieren lässt, während die Realität dem Imaginären und Symbolischen angehört (vgl. Evans 2002: 253). Diese von Lacan nicht weiter ausgearbeitete Unterscheidung von Realität und Realem greift Žižek auf, sie bildet das Zentrum seiner Interpretation der Triade RIS. Er liest den Begriff des Realen hegelianisch: Das Reale ist nicht nur das, was der Symbolisierung entgeht und sie gleichzeitig ermöglicht, sondern es wird überhaupt erst im Prozess der Symbolisierung erzeugt.

Das Reale wird nicht als etwas vorgängiges gedacht, es handelt sich nicht um ein Ding an sich, das sich unserem beschränkten Erkenntnisvermögen entziehen würde, sondern es ist ein Nichts, das als Etwas zählt, es ist das, was jede Symbolisierung unvollständig macht und gleichzeitig die Bedingung dafür, dass die Symbolisierung überhaupt möglich ist. Es entzieht sich dem vorstellenden Verstand, man kann respektive darf sich unter dem Realen nichts vorstellen; im Akt des Vorstellens wird das Reale verdinglicht und damit verfehlt. Mit dem Begriff des Realen geht im Verständnis Žižeks dieselbe Verschiebung einher wie zwischen Kant und Hegel. Aus dem scheinbar nicht überwindbaren erkenntnistheoretischen Problem, dass wir niemals die Welt als solche in ihrer Totalität erfassen können, wird die Bedingung der Möglichkeit von Erkenntnis selbst: Žižek betont immer wieder, dass es nicht an unserem mangelhaften Erkenntnisvermögen liegt, wenn es uns nicht gelingt, die Welt als solche zu erkennen, sondern daran, dass es eine Welt als solche nicht gibt. Hinter dem Schleier der Erscheinungen liegt kein unerreichbares Ding, sondern nichts beziehungsweise nur das, was wir selbst dahinter getragen haben. Die Realität selbst ist gebarrt, löchrig, unvollständig, sie wird von einem konstitutiven Riss durchzogen. Diese Grundannahme Žižeks (und Hegels), dass es keine „Wirklichkeit" hinter dem Schleier der Erscheinungen gibt, dass das Sein nur in seinen Erscheinungen existiert, ist für den Alltagsverstand nur schwer einzusehen: Das Reale ist gleichzeitig das Ding, zu dem wir keinen direkten Zugang haben, und das Hindernis, welches diesen direkten Zugang verhindert (vgl. Žižek 2009c: 127). Žižek präzisiert den Begriff weiter, indem er ausführt, dass das Reale letztendlich genau der angeführte Perspektivenwechsel von dem nicht erreichbaren Ding zu dem Hindernis sei.

Zur Erläuterung dieses Perspektivenwechsels bezieht sich Žižek auf den antagonistischen Charakter des Gesellschaftsbegriffs: Konzentriert man sich auf das Individuum, verliert man die Gesamtheit der Gesellschaft aus dem Blick, konzentriert man sich auf die Gesamtheit, verliert man das Individuum aus dem

Blick. Die Gesellschaft als solche, als Ding an sich, scheine ich niemals in den Blick zu bekommen. Žižek sieht hier das Problem bereits als Lösung: Die Antinomie, die scheinbar den Blick auf das Ding an sich verstellt, ist bereits das Ding selbst. In anderen Worten: das „Wesen" der modernen Gesellschaft, ihre fundamentale Eigenschaft, ist gerade dieser nicht auflösbare Antagonismus zwischen der Totalität und dem Einzelnen. Für das Reale gilt damit, dass es die Gleichheit in die Vielfalt der Erscheinungen auflöst. Auf der ersten Ebene erscheint das Reale als das, was sich uns entzieht, nur in der Vielfalt seiner Erscheinungen sichtbar wird, für diese Erscheinungen verantwortlich ist. So verstanden ginge das Reale den Erscheinungen seiner selbst vor. Žižeks Geste ist nun die, dass er das Reale auf einer zweiten Ebene als nicht existierend fasst, als etwas, das nur im Nachhinein aus der Vielfalt der Symbolisierungen rekonstruiert werden kann, als etwas, das nicht mehr ist als seine Symbolisierungen (vgl. Žižek 2009c: 127).

Žižek erläutert das Zusammenspiel der Triade RIS anhand einer Analogie zum Schachspiel: „Die Regeln, denen man folgen muß, um Schach zu spielen, sind seine symbolische Dimension: Vom rein symbolischen Standpunkt aus ist der ‚Springer' nur durch die Züge definiert, die diese Figur ausführen kann. Diese Ebene unterscheidet sich deutlich von der imaginären, nämlich der Art, in welcher die verschiedenen Figuren geformt sind und durch ihren Namen charakterisiert werden (König, Dame, Springer), und es ist leicht, sich ein Spiel mit den gleichen Regeln vorzustellen, aber mit einem anderen Imaginären, in welchem diese Figuren ‚Bote' oder ‚Spaziergänger' oder wie auch immer heißen. Schließlich ist die gesamte Anordnung von kontingenten Begleitumständen, welche den Verlauf des Spiels berühren, real: die Intelligenz der Spieler, die unvorhersehbaren Eingriffe, die einen Spieler aus der Fassung bringen oder das Spiel unmittelbar abbrechen können." (Žižek 2008b: 18f.)

Die Triade lässt sich auch anhand des „Anderen" erläutern: Der *imaginäre Andere* ist der Mitmensch mit dem man in „spiegelartigen Beziehungen von Konkurrenz, wechselseitiger Anerkennung usw." steht. Der *reale Andere* ist „unmenschlich"; mit ihm ist kein „symmetrischer Dialog" möglich. Der symbolische Andere ist die „‚Substanz' unserer sozialen Existenz" (vgl. Žižek 2005: 23). Der symbolische Andere wird von Žižek im Anschluss an Lacan meist als der „Große Andere" bezeichnet. Der Große Andere lässt sich in einem gewissen Grade mit der symbolische Ordnung, in der wir uns alle bewegen, gleichsetzen.

Von der Subjektivierung zum Subjekt

Žižek unterscheidet zwischen der *Subjektivierung* (der Annahme einer Subjektposition: Vater, Mutter, Lehrer, Richter, Polizist, Demokrat etc.) und dem *Subjekt* selbst, welches der Subjektivierung vorhergeht. Den Subjektbegriff entwickelt Žižek unter anderem im Ausgang von Lacans Graph des Begehrens, wie dieser ihn in seinem Text *Subversion des Subjekts und Dialektik des Begehrens im freudschen Unbewußten* (Lacan 1975) entwickelt hat (vgl. Žižek 1989: 87-129; 1992a: 211-244).

Der Graph des Begehrens ist eine Darstellung der Art und Weise, wie Individuen ihre Welt- und Selbstzugänge organisieren. Lacan geht dabei von der strukturalistischen Linguistik aus und sieht das Subjekt als Endprodukt eines gleichzeitig bedeutungsverleihenden und bedeutungssubvertierenden Prozesses. Bedeutung entsteht, wie bei Hegel, retroaktiv; das heißt, ein Ereignis setzt seine eigenen Bedingungen, seine eigene Ursache. Vom Punkt des Ereignisses aus, Lacans *point de capiton* (Steppunkt, vgl. Lacan 1981), wird alles bisher Geschehene neu „vernäht", so dass eine bisher unklare, verwirrende oder chaotische Situation lesbar wird, Bedeutung erhält: Bedeutung erhält ein Satz erst in dem Moment wo er endet, mit dem Punkt abgeschlossen wird. Dieses „Steppen" der Situation folgt einer ähnlichen Logik wie die althussersche Interpellation (Anrufung).

Louis Althusser (1918-1990) hat im Rahmen seiner unorthodoxen Marxauslegung eine Theorie der Subjektbildung vorgelegt, anhand derer sich der Begriff der Subjektivierung gut erläutern lässt (vgl. Althusser 1977). Die beiden Begriffe Ideologie und Subjektivierung gehen bei Althusser wie bei Žižek zusammen.

Ein Subjekt zeichnet sich dadurch aus, dass es innerhalb der symbolischen Ordnung unterschiedliche Orte einnehmen kann beziehungsweise ihm unterschiedliche Orte zugewiesen werden, oder mit anderen Worten: Es ist in der Lage, unterschiedliche gesellschaftliche Rollen zu übernehmen. Diese Rollen bekommt das Subjekt zugewiesen, es wird als ein ganz bestimmtes Subjekt, wie es bei Althusser heißt, *angerufen*. Anrufungsinstanzen sind die von Althusser so genannten ideologischen Staatsapparate (Kirche, Schulen, Medien, Justiz etc.) und deren Vertreter. Das Standardbeispiel ist die Anrufung durch einen Polizisten. In dem Ruf „Hallo, Sie da" erkenne ich mich zwangsläufig wieder. Egal, ob ich nun gemeint war oder nicht, egal, ob ich darauf reagiere oder den Ruf ignoriere, fühle ich mich schuldig, übernehme ich in der symbolischen Ordnung den Platz des Schuldigen.[23] Das Subjekt – nach der Interpellation, nach der Subjektivierung – besteht aus den unterschiedlichen symbolischen Mandaten, gesellschaftlichen Rollen, die es übernimmt. Die Anrufung ist es, die „aus der Masse der Individuen Subjekte ‚rekrutiert' (sie rekrutiert sie alle) oder diese Individuen in Subjekte ‚transformiert' (sie transformiert sie alle)" (Althusser 1977: 142). Wie aus den Zusätzen in Klammern deutlich wird, ist ein konkretes Subjekt für

---

[23] Vgl. zum Problem der Schuld und des Gewissens bei Althusser: Butler 2001: 101-124.

Althusser ohne Anrufung nicht denkbar; für ihn ist Ideologie ewig, das heißt, es gibt kein Subjekt, dessen Identität nicht durch eine Ideologie bestimmt wäre: „Die Ideologie hat immer-schon (toujours-déjà) die Individuen als Subjekte angerufen, was wiederum auf die Präzisierung hinausläuft, daß die Individuen immer schon durch die Ideologie als Subjekte angerufen werden." (Althusser 1977: 144) Es gibt kein Subjekt außerhalb der symbolischen Ordnung.

Der Ansatz Althussers greift Žižek zufolge aber zu kurz, da er gerade das entscheidende Moment verfehlt, nämlich, dass die Anrufung niemals vollständig gelingt[24], dass es ein „Jenseits der Anrufung" gibt. Erst Lacans Subjektbegriff werde dem gerecht. Žižek folgt Althusser darin, dass die Ideologie ewig ist und alle Subjekte erreicht beziehungsweise konstitutiv für diese ist. In der Anrufungstheorie Althussers gibt es jedoch nichts jenseits des durch die Anrufung konstituierten Subjekts, das heißt, dass Subjekt geht in der Anrufung völlig auf. Žižek wendet sich – mit Lacan – dem zu, was der Anrufung entgeht und sie gleichzeitig erst ermöglicht: dem Subjekt *vor* der Subjektivierung. Das Subjekt vor der Subjektivierung besitzt keine positiven Eigenschaften, es ist reine Form, reine Negation. Jede inhaltliche Bestimmung verfehlt es notwendig, es ist aber auch kein Ding an sich, sondern gehört vielmehr der Ordnung des Realen an. Ähnlich wie bei Hegel lässt sich die Subjektwerdung bei Lacan als ein Herausarbeiten aus dem Wahnsinn verstehen, als Abwehr der absoluten Negativität, die das Subjekt ist. In diesem Zusammenhang entwickelt Lacan den Begriff des Phantasmas.

Phantasma

Was für die Hegelsche *Phänomenologie des Geistes* die Bewusstseinsgestalten sind, ist für die lacansche Psychoanalyse das Phantasma beziehungsweise die Phantasmen. Das Phantasma erlaubt es dem Subjekt, den Umstand zu verdrängen, dass weder es selbst noch der Andere vollständig sind, es füllt die Lücke im Subjekt und im Anderen aus, es gibt dem Subjekt gleichzeitig eine Identität und eine Erklärung dafür, warum diese Identität ständig gefährdet ist. Dabei muss zwischen dem Phantasma als formaler Struktur und konkreten, inhaltlich bestimmten Phantasmen (phantasmatischen Szenen) unterschieden werden. Alle Phantasmen haben zwar die gleiche Struktur, sie wirken aber auf unterschiedlichen, wenn auch aufeinander verwiesenen Ebenen.

---

[24] Vgl. hierzu die ausführliche Kritik Mladen Dolars an der Konzeption Louis Althussers: Dolar 1991.

Durch das Phantasma lernen wir zu begehren.

Der Begriff des Phantasmas (franz. *fantasme*: Phantasma/Trugbild) muss vom alltagssprachlichen Begriff der Phantasie unterschieden werden. Das Phantasma ist – wie alle für Žižek relevanten Begriffe – janusköpfig. Auf der einen Seite stellt es eine Art von Abwehrformation gegen das unerträgliche Reale dar (gegen den konstitutiven Riss), auf der anderen Seite erzeugt es gleichzeitig das, was es abwehrt. Unter dem Titel *Die sieben Schleier der Phantasie* erläutert Žižek in *The Plague of Fantasies* (Žižek 2008c; dt.: *Die Pest der Phantasmen*, Žižek 1997) die Struktur und Funktion des Phantasmas.[25]

Subjekt wie Objekt werden im Verständnis Lacans von einem konstitutiven Mangel durchzogen; sie sind gebarrt, es geht ein Riss durch sie hindurch. Das Phantasma ist die Vermittlungsinstanz zwischen dem Mangel des Subjekts und dem Mangel im Anderen. Es erzeugt den Raum, in dem das Begehren seinen Ort findet, es lehrt wortwörtlich, wie und was zu begehren ist.

In einer erster Annäherung kann man das Phantasma als eine Art von transzendentalem Schematismus im Sinne Kants begreifen: Seine Aufgabe ist es, zwischen der formalen symbolischen Struktur und der Positivität der Objekte, denen wir in der Realität beggnen, zu vermitteln. Es stellt ein „Schema" dar, welches festlegt, welche Objekte als Objekte des Begehrens in Frage kommen. Žižeks eingängiges Beispiel ist das nicht direkt zu befriedigende Verlangen nach einem Stück Erdbeerkuchen. Das Phantasma ist nicht das Phantasieren darüber, wie es wäre, ein Stück Erdbeerkuchen zu essen, sondern es gibt die Antwort darauf, warum ich überhaupt weiß, dass ich ein Stück Erdbeerkuchen begehre und nichts anderes. Jedes Begehren, auch das sexuelle, ist auf einen phantasmatischen Rahmen, auf ein Koordinatensystem des Begehrens angewiesen. Begehrenswert ist ein Objekt nicht per se, sondern in Abhängigkeit von seiner Position im phantasmatischen Rahmen desjenigen, der begehrt. Lacans berühmter und häufig fehlinterpretierter Satz „Es gibt keine sexuelle Beziehung" ist in diesem Zusammenhang zu lesen. Selbstverständlich meint Lacan hier nicht, dass es unmöglich sei, sexuell miteinander zu verkehren, sondern dass jeder der Beteiligten sein Begehren auf individuelle Art und Weise organisiert und sich so zwischen den Partnern immer eine phantasmatische Vermittlungsebene befindet, die einen direkten Kontakt unmöglich macht und gleichzeitig festlegt, was am jeweils Anderen begehrenswert ist (vgl. Žižek 2008c: 7). Jedes Subjekt verfügt also über einen individuellen phantasmatischen Rahmen, der sein Begehren organisiert.

---

[25] Ich werde mich im Folgenden auf die englischsprachige Ausgabe beziehen, da die deutsche Übersetzung wenig brauchbar ist. Žižeks Überlegungen zum Phantasma datieren bis in das Jahr 1988 zurück (vgl. Žižek 1988).

Intersubjektivität

Das Phantasma bezieht sich aber nicht nur auf das Subjekt selbst, sondern ist immer auch eine Reaktion beziehungsweise eine Antwort auf das Begehren des Anderen; seine Struktur ist intersubjektiv. Da das Subjekt niemals in seinen Rollen vollständig aufgeht, kann es auch niemals wissen, ob es den Ansprüchen, die an es gerichtet werden, gerecht wird. Intersubjektivität wird vom späten Lacan, auf den Žižek sich bezieht, jedoch nicht als Kampf um Anerkennung oder als Kommunikation konzipiert, sondern im Ausgang vom „undurchdringlichen Begehren des Anderen" (Žižek 2008c: 8) entwickelt.

Die Grundverfassung des Subjekts ist deshalb laut Žižek hysterisch in dem Sinne, dass es ständig danach fragt, was der Andere wirklich möchte: Du sagst das zwar, aber was willst du wirklich? Die ursprüngliche Frage des Begehrens ist demnach nicht: „Was möchte ich?", sondern „Was wollen die Anderen von mir? Was sehen sie in mir? Was bin ich für die Anderen? Was ist es, was mich für die Anderen wertvoll macht?" (Vgl. Žižek 2008c: 9) Das Begehren, das durch das Phantasma ausgedrückt wird, ist nicht nur das Begehren des Subjekts, sondern auch das Begehren des Anderen. Žižek erläutert diese undurchdringliche Form der Intersubjektivität anhand des familiären Beziehungsgeflechts, in das ein kleines Kind eingebettet ist. Das Kind, so Žižek, dient als Katalysator und Schlachtfeld für das Begehren seiner Eltern und seiner Geschwister. Die Art und Weise, wie seine Mutter mit ihm umgeht, lässt sich beispielsweise als Nachricht an den Vater verstehen. Das Kind kann sich seiner Rolle zwar bewusst sein, was aber unerreichbar für es bleibt, ist das Wissen darüber, was für ein Objekt genau es für die Anderen ist. Auf das hysterische Fragen danach, was für ein Objekt ich für den Anderen darstelle, gibt das Phantasma eine Antwort. Es versucht, das hysterische Fragen des Subjekts nach dem Begehren des Anderen zu beantworten, indem es ihm ein Objekt anbietet, durch welches das Begehren des Anderen verkörpert wird, das *objet petit a* (Objekt klein a). „Das heißt: *objet petit a* als das Objekt des Phantasmas, ist ‚dasjenige in mir, das mehr ist als ich selbst, wegen dessen ich mich selbst wahrnehme' als "des Begehrens des Anderen würdig" (ebd.). Dieses Objekt *ist* das Subjekt, es ist der „geheime Schatz" (ebd.), der dem Subjekt minimale Identität verleiht. Das Objekt tritt hier nicht als Vermittler zwischen meinem Begehren und dem Begehren des Anderen auf, sondern „es ist das Begehren des Anderen selbst, das zwischen dem ‚gebarrten' Subjekt $ und dem verlorenen Objekt welches das Subjekt ‚ist' vermittelt" (Žižek 2008c: 10). Das *objet petit a* ermöglicht es, das undurchdringliche Begehren des Anderen abzuwehren; es erlaubt den Mangel im Anderen aufzufüllen (vgl. Lacan 1975: 191f.) und sagt dem Subjekt, was es „ist". Wie bei Hegel stopft das *objet petit a* das Loch in der Wahrheit und verdeckt damit den Umstand, dass Subjekt und Anderer, Subjekt und Substanz, unvollständig sind.

Das Phantasma sagt mir, wer ich bin. Es erzeugt ein nicht fassbares Objekt (*objet petit a*), das für das einsteht, was an mir selbst mehr ist als ich beschreiben kann. Es addiert sich zu all meinen Eigenschaften. Einem Liebenden ist es beispielsweise nicht möglich, zu sagen, warum er jemanden liebt. Alle Antworten auf die Frage „Warum liebst du sie/ihn?" bleiben unvollständig. Ob man jemanden liebt oder nicht, lässt sich nicht auf bestimmte Eigenschaften zurückführen. Eine Eigenschaft des Anderen wird liebenswert weil man ihn liebt und nicht weil sie per se liebenswert wäre. Lieben bedeutet dem Anderen das zu geben, was man selbst nicht besitzt, das *objet petit a*. In der Liebe ergänzen sich nicht zwei Partner zu einem Ganzen, sondern verdecken jeweils den Mangel im anderen. Es finden sich nicht zwei verlorene Hälften zu einem harmonischen Ganzen zusammen, vielmehr treffen zwei qua ihrer Struktur unvollständige Subjekte aufeinander und versichern einander vollständig zu sein, geben sich gegenseitig eine Identität.

Dieses Objekt, das mehr ist als das Subjekt selbst, ist es, das beim „Durchqueren des Phantasmas" (s.u.) aufgegeben wird. In der Durchquerung, der Aussetzung des Phantasmas akzeptiert das Subjekt das Unmögliche: das *objet petit a*, das, was mehr ist als das Subjekt, existiert nicht, es gibt keine geheime Substanz, die das Subjekt ausmacht, sondern das, was das Subjekt konstituiert, was ihm Halt gibt, existiert nicht, ist „rein phantasmatisch" (Žižek 2008c: 10). Was wir als unsere Identität, unsere Persönlichkeit beschreiben, ist ein fragiles Gebilde, welches seine Entstehung gerade dem Umstand verdankt, dass wir keine Identität als solche besitzen.

Das Phantasma als Ursprungserzählung

Des Weiteren erlaubt es das Phantasma dem Subjekt mit ansonsten unauflösbaren Widersprüchen umzugehen. Man kann Phantasmen als Ursprungserzählungen verstehen, die dazu dienen, unaufhebbare Widersprüche oder Unmöglichkeiten zu verschleiern. In Bezug auf das Begehren gibt ein Phantasma eine Antwort, auf die eigentlich nicht zu beantwortende Frage: Was will der andere von mir? Auch Erzählungen und Mythen sind Lacan zufolge Versuche, Antagonismen (prinzipiell nicht lösbare Widersprüche) aufzulösen, oder anders gesagt, Antworten auf nicht beantwortbare Fragen zu geben. Die Erzählung löst die Unmöglichkeit auf, besser gesagt: verdeckt sie, indem es die widersprüchlichen Momente in eine zeitliche Folge bringt. Verbunden mit einer solchen erzählerischen „Lösung" ist immer eine Zeitschleife: Die Erzählung muss notwendig das voraussetzen, was sie erst erklären möchte. Žižeks Beispiel ist hier der wirtschaftsliberale Mythos der „ursprünglichen Akkumulation", der die gewalttätige Herkunft des Kapitalismus verschleiert. Dieser Mythos versucht zu erklären, wie der erste Kapitalist in die Welt kam. Kurzgefasst werden in dieser Erzählung zwei Arbeiter gegenübergestellt; der eine ist faul und lebt in den Tag hinein, der andere dagegen ist fleißig und geschäftstüchtig und akkumuliert die Früchte seiner Arbeit, um sie später re-investieren zu können. Erklären tut diese Geschichte gar nichts, da sie das, was sie erklären möchte, voraussetzt, nämlich einen Arbeiter, der sich bereits wie ein Kapitalist verhält (vgl. Žižek 2008c: 11f.). Wieder geht es darum, Identität und Abgeschlossenheit herzustellen, also an die Stelle des Mangels (der Unmöglichkeit, den Widerspruch aufzulösen) eine Fülle zu setzen.

„Das Paradox, welches konsequenter Weise akzeptiert werden muss, ist, dass wenn ein bestimmter historischer Moment (miß)verstanden wird als der Moment des Verlusts einer Qualität, bei genauerer Untersuchung deutlich wird, dass die verlorene Qualität erst in jenem Moment des vermeintlichen Verlusts auftauchte." (Žižek 2008c: 14f.) Das Auftauchen und der Verlust fallen zusammen. Die Erzählung verdeckt das angeführte Paradox, indem sie einerseits erklärt wie das Objekt auftauchte und andererseits warum es verlorengegangen ist. Besitz und Verlust werden so in eine zeitliche Folge gebracht: Der Besitz des Objekts geht zeitlich seinem Verlust vor.

Laut Žižek sind mit dieser Eigenschaft des Phantasmas weitreichende Folgen auch für das Verständnis des Geschichtsbegriffs verbunden. Man dürfte von dem gleichzeitigen Auftauchen und Verlorengehen nicht darauf schließen, dass es keine Geschichte gäbe, sondern man muss den Geschichtsbegriff selbst hinterfragen. Der historische Prozess folgt gerade nicht der Logik der Erzählung. Ein geschichtswirksames Ereignis (ein historischer Akt) wirkt sich vielmehr auf den Rahmen aus, innerhalb dessen wir Geschichte wahrnehmen. „Mit anderen Worten: Ein wahrer historischer Bruch bezeichnet nicht einfach den ‚regressiven' Verlust (oder den ‚progressiven' Gewinn) einer Sache, sondern *die Verschiebung eben jenes Koordinatennetzes das es uns erlaubt Verluste und Gewinne zu erfassen*." (Žižek 2008c: 15)

Symbolische Kastration

Die phantasmatische Erzählung sollte nicht mit dem umgangssprachlichen „Phantasieren" verwechselt werden. Unter Phantasieren versteht man im Allgemeinen die halluzinatorische Befriedigung von Wünschen, insbesondere von verbotenen Wünschen. Die phantasmatische Erzählung setzt dagegen nicht die Gesetzesübertretung in Szene, sondern die Einsetzung des Gesetzes selbst. Sie versucht, die unmögliche Szene der symbolischen Kastration, den Eingang des Subjekts in die symbolische Ordnung, darzustellen. Anders als der Ausdruck vermuten lässt, zieht die symbolische Kastration nichts von dem ab, was man begehrt, sondern ergänzt das Begehrte vielmehr um ein nichtexistentes X (wieder das *objet petit a*), um das man dann im Anschluss betrogen wird. Im Vergleich zu diesem X wirkt alles andere, was man begehrt, defizitär (kastriert), nicht völlig befriedigend. Dieses X, um welches die Serie des Begehrten ergänzt wird, ist gleichzeitig etwas, das nie erreicht werden kann, da es nicht existiert und nie existiert hat. Beispielsweise erscheint jede tatsächliche sexuelle Befriedigung als nicht vollständig, als nicht völlig befriedigend im Vergleich zu dem Phantasma vollständiger sexueller Befriedigung. Diese Unmöglichkeit wird als Verlust einer Fülle oder von Vollständigkeit wahrgenommen. Das Paradoxe dieses Verlustes ist, dass man das, was man verloren zu haben glaubt, niemals besessen hat.

Ein anderes, noch grundlegenderes Beispiel für die symbolische Kastration (also für eine phantasmatische Erzählung) ist der Umgang mit dem Begriff der Realität, mit der Wirklichkeit, die uns umgibt. Žižeks Einsicht, dass die Realität nicht geschlossen, sondern gebarrt, unvollständig, von einem Riss durchzogen ist, darf nicht so verstanden werden, als ob es eine Art vorgängige, vollständige Realität gäbe, die dann durch irgendein Ereignis oder die Mangelhaftigkeit unseres Erkennens gestört wird; stattdessen hat eine vollständige Realität als solche nie existiert. Nicht nur das Subjekt ist immer unvollständig, sondern auch die Wirklichkeit.

Das Phantasma bietet einerseits eine Erklärung für den Verlust der vorgängigen Fülle, andererseits erzeigt es diese vermeintlich verloren geglaubte Fülle überhaupt erst. Ein Beispiel für eine solche Erzählung ist der Naturbegriff wie er in Teilen der Ökologiebewegung vorkommt: Vor dem Eingreifen des Menschen befand sich die Natur in einem Gleichgewicht, dass durch diesen Eingriff zerstört wurde. Aufgabe ist es nun, dieses verlorengegangene natürliche Gleichgewicht wieder herzustellen. Das „natürliche Gleichgewicht" ist ein *objet petit a*, ein Objekt, das im Moment seines Auftauchens bereits verloren ist: „Es gibt nicht nur ‚keinen großen Anderen' (keine in sich geschlossene symbolische Ordnung, die als ultimativer Bedeutungsgarant dienen könnte), es gibt auch keine *Natur* im Sinne einer ausgewogenen Ordnung der Selbstreproduktion, deren Homöostase durch die ungleichgewichtigen menschlichen Interventionen gestört und aus der Bahn geworfen würde. Nicht nur der Große Andere, auch die Natur ist ‚ausgestrichen' (‚*barred'*)." (Žižek 2008a: 291) Die Vorstellung (das Phantasma) einer ursprünglichen, unverfälschten Natur, die wiederherzustellen ist, funktioniert als sinngebendes Element.

Ähnliches gilt für eine bestimmte Art der Herstellung nationaler oder ethnischer Identität. Konstruiert wird eine in vergangenen Zeiten vorhandene Nation oder ein Reich (die Fülle), das verlorengegangen ist und nun wieder erlangt werden soll. Das Verlorene wird entsprechend stark libidinös besetzt, da es, obwohl abwesend, in der Lage ist, eine Identität zu vermitteln. Für ethnische Identitäten gilt oftmals dasselbe.[26]

Der unmögliche Blick

Verbunden mit der oben beschriebenen narrativen Zeitschleife, der Voraussetzung dessen, was man erklären möchte, ist der von Žižek so genannte unmögliche (phantasmatische) Blick. Beispiele für den unmöglichen Blick sind die imaginierte Anwesenheit bei der eigenen Geburt (dem eigenen Tod) oder der Blick auf die eigene Empfängnis.

Eine phantasmatische Szene steht, so Žižek, immer in Verbindung mit einem bestimmten Blick, sie hat einen Adressaten, für den die Szene inszeniert wird. Žižeks Beispiel, das auch ein gutes Beispiel für die praktische Anwendung seiner Theorie ist, ist seine Analyse der „geheimen Agenda" des Bosnienkriegs (1992-1995). Žižek geht davon aus, dass die internationale Streitmacht, die in den von serbischen Truppen gehaltenen Gebieten von Bosnien und Herzegowina sowie Kroatien eingesetzte Schutztruppe der Vereinten Nationen, neben ihrer offiziellen Aufgabe der Aufrechterhaltung der Waffenruhe zwischen den Kriegsparteien, eine versteckte Agenda verfolgte: Die Kroaten und die Muslime in Kroatien sollten für den Krieg verantwortlich gemacht werden. Geleistet wurde dies, indem ein Szenario konstruiert wurde, das es erlaubte, die Situation auf dem Balkan völlig anders wahrzunehmen. Kurz nach dem Fall von Srebrenica, so Žižek, wurden angeblich von den Muslimen getötete Serben „entdeckt". Ziel war es, den Eindruck zu erwecken, dass es sich bei dem Bosnienkonflikt um eine Art von Stammeskrieg handele, einen Bürgerkrieg, in dem jeder gegen jeden kämpft und alle Seiten gleich schuldig sind. Statt, wie Žižek schreibt, den serbischen Angriff zu verurteilen, wurde, bedingt durch die Wahrnehmung des Konflikts als Stammeskrieg, der Boden für internationale „Befriedungsbemühungen" bereitet, die die Kriegsparteien versöhnen sollten. Bosnien, ein souveräner Staat und Opfer eines militärischen Angriffs, wurde nicht mehr als solcher wahrgenommen, sondern als chaotischer Ort, an dem „machtverrückte Warlords" ihre

---

[26] Auch die Konzeption „alternativer" Modernen ist Ausdruck derselben Struktur. Jameson schreibt: „Das heißt, daß es für jeden eine Moderne geben kann, die sich vom Standard- oder herrschenden angelsächsischen Modell unterscheidet. Was immer einem an der letzteren nicht gefällt, einschließlich der subalternen Position, in die sie einen versetzt, kann durch die beruhigende und ‚kulturell hochstehende' Vorstellung getilgt werden, daß man sich seine eigene Moderne zurechtmachen kann, so daß es eine lateinamerikanische oder indische oder afrikanische und so weiter geben kann." (Jameson nach Žižek 2005: 131)

historischen Traumata auf Kosten von unschuldigen Frauen und Kindern ausleben. Der Hintergrund dieser Umdeutung sei die „serbische Einsicht", dass Frieden in Bosnien nur möglich sei, wenn keine der Konfliktparteien dämonisiert werde. Die Verantwortung sei gleichmäßig zu verteilen, und der Westen übernahm die Rolle des neutralen Richters, der über den lokalen Stammeskonflikten steht. In dem „geheimen proserbischen Krieg" der Schutztruppe der Vereinten Nationen sei es, so Žižek, nicht darum gegangen, die militärischen Verhältnisse zu verändern, sondern den Grund für eine veränderte narrative Wahrnehmung der Situation zu bereiten. Den Steppunkt, der es erlaubte, die Perspektive zu verändern und die entpolitisierende „(Re)narration" des Kriegs als humanitäre Katastrophe ermöglichte, sieht Žižek in François Mitterands Besuch in Sarajevo im Sommer 1992. Vor dem Besuch Mitterands wurde, so Žižek, der Bosnienkonflikt hauptsächlich als politischer Konflikt wahrgenommen, nach Mitterands Besuch stand der humanitäre Aspekt im Vordergrund. Ein grausamer irrationaler Stammeskrieg machte es nötig, dass der Westen seinen Einfluss erweiterte, um die wütenden Emotionen zu beruhigen und um die unschuldigen Opfer mit Nahrung und Medikamenten versorgen zu können. Entscheidend ist für Žižek, dass der Blick des unschuldigen äußeren Beobachters, für den das Spektakel des „Stammeskriegs auf dem Balkan" inszeniert wurde, denselben unmöglichen Status besitzt wie der Blick auf die eigene Empfängnis. Unmöglich ist dieser neutrale Blick, da der Beobachter sich dabei fälschlicherweise aus der bestehenden, konkreten historischen Konfliktsituation, deren Teil er ist, ausschließt; seine Neutralität ist eine Pseudoneutralität, da niemand eine neutrale Position einnehmen kann, und der Versuch, neutral zu bleiben, immer schon eine Parteinahme (in diesem Falle für die Serben) ist (vgl. Žižek 2008a: 21-23; 2005: 41f.).

Phantasma und Ideologie

Die Begriffe Phantasma und Ideologie stehen in enger Verbindung. Phantasmen erzeugen immer eine Art von „mehr", immer etwas, dass sich der konkreten Bestimmung entzieht. Dieses phantasmatische „Mehr" erlaubt es dem Subjekt Distanz zu wahren, da es in keiner von außen an es herangetragenen Bestimmung (Rolle) aufgeht. Für die Ideologiekritik spielt die Fähigkeit, sich vor gesellschaftlichen Forderungen distanzieren zu können, eine entscheidende Rolle. Zwar ermöglicht die Distanznahme dem Subjekt die Situation, in der es sich befindet, zu analysieren und damit zu überschreiten, aber: Diese Überschreitung muss nicht notwendig etwas an der gegebenen Situation ändern, sie kann sogar zu deren Stabilität beitragen. Žižek spricht in diesem Fall von einer inhärenten

Überschreitung: von einer Überschreitung, die im Rahmen dessen bleibt was sie zu überschreiten meint.

Die inhärente Überschreitung illustriert Žižek anhand eines Filmbeispiels: Robert Altmans preisgekrönter Film M*A*S*H. Die Abkürzung MASH steht für Mobile Army Surgical Hospital (mobiles chirurgisches Feldhospital). M*A*S*H würde häufig als Antikriegsfilm[27] rezipiert, jedoch sei, so Žižek, genau das Gegenteil der Fall, es handele sich um einen absolut konformistischen Film. Interpretiert man den Film als Antikriegsfilm, so sieht man in den Witzen und Streichen, den sexuellen Eskapaden und dem Zynismus der Ärzte den Versuch, irgendwie mit dem Horror der militärischen Schlächterei fertig zu werden. Trotz, beziehungsweise gerade wegen dieser zynischen Distanz, der Nichtidentifikation, erfüllen die Ärzte aber tadellos ihre Funktion. Ihr Zynismus, ihre Späße, ihre Herausforderungen der Autorität stellen keine Bedrohung für die reibungslose Funktion der Kriegsmaschinerie dar. Die zynische Distanz der Ärzte untergräbt nicht die Ideologie des Krieges, sondern ist selbst Ideologie in Reinform.

Eine Ideologie funktioniert genau dann, wenn man meint, nicht vollständig von ihr erfasst zu sein, Distanz wahren zu können, nicht Teil der Maschine zu sein. Man mag zwar Soldat sein und an dem sinnlosen militärischen Abschlachten von Menschen teilhaben, aber man meint doch immer auch mehr zu sein, als das, was die Ideologie vorschreibt: unter der ideologischen Zurichtung befindet sich eine menschliche Person, die nicht in der Ideologie aufgeht. Genau diese Haltung ist für Žižek die „wahre Form der Ideologie". Das Nichtidentifizieren mit der Ideologie ist die Bedingung für ihr reibungsloses Funktionieren (vgl. Žižek 2008a: 26f.).

Žižeks These hierzu ist, dass jede Ideologie immer ein Element aufweist, welches nicht vollständig ideologisch ist, dass jede Ideologie einen „trans-ideologischen Kern" (Žižek 2008a: 28) besitzt und es gerade dieser Kern ist, der der Ideologie zu funktionieren erlaubt. Dieser trans-ideologische Kern ermöglicht es in scheinbare Distanz zur Ideologie zu treten. Wenn nun aber die (kritische) Distanznahme zur Ideologie genau das Gegenteil des Intendierten erreicht, wie ist Ideologiekritik dann überhaupt noch möglich?

Eine Möglichkeit sieht Žižek in der Überidentifikation: anstatt Distanz zur Ideologie einzunehmen, wird sie buchstäblich genommen. Ein Beispiel für „Subversion durch Identifikation" ist Jaroslaw Hašek's *Der brave Soldat Schwejk*. Schwejk befolgt seine Befehle wörtlich; diese wörtliche Befolgung von Befehlen sorgt für mehr Chaos als jeder Versuch, direkten Widerstand zu leisten (vgl. Žižek 2008a: 29). Eine inhärente Überschreitung dagegen erlaubt es dem Sub-

---

[27] „Altmans umstrittener Film versteht sich als eine grausig-zynische Satire gegen den Krieg, die den Zuschauer auf schockierende Weise zugleich abstößt und unterhält." (Lexikon des Internationalen Films)

jekt, mitzumachen ohne sich deswegen schuldig fühlen zu müssen. Gerade weil man meint, nicht vollständig von der Ideologie bestimmt zu sein, erfüllt man ihre Forderungen umso besser.

Die Relevanz der inhärenten Überschreitung für das Funktionieren eine Ideologie geht aber noch über das Mitmachen ohne Schuldgefühle hinaus. Jede Ideologie ist zweigeteilt, sie setzt sich zusammen aus offiziellen Regeln einerseits, das sind die expliziten Vorschriften und Ansprüche, die erfüllt werden müssen, und inoffiziellen (ungeschriebene, obszöne) Regeln andererseits. Die Eigenschaften einer Ideologie, die es erlauben, sich mit ihr zu identifizieren, sind gerade diejenigen, die mit der offiziellen Doktrin der Ideologie wenig zu tun haben oder ihr sogar entgegengesetzt sind. Die Zugehörigkeit zu einer Gruppe ist weniger von der Befolgung der offiziellen Regeln abhängig, als von dem Wissen, wann man die Regeln ungestraft brechen darf oder sogar brechen muss, um die Zugehörigkeit zur Gruppe zu beweisen. Regelverstöße sind ein Zeichen dafür, dass man wirklich verstanden hat, um was es bei der Zugehörigkeit zu einer Gruppe geht. Žižek erläutert dies wiederum anhand eines Films, nämlich *Die Duellisten* (Ridley Scotts Verfilmung von Joseph Conrads Kurzgeschichte *Das Duell* von 1908). Die beiden Protagonisten des Films sind Offiziere, die aus unterschiedlichen gesellschaftlichen Milieus, Oberschicht und Mittelschicht, stammen. Was beide unterscheidet, ist ihr Verhältnis zum Ehrbegriff der Oberschicht. Der ehrgeizige Offizier aus der Mittelschicht folgt verbissen dem Ehrenkodex, während der Offizier aus der Oberschicht ständig die expliziten Regeln verletzt. Gerade der Umstand, dass letzterer die Regeln verletzt, beweist seine Zugehörigkeit zur Oberschicht. Seine Regelverletzungen sind inhärente Überschreitungen, die seinen gesellschaftlichen Status nicht gefährden, sondern bestätigen. Aufstrebende Angehörige der Mittelklasse verkennen, warum ihr Bestreben nicht von Erfolg gekrönt wird, obwohl sie doch den Regeln folgen, ja ihnen sogar mehr Beachtung schenken als die Angehörigen der Oberschicht. Ihr Problem ist nicht, dass sie irgendwelche expliziten Verhaltensregeln nicht kennen, sondern dass die Zugehörigkeit zur Oberschicht nicht von einer positiven symbolischen Eigenschaft abhängig ist, sondern von der Art und Weise, wie man sich zu den bestehenden Regeln verhält (vgl. Žižek 2008a: 30).

Die bereits zuvor erwähnte Überidentifikation mit den Regeln, das buchstabengetreue Befolgen, kann einerseits eine subversive Wirkung haben, andererseits kann sie lächerlich oder tragisch-komisch wirken, wie im Fall des gesellschaftlichen Aufsteigers. Welche Auswirkungen die Überidentifikation hat, hängt von der gesellschaftlichen Position desjenigen ab, der sie vollzieht.

Die leere Geste

Ähnlich wie der unmögliche Blick funktioniert die ebenfalls mit dem Phantasma in Zusammenhang stehende „leere Geste". Eine leere Geste ist eine Geste, mit der das Notwendige freiwillig anerkannt wird, oder ein Angebot, das nur gemacht wird, um zurückgewiesen zu werden. Solche Gesten sind allgegenwärtige Bestandteile unseres Alltagshandelns. Žižeks Beispiel ist die Konkurrenz unter Freunden: Wenn zwei befreundete Menschen miteinander um irgendeine Belohnung konkurrieren, gehört es zum guten Ton, dass derjenige, der Erfolg hat, dem anderen das Angebot macht, zu verzichten und ihm die Belohnung zu überlassen. Die richtige Reaktion auf ein solches Angebot ist das Abweisen der großherzigen Geste. Das Angebot wurde überhaupt nur gemacht, damit es abgewiesen werden kann.

Die leere Geste ist ein symbolischer Tausch in Reinform: Obwohl scheinbar keiner der Beteiligten einen Vorteil davon hat, gehen sie beide als Gewinner aus der Situation hervor. Gestärkt wird die Solidarität zwischen beiden. Wird die leere Geste (beabsichtig oder unbeabsichtigt) nicht als solche erkannt und das Angebot angenommen, wird der Anschein der zur sozialen Ordnung gehört, zerstört und die soziale Ordnung selbst gefährdet (vgl. Žižek 2008a: 37).

Eine soziale Ordnung basiert immer auf geschriebenen und ungeschriebenen Regeln. Die ungeschriebenen Regeln betreffen unter anderem Wahlmöglichkeiten, die zwar von den offiziellen Regeln nicht verboten sind, aber trotzdem nicht wahrgenommen werden dürfen. Das Annehmen der leeren Geste im obigen Beispiel verstößt gegen keine offizielle Regel: Wenn jemand freiwillig auf etwas verzichtet, kann ich es an mich nehmen. Die ungeschriebene Regel, die es in einer solchen Situation verbietet, das Erlaubte zu tun, überschreitet (bricht) die offizielle Regel und schränkt damit die erlaubten Möglichkeiten ein. Gleichzeitig stützt dieser Regelbruch das bestehende Regelwerk. Die ungeschriebenen Regeln sind für das gesellschaftliche Gefüge oftmals von größerer Bedeutung als die geschriebenen. Das ist der Grund dafür, dass manchmal das direkte Befolgen der öffentlichen Regeln, das Festhalten an den Buchstaben des Gesetzes, subversiv wirkt. Nimmt man die erzwungene Wahl als Wahl zwischen Alternativen ernst, so wird der phantasmatische Rahmen ausgesetzt.

Können ungeschriebene Regeln, wie die leere Geste, die ja bestimmte, durchaus erlaubte Handlungen ausschließt und damit die soziale Ordnung stärkt, positive Effekte im sozialen Raum zeitigen, so können sie auch im negativen Sinne einschränkend wirken. Žižeks Beispiel ist hier der Umgang mit den Menschenrechten. Die offiziellen Menschenrechte sind universale Rechte, die jedem qua Menschsein zukommen sollten. Ihre Universalität, so Žižek, wurde aber bei ihrer Einführung Ende des 18. Jahrhunderts durch ungeschriebene Regeln eingeschränkt: Die Menschenrechte galten uneingeschränkt nur für vermögende Männer mit weißer Hautfarbe. Diese ungeschriebene Regel, dass die Menschenrechte nur für die Privilegierten Gültigkeit besitzen, fand ihn verdeckter Form Ausdruck in der offiziellen Einschränkung, dass sie nur für diejenigen gelten, die sich rational verhalten. Die ungeschriebene Regel hinter dieser Einschränkung ist einfach: Nur weiße Männer mit Besitz sind überhaupt Menschen – Frauen, Kinder, Kriminelle, Arme, Wilde, Geisteskranke etc. sind es nicht oder zumindest nicht in vollem Umfang (vgl. Žižek 2008a: 38).

Durchquerung des Phantasmas

Lacan bezeichnet die Aussetzung des phantasmatischen Rahmens als „Durchquerung des Phantasmas" (*la traversée du fantasme*). Man muss akzeptieren, dass es keine verlorene Totalität gibt, die man wieder erlangen könnte. Das Begehren ist abhängig davon, dass es das begehrte Objekt niemals erreicht. Das Nichterreichen des Begehrten ist sichergestellt, da das, was eigentlich begehrt wird, das *objet petit a*, in der Realität nicht existiert. Jedes wirkliche Objekt erscheint im Vergleich mit dem phantasmatischen Objekt defizitär. Das Begehren kann niemals wirklich befriedigt werden; jedem begehrten Objekt fehlt ein kleiner Teil und die Abwesenheit dieses Teils hält das Begehren aufrecht. Das Phantasma wird in dem Moment durchquert, in dem das Subjekt die Suche nach dem unmöglichen Objekt aufgibt und akzeptiert, dass es ein solches Objekt überhaupt nicht gibt.

Die Erkenntnis (die vom Phantasma verhindert wird), dass wir, was wir verloren haben, nie besaßen, ist selbst traumatisch. Das Verstörende beispielsweise an dem Phänomen des virtuellen Sexes ist Žižek zufolge nicht, dass es sich dabei um eine depravierte Form der Sexualität handelt, sondern, dass wir anhand des Cybersexes feststellen, dass wir niemals über etwas wie „echte" Sexualität verfügt haben, dass Sex immer minimal virtuell, immer auf ein stützendes Phantasma angewiesen, immer entfremdet ist. Wir verlieren beim Cybersex nicht eine vorgängige vermeintlich volle Sexualität, sondern müssen akzeptieren, dass es diese niemals gab. Die Herausforderung liegt in der Akzeptanz dieses zweiten Verlustes, eines Verlusts des Verlusts. Die Akzeptanz des Verlusts des Verlusts ist das Ziel der (lacanschen) psychoanalytischen Behandlung. Aufgabe des Analytikers ist es nicht, dem Patienten dabei zu helfen, sein Leben in die Form einer kontinuierlichen Erzählung zu fassen, sondern sich der Unmöglichkeit eines solchen Unterfangens bewusst zu werden (vgl. Žižek, Slavoj 2008c: 11).

Jenseits des Begehrens befindet sich der Bereich des Triebs, der absoluten Negativität oder des Wahnsinns. Das Phantasma steht deshalb auf der Seite der

Realität; es ermöglicht dem Subjekt, der Welt einen Sinn abzugewinnen. Wenn sich der phantasmatische Rahmen auflöst, das Phantasma durchquert wird, verliert das Subjekt seinen Halt in der Realität. Die Realität ohne phantasmatische Stütze verwandelt sich in einen Alptraum. Diese alptraumhafte Realität ist nicht phantasmatisch, sondern sie ist in einem gewissen Sinne Realität „als solche", die Realität bar jedes Sinns (vgl. Žižek 2008c: 84; 1999a: 113), mit einem Wort: das Reale.

Trieb

Jenseits des Begehrens (des Phantasmas), im Bereich des Triebs, verschiebt sich die Bedeutung des *objet petit a*. Oben wurde das *objet petit a* als die Objektursache des Begehrens definiert, als ein verlorenes Objekt, dass erst in dem Moment auftaucht, in dem es vermeintlich verlorengeht. Das Begehren des Subjekts ist darauf ausgerichtet, dieses verlorene Objekt (das ihm minimale Identität verleiht) zu erreichen. Das ist jedoch ein unmögliches Unterfangen, da es sich bei dem *objet petit a* um eine phantasmatische Konstruktion handelt, deren Aufgabe es ist, die ontologische Unabgeschlossenheit von Subjekt und Anderem, den Mangel, der beide durchzieht, zu verdecken.

Zwar bezieht sich auch der Trieb auf das *objet petit a*, doch auf eine andere Art und Weise. Das *objet petit a* fungiert jenseits des Phantasmas nicht mehr als verlorenes Objekt, sondern der Verlust selbst wird zum Objekt des Triebes. „Das bedeutet, die merkwürdige Bewegung, die wir Trieb nennen, wird nicht von der ‚unmöglichen' Suche nach dem verlorenen Objekt angetrieben; sie ist *ein Anstoß, den ‚Verlust' selbst – die Lücke, den Schnitt, die Distanz – direkt aufzuführen.*" (Žižek 2006: 60)

Den Unterschied zwischen Begehren und Trieb erläutert Žižek anhand des freudschen Begriffs *Todestrieb*. Der 1920 von Freud in seiner Arbeit *Jenseits des Lustprinzips* (Freud 2000b) eingeführte Todestrieb gehört mit zu den umstrittensten Begriffen der freudschen Psychoanalyse. Bis auf die Vertreter der Kleinschen und der Lacanschen Psychoanalyse verwerfen die Nachfolger Freuds den Begriff oder halten ihn für nur wenig relevant. Freuds intensive Beschäftigung mit dem Tod wird nicht selten – aber wohl grundlos – auf dessen private Situation zurückgeführt. Der Todestrieb ist in der lacanschen Psychoanalyse von besonderer Bedeutung. Lacan schreibt in seiner für Žižek sehr wichtigen Arbeit *Subversion des Subjekts und die Dialektik des Begehrens im Freudschen Unbewussten*: „Wer nämlich den Todestrieb aus seiner Lehre wegläßt, verkennt diese total." (Lacan 1975: 177) Lacan interpretiert den Todestrieb im Verlauf seines Lebens unterschiedlich. Žižek bezieht sich auf Lacans Interpretation des Begriffs, wie dieser sie ab den 50er Jahren vornimmt. An der Art und Weise, wie Žižek im Anschluss an Lacan den Todestrieb interpretiert, wird nochmals deutlich, was Žižek unter „Wiederholung" einer Position versteht (womit nicht der psychoanalytische Begriff der Wiederholung aus dem folgenden Zitat gemeint ist). Freud führt den Begriff Todestrieb 1920 in *Jenseits des Lustprinzips* ein und charakterisiert ihn wie folgt:

"Auf welche Art hängt aber das Triebhafte mit dem Zwang zur Wiederholung zusammen? Hier muß sich uns die Idee aufdrängen, daß wir einem allgemeinen, bisher nicht klar erkannten – oder wenigstens nicht ausdrücklich betonten – Charakter der Triebe, vielleicht alles organischen Lebens überhaupt, auf die Spur gekommen sind. *Ein Trieb wäre also ein dem belebten Organischen innewohnender Drang zur Wiederherstellung eines früheren Zustandes*, welchen dies Belebte unter dem Einflusse äußerer Störungskräfte aufgeben mußte, eine Art von organischer Elastizität, oder wenn man will, die Äußerung der Trägheit im organischen Leben. Diese Auffassung des Triebes klingt befremdlich, denn wir haben uns daran gewöhnt, im Triebe das zur Veränderung und Entwicklung drängende Moment zu sehen, und sollen nun das gerade Gegenteil in ihm erkennen, den Ausdruck der *konservativen* Natur des Lebenden." (Freud 2000b: 246)

Und weiter:

„Auch dieses Endziel alles organischen Strebens ließe sich angeben. Der konservativen Natur der Triebe widerspräche es, wenn das Ziel des Lebens ein noch nie zuvor erreichter Zustand wäre. Es muß vielmehr ein alter, ein Ausgangszustand sein, den das Lebende einmal verlassen hat und zu dem es über alle Umwege der Entwicklung zurückstrebt. Wenn wir es als ausnahmslose Erfahrung annehmen dürfen, daß alles Lebende aus *inneren* Gründen stirbt, ins Anorganische zurückkehrt, so können wir nur sagen: *Das Ziel alles Lebens ist der Tod*, und zurückgreifend: *Das Leblose war früher da als das Lebende.*" (Freud 2000b: 248)

Eine gewisse biologische Tendenz lässt sich in der obigen Beschreibung wie im gesamten Werk Freuds nicht übersehen. Diesen Biologismus überwindet Lacan in seiner Neuinterpretation Freuds; er treibt die Biologie aus den Freudschen Begriffen aus. Für Lacan hat der Todestrieb gerade nichts mit der Biologie (Natur) zu tun, sondern mit Kultur, mit der symbolischen Ordnung. Während Freud den Todestrieb als einen Trieb fasst, der nur in Verbindung mit anderen Trieben auftritt und sich nicht isolieren lässt, dabei aber zwischen Lebens- und Todestrieben unterscheidet, geht Lacan in seinem Seminar *Die vier Grundbegriffe der Psychoanalyse* (Lacan 1996) davon aus, dass sich in jedem Trieb beide Momente finden.

Um Freuds viel gescholtenen Begriff des Todestriebs zu verstehen, ist es laut Žižek notwendig, diesen anhand des von Hegel ausgearbeiteten Negativitätsbegriffs zu lesen, beziehungsweise ihn mit dem Hegelschen Negativitätsbegriff gleichzusetzen. Žižek nimmt im Zuge dessen eine entscheidende Verschiebung vor: Ihm geht es weniger um eine exakte Bestimmung des freudschen Todestriebs anhand dessen, was Freud explizit über ihn geschrieben hat, sondern um das, was Freud mit diesem Begriff zu fassen versucht hat. Wie bei fast allen seinen interpretativen Aneignungen klassischer Positionen geht es ihm weniger darum, was ein Autor, in diesem Falle Freud, als Lösung eines Problems anbietet, sondern um das Problem selbst: Freud wiederholen heißt für Žižek wesentlich mehr als einfach seine Definitionen wieder aufzugreifen.

Žižek zufolge ziehe Freud nicht die notwendigen Konsequenzen aus dem Todestrieb, sondern versuche vielmehr genau diesen Konsequenzen zu entgehen; erst Lacan war es möglich, das was den Todestrieb ausmacht, wirklich zu denken.

Žižek dreht Freuds Definition: „*Das Ziel alles Lebens ist der Tod*, und zurückgreifend: *Das Leblose war früher da als das Lebende*" um. Der Todestrieb darf nicht im Sinne eines Strebens nach Selbstauslöschung verstanden werden, sondern „er ist vielmehr genau das Gegenteil des Sterbens – ein Name für das ‚untote', ewige Leben selbst, für das schreckliche Schicksal, im endlosen Wiederholungskreislauf des Umherwandelns in Schuld und Schmerz gefangen zu sein. Das Paradox des Freudschen Begriffs ‚Todestrieb' ist folglich, daß Freud damit dessen genaues Gegenteil bezeichnet, nämlich die Art, wie die Unsterblichkeit innerhalb der Psychoanalyse erscheint, einen unheimlichen *Exzeß* des Lebens, einen ‚untoten' Drang, der über den (biologischen) Kreislauf von Leben und Tod, von Entstehen und Vergehen hinaus persistiert." (Žižek 2006: 61) Den Todestrieb versteht Žižek als die Ursache dafür, dass Menschen nicht einfach lebendig sind, sondern dass ihr Leben immer mit einem irrationalen Moment der Leidenschaft verbunden ist. Im Gegensatz zum Begehren ist der Trieb nicht auf ein (verlorenes) Objekt fixiert, sondern „der ‚Trieb' *ist* diese Fixierung selbst, in der die ‚Todes'-Dimension jedes Triebes steckt" (Žižek 2006: 61f.). Die Todesdimension des Triebes ist es, die den Menschen aus seiner Umwelt heraussprengt, ihn vom Tier unterscheidet. Der Trieb ist nicht die instinkthafte Befriedigung von Bedürfnissen, sondern er verhindert im Gegenteil gerade die direkte Befriedigung und eröffnet so den Raum des Begehrens. Žižek fasst den Trieb als eine weitere Gestalt der Negativität, als Gegenbewegung zum Begehren: Während das Begehren danach strebt, den Mangel auszufüllen, indem dieser in einem Objekt verkörpert wird, ist das Objekt des Triebs das „Kreisen um die Leere (oder anstatt Leere besser: das Loch)" (Žižek 2006: 63) selbst. Laut Žižek muss man den Trieb wörtlich als „,*An-Trieb*' *dazu, die Allkontinuität, in die wir eingebettet sind, AUFZUBRECHEN, ein radikales Ungleichgewicht in ihr herbeizuführen*" (ebd.) verstehen. Befriedigung findet der Trieb im Sinne Lacans nicht im

Erreichen seines Ziels, sondern in der Unerreichbarkeit dieses Ziels, im Scheitern. Das endlose Umkreisen des Objekts, die ständige Wiederholung des Scheiterns, ist also das eigentliche Ziel des Triebs. (vgl. Žižek 2006: 64). Žižek greift, wie so oft, zur Erläuterung der eigentümlichen Struktur des Triebes auf einen Witz zurück. „Ein verbreiteter Kalauer erzählt von einem Dummkopf, der seinen ersten Geschlechtsverkehr hat, wobei die Frau ihm genau erklären muß, was er zu tun hat: ‚Siehst du das Loch zwischen meinen Beinen? Steck ihn da rein. Jetzt schieb ihn tiefer. Und jetzt zieh ihn raus. Schieb ihn rein, zieh ihn raus, schieb ihn rein, zieh ihn raus ...' ‚Moment mal', unterbricht sie der Einfaltspinsel, ‚jetzt entscheide dich mal! Rein oder raus?' Was unserem Dummkopf hier entgeht, entspricht exakt der Struktur des Triebs, der seine Befriedigung aus der Unentschiedenheit selbst, aus der wiederholten Oszillation gewinnt." (Ebd.)

An dieser Stelle wird deutlich, warum es Žižek möglich ist, die hegelsche Dialektik und die lacansche Psychoanalyse als zwei Artikulationen ein und derselben Matrix zu betrachten: Die absolute Negativität Hegels erfüllt dieselbe Funktion wie der lacansche Todestrieb, sie ist die Ursache dafür, dass der Mensch überhaupt eine Identität ausbilden kann beziehungsweise muss und sie hintertreibt gleichzeitig alle Versuche des Subjekts, mit sich selbst identisch zu werden. Sie schreibt in jede allgemeine Bestimmung einen Riss ein. Gleiches gilt für den Trieb; er sorgt dafür, dass wir begehren können, er öffnet den Raum für das Begehren und, wie die Negativität, verunmöglicht er gleichzeitig, dass das Begehrte erreicht werden kann. In beiden Theorien hat das, was verlorengegangen ist, niemals existiert, sondern es wird erst im Prozess der Suche erzeugt und rückwirkend als Verlorenes gesetzt. Žižek setzt das Wesen des Subjekts und die Negativität gleich. Das Subjekt als solches ist nichts anderes als die sich auf sich selbst beziehende Negativität. Die unterschiedlichen Identifikationen (Liebe, Nation, gesellschaftliche Rollen), die das ausmachen, was man im Allgemeinen die Identität des Subjekts nennt, sind nur möglich, weil das Subjekt keine wesenhaften Eigenschaften besitzt. Erst der Umstand, dass das Subjekt vollkommen unbestimmt ist, ermöglicht unterschiedliche Ausformungen von Subjektivität. Subjekt als solches ist im Verständnis Žižeks eine reine Form ohne Inhalt. Jeder Versuch, das Subjekt positiv zu bestimmen, verfehlt auf der einen Seite dessen Form, auf der anderen Seite artikuliert sich gerade in der Verfehlung die Form selbst. Dass man in der Lage ist, eine Identität auszubilden, folgt paradoxerweise daraus, dass man keine ursprüngliche Identität besitzt. Die Negativität ist damit gleichzeitig die Ursache der Identitätsbildung und der Grund für die prinzipielle Fragilität jeder Identität.

Wirkliche Distanz zur bestehenden Ordnung gewinnt ein Subjekt nicht mittels der inhärenten Überschreitung, die ja immer im Rahmen des Bestehenden bleibt, sondern indem es jede Identifikation vollkommen aufgibt, indem es sich selbst auf das Nichts reduziert, das es ist, indem es sich, mit Lacan gesprochen, „absondert" (vgl. Žižek 1993: 37). Mit anderen Worten: Die inhärente Überschreitung bleibt Teil der Identitätsbildung; dass das Subjekt nicht dazu zu gehören meint, definiert seine Identität. Es verneint mit dieser Distanznahme nicht seine eigene Identität, sondern findet sie gerade in der Verneinung. Erst indem das Subjekt sich vollkommen von der bestehenden Ordnung absondert, gibt es seine Identität auf, durchquert es das Phantasma. Den Moment der Absonderung bezeichnet Lacan als Akt.

Der Akt

Der Akt, als Aussetzung einer bestehenden Ordnung, ist eines der wichtigsten Elemente innerhalb der Philosophie Žižeks und ist in seinem gesamten Werk präsent. Žižek erläutert den Akt auf unterschiedliche Art und Weise, oft anhand von Filmbeispielen. Der Akt setzt die bestehende Ordnung aus und öffnet damit das Feld für einen Neubeginn. Er bezeichnet den Moment, in dem das Phantasma durchquert wird: „Und was ist der *Akt*, wenn nicht jener Augenblick, in dem das Subjekt, das ihn ausführt, das Netz von symbolischen Vorstellungen *suspendiert*, die ihm als Stütze seines täglichen Lebens dienen, und der radikalen Negativität, auf der sie gründen, ins Angesicht schaut?" (Žižek 1993: 51) Im Vollzug des Aktes wird das Subjekt mit der unheimlichen Dimension des (Todes-)Triebes, mit der Nacht der Welt oder mit anderen Worten: mit der selbstbezüglichen Negativität, die es selbst ist, konfrontiert. Diese Dimension wird in dem Moment wieder verlassen, in dem es dem Subjekt gelingt, einen neuen phantasmatischen Rahmen zu erzeugen und damit wieder aus dem Bereich des Triebes in den Bereich des Begehrens zu wechseln. Einen Akt zu vollziehen heißt, ein Ende setzen und einen Anfang machen. Anfangen, neu beginnen kann man nur, wenn man in der Lage ist, aufzuhören. Der Akt ist immer mit einer traumatischen Situation verwoben. Erweckungserlebnisse, wie die Wandlung des Saulus zum Paulus auf dessen Weg nach Damaskus, sind gute Beispiele dafür.

Jeder vollständige Akt weist ein Moment des „je immer schon auf", er besitzt eine (retro-)performative Dimension: Nachdem das Subjekt den Akt vollzogen hat, gewinnt es einen neuen Blick auf seine Vergangenheit. Der Akt setzt seine eigenen Voraussetzungen: Erst nach seinem Vollzug erscheint er als notwendig, als unvermeidbar. Es ist nicht möglich, objektive Kriterien dafür anzugeben, wann ein Akt eintritt oder nicht, erst im Rückblick wandelt sich Kontingenz in Notwendigkeit (vgl. Negativität I). Das Subjekt verliert im Akt seine Identität, wird ausgelöscht und konstituiert sich in der Folge neu. Die Aussetzung der bestehenden Identität beschreibt Žižek auch als suizidale Geste, als einen Schlag gegen sich selbst. „Durch das Mittel des Akts setze ich alles, mich selbst inbegriffen, meine symbolische Identität, aufs Spiel; der Akt ist von daher immer ein ‚Verbrechen', eine ‚Überschreitung', namentlich der Grenzlinie der symbolischen Gemeinschaft, zu der ich gehöre. Der Akt wird geradezu definiert durch dieses irreduzible Risiko: In seiner grundlegendsten Dimension ist er immer *negativ*, ein Akt der Auslöschung." (Žižek 1993: 42)

Der Struktur des Aktes entspricht die der Revolution (s.u.), genauer gesagt, ist eine Revolution ein Akt, der auf gesamtgesellschaftlicher Ebene stattfindet. Der Akt im Sinne Lacans und Žižeks darf aber nicht als eine Willensentscheidung verstanden werden, die Entscheidung fällt auf einer anderen Ebene.

Der Akt „ist gerade etwas, das unerwartet ‚einfach sich ereignet', es ist ein Ereignis, das (und vielleicht sogar am meisten) auch den Agenten dieses Akts selbst überrascht (nach einem authentischen Akt ist die Reaktion immer: ‚Auch wenn ich nicht weiß, wie ich das tun konnte, so ist es doch einfach geschehen!'). Das Paradox liegt also darin, dass in einem authentischen Akt die äußerste Freiheit mit der äußersten Passivität zusammenfällt, mit der Reduktion auf einen leblosen Automaten, der blind seine Gesten ausführt. Die Problematik des Akts zwingt uns folglich, den radikalen Perspektivenwechsel zu akzeptieren, den der moderne Begriff der Endlichkeit umfasst: Es ist nicht so schwer anzuerkennen, dass der wahre Akt [...] für immer außerhalb unserer Reichweite bleibt; das wahre Trauma liegt in dem entgegengesetzten Bewusstwerden, *dass es Akte gibt, dass sie sich ereignen* und dass wir mit ihnen zu Rande kommen müssen." (Žižek 2001a: 524)

Obgleich der Akt nicht auf einer willentlichen Entscheidung basiert, muss er doch von demjenigen, der ihn ausübt (oder besser: demjenigen, der ihm unterworfen ist) voll und ganz verantwortet werden. Lacan konzeptualisiert den Akt Žižek zufolge als „völlig unvorhersehbare *Tyche*, als geheimnisvolles Ereignis, das unser Leben erschüttert" (Žižek 2001a: 526). Der Akt ist immer eine „Wahl" des Schlimmeren, er ist „definitionsgemäß katastrophisch [...] für das bestehende diskursive Universum" (ebd.). Jedem Akt inhäriert damit etwas „Terroristisches", er ist eine „Geste, die die ‚Spielregeln' mitsamt der grundlegenden Selbstidentität dessen, der sie nie übertritt, völlig neu definiert" (Žižek 2001a: 527). Die terroristische oder göttliche Dimension des Aktes steht als göttliche Gewalt im Zentrum von Žižeks Revolutionsbegriff (s.u.). Ein Akt kann niemals durch den Bezug auf eine gegebene Situation legitimiert werden, er hat keine Stütze im Großen Anderen, in der bestehenden symbolischen Ordnung. Aus diesem Grund ist der Akt kein Selbstopfer, da ein Opfer sich immer an jemanden wendet: „*Das Opfer bildet die Garantie dafür, daß ‚der Andere existiert'*, daß es einen anderen *gibt*, der durch das Opfer besänftigt werden kann." (Žižek 1993: 56) Žižek bezeichnet den Akt auch als symbolischen Suizid. Der symbolische

Suizid muss jedoch vom „‚demonstrativen' Freitod" unterschieden werden, da sich der demonstrative Freitod, als ultimatives Opfer, immer noch an den Großen Anderen wendet (vgl. Žižek 1993: 60) und der Selbstmörder damit gerade nicht seine symbolischen Bindungen auflöst.

Zwar steht jeder Akt immer auch in Verbindung mit dem Allgemeinen, er bleibt niemals nur auf das jeweilige Subjekt beschränkt, aber die (Film-)Beispiele die Žižek aufruft, stellen zumeist die Auswirkung des Aktes auf das ihm unterworfene Subjekt ins Zentrum. Dass das Subjekt im Moment des Aktes die Wirkung des Phantasmas aussetzt, ist kein Garant dafür, dass sich die gesamte symbolische Ordnung ändert. Dies ist abhängig von dem Ort in der Gesellschaft, an dem der Akt ausgeführt wird und von der Person oder den Personen, die ihn vollziehen.

Subjektive Akte stellen also nicht notwendig die bestehende Ordnung als solche in Frage, sondern sie zerstören das Phantasma, das dem Subjekt seinen Halt, seine Identität gibt, sie lösen das Subjekt aus der Ordnung heraus, „sondern" es ab. Ein Akt kann ein Schlag gegen sich selbst (eine suizidale Geste) sein, er kann sich aber auch gegen das Phantasma eines anderen Subjekts richten. Er findet statt, wenn das betroffene Subjekt sich eingesteht, dass es das, was es verloren zu haben meint, nie besessen hat. Im Akt wird der Verlust des Verlusts akzeptiert.

Žižek findet in dem Film *Stromboli* von Rossellini einen solchen Akt „dargestellt". Protagonistin des Films ist Karin, eine litauische Emigrantin, die Ende des Zweiten Weltkriegs in einem italienischen Flüchtlingslager lebt. Ihre Versuche, ein Einreisevisum für Argentinien zu erhalten, bleiben erfolglos. Um dem Flüchtlingslager doch noch zu entkommen, heiratet sie in ihrer Verzweiflung einen armen italienischen Fischer, der auf der Vulkaninsel Stromboli lebt[28]. Die Bewohner der Insel bilden eine relativ abgeschlossene, patriarchalische Gemeinschaft. Karin kommt mit diesem Leben nicht zurecht und möchte weglaufen. Sie überquert den Vulkan, um auf der anderen Seite der Insel ein Boot zu erreichen, das zum Festland übersetzt. Das Verlassen des Dorfes interpretiert Žižek als ersten Schritt zum Akt. Karin flieht vor der Gemeinschaft; diese Flucht ist aber noch nicht der Akt selbst, da die Flucht noch nicht ihre sozialen Bindungen auflöst, sondern von diesen bestimmt bleibt. Erst angesichts „der ursprünglichen Kraft des Vulkans verblassen alle sozialen Fesseln zu völliger Bedeutungslosigkeit und Karin wird auf ihr reines ‚Dasein' reduziert: Wenn sie der sie unterdrückenden gesellschaftlichen *Realität* entflieht, begegnet sie etwas unvergleichbar Schrecklicherem, dem *Realen*. Wild schluchzend ruft sie aus: ‚Ich werde es zu Ende bringen, aber ich habe nicht den Mut dazu; ich habe Angst.'" (Žižek 1993:

---

[28] Zu Žižeks Filmbeispielen muss gesagt werden, dass er sie meist sehr frei interpretiert und die Filmhandlungen oft sehr verkürzt, teilweise auch falsch wiedergibt.

40) Im Anschluss an diesen verzweifelten Ausbruch ruft sie zweimal „Oh, mein Gott" und bricht vor Erschöpfung zusammen. Die italienische und die amerikanische Fassung des Films unterscheiden sich Žižek zufolge signifikant. In der amerikanischen Fassung erwacht Karin in der Frühe eines wunderschönen Tages und geht zu ihrem Dorf zurück „während uns eine penetrante Stimme aus dem Off genau mitteilt, was wir zu denken haben: ‚Von ihrem Leiden und Schrecken erlöst, empfindet Karin ein starkes Verlangen nach Gott. Und sie weiß, daß sie nur durch die Rückkehr in das Dorf hoffen darf, Frieden zu finden.'" (Žižek 1993: 38) Dieses Ende verdeckt aber die eigentliche Dimension des Aktes. In der italienischen Fassung wiederholt Karins Stimme aus dem Off ständig ‚Gott, mein Gott, hilf mir' und die Kamera schwenkt von ihrem Gesicht auf die vulkanische Landschaft. Dann endet der Film. Es bleibt offen, ob sie nun das Dorf verlässt oder nicht. Der Film endet mit dem Vollzug des Aktes (Karins „Absonderung" von der sozialen Ordnung), er gibt keine Antwort auf das, was dem Akt folgt. Karin wird so oder so ein neues Leben führen, egal, ob sie nun zu ihrem Mann zurückkehrt oder auf das Festland flieht. Der Akt überwindet die Lähmung, die sie befallen hatte und erlaubt es ihr, wieder aktiv zu werden. „Aber der Film endet eben, *bevor* Karin eine dieser beiden Alternativen wählt, d.h. *bevor* sie ihren Platz in einer neuen symbolischen Identität findet (oder die alte wieder annimmt), vor dem neuen Performativ, dem neuen ‚begründenden Wort'." (Žižek 1993: 41f)

Žižek weist ausdrücklich darauf hin, dass der Akt, die Aussetzung der symbolischen Beziehungen, uns nicht dazu befähigt, „eine Art von unmittelbarem Kontakt mit irgendeiner präsymbolischen Lebens-Substanz (wieder-)herzustellen" (Žižek 1993: 53). Im Akt wird nicht etwa die Entfremdung aufgehoben, sondern das Subjekt wird mit dem Abgrund des Realen konfrontiert, mit dem traumatischen Umstand, dass es eine präsymbolische Lebens-Substanz überhaupt nicht gibt: Es gibt nichts, zu dem man „zurückkehren" könnte. Žižek interpretiert die in den Filmen Rossellinis mit Ingrid Bergman vorkommenden Bilder „‚authentischen', substantiellen Lebens", zu dem die Heldin scheinbar zurückkehrt, als Köder. „In *Stromboli* muß Karin das Leben in der abgeschiedenen Inselgemeinschaft akzeptieren; in *Europa '51* muß Irene zu dem naiven, aber ‚authentischen' Glauben der Armen finden, die sie am Ende des Films heilig sprechen; in *Viaggio in Italia* […] muß das englische Paar die Barrieren in seiner Beziehung durch den Kontakt mit dem spontanen Lebensgefühl der Italiener überwinden." (Ebd.) Rossellini geht es aber laut Žižek gerade darum, die Falschheit dieser Köder deutlich zu machen. Karins Konfrontation mit dem Vulkan macht die Nichtigkeit des Lebens der Fischer deutlich, Irene aus *Europa '51* schwört am Ende des Films der Religion ab, das Paar aus *Viaggio in Italia* „begegnet hinter den lebenslustigen italienischen Massen der inerten Präsenz von Ruinen und

Statuen" (Žižek 1993: 54). In diesen Filmbeispielen wird der Übergang von der Realität zum Realen vollzogen. Der Vulkan, die religiöse Ideologie und die Ruinen stehen nicht für sich selbst, sondern für ein „Mehr", für den „Exzeß des Realen" (ebd.), für das, was über die Realität hinausgeht; wobei dieses „Mehr" ein „Nichts" ist.

Die Aufgabe der symbolischen Einbettung, die „Absetzung des Subjekts", darf nicht so verstanden werden, als ob das Subjekt seine Identität opfern würde. Was geopfert wird, ist das Opfern selbst, da es sich bei einem Akt um etwas handelt, dass keinen Rückhalt in der bestehenden Ordnung, dem Großen Anderen hat. Durch den Verzicht auf das Opfer wird das Subjekt frei, es wird aber nicht befreit. „‚Befreiung' beinhaltet immer den Bezug auf den Anderen als Herrn: Letztlich befreit nichts so gut wie ein guter Herr, da die ‚Befreiung' eben darin besteht, dem Anderen-Herrn die Bürde zu übertragen." (Žižek 1993: 60) Den Akt (und seine Folgen) kann dagegen nur das Subjekt selbst verantworten.

Der unerträgliche Andere

Zwar gibt das Phantasma eine Antwort darauf, was der Andere begehrt und erlaubt es dem Subjekt so, sein eigenes Begehren zu organisieren, aber es bleibt immer ein Rest, der verhindert, dass Subjekt und Anderer in der phantasmatischen Identifikation vollständig aufgehen. Das Phantasma bietet zwar *eine* oder auch *mehrere* Antworten, phantasmatische Szenen, aber nicht *die* Antwort. Es kann die traumatische Dimension des Begehrens nur verschleiern, nicht vollständig unsichtbar machen. Der Andere, mein Gegenüber, mein Nachbar, bleibt in seinem Begehren undurchschaubar. Diese Undurchschaubarkeit, diese Andersheit muss in ihrer ganzen Radikalität gedacht werden. Lacan bezeichnet den Anderen mit dem Begriff „*das Ding*", „der von Freud benutzt wird, um das äußerste Objekt unseres Begehrens in seiner unerträglichen Intensität und Undurchdringlichkeit zu bezeichnen. Wir sollten in diesem Begriff durchaus all die Konnotationen des Horrorgenres mitschwingen hören: Der Nächste ist das (böse) Ding, das potentiell hinter jedem einfachen menschlichen Gesicht lauert." (Žižek 2008b: 63) Dieses unerträgliche Ding (die Dimension des Triebes, des Realen) abzuwehren und zu kontrollieren, ist die Aufgabe der durch das Phantasma gestützten symbolischen Ordnung. Die Regeln und die Gesetze, die die symbolische Ordnung ausmachen, treten zwischen mich und meinen Nächsten, sie führen eine Distanz ein, die es uns erlaubt, miteinander umzugehen. Man begegnet dem realen Anderen nur, wenn diese Distanz ausgelöscht wird, wenn er *zu* nahe kommt. Den Einbruch des Realen, die unerträgliche Nähe illustriert Žižek anhand der mittelalterlichen Allegorie „Frau Welt". Frau Welt steht für die Welt, für das irdischen Leben. Von vorne betrachtet ist sie eine schöne Frau, kommt man ihr aber zu nahe, wendet sie einem den Rücken zu, der volle Eiter und Maden ist (vgl. Žižek 1999: 112f.).

Die Herausforderung ist, so Žižek, zugleich die Distanz zu wahren und die absolute Andersheit des Anderen zu akzeptieren. Kommt man den Dingen zu nahe lösen sie sich auf.

Negativität III: Politik

Fragen der politischen Philosophie und der politischen Theorie sind spätestens seit seinem ersten englischsprachigen Buch *The Sublime Objekt of Ideology* (Žižek 1989) von herausragender Bedeutung für Žižek. Politik im Sinne Žižeks muss in der Lage sein, die bestehenden Verhältnisse radikal zu ändern. Auch im Bereich der politischen Philosophie ist der Begriff der Negativität von entscheidender Bedeutung. Ziel der politischen Philosophie Žižeks ist es, wie bereits in der Einleitung angeführt, die „brennende Frage" anzugehen, „wie man in unserem Zeitalter des globalen Kapitalismus und seines ideologischen Supplements, des liberal-demokratischen Multikulturalismus, ein linkes, antikapitalistisches Projekt neu formulieren kann" (Žižek 2001a: 10f.). Im Folgenden wird zuerst Žižeks Kritik der zeitgenössischen Linken und des Multikulturalismus dargestellt. Žižeks Haupteinwand gegen die zeitgenössische Linke lautet, dass diese den Kapitalismus als letztlich unüberwindbar akzeptiert habe, sich dieser Erkenntnis aber verweigere. Im Anschluss daran wird die für das politische Denken Žižeks entscheidende Trennung zwischen Politik als Verwaltung und Aufrechterhaltung der bestehenden Ordnung und eigentlicher Politik rekonstruiert. Ein Exkurs widmet sich dem Gewaltbegriff Žižeks. Danach wird auf Žižeks Kritik an radikaldemokratischen Positionen eingegangen, die er noch mit einem kantischen Erbteil belastet sieht, den es zu überwinden gelte. Abgeschlossen wird das Kapitel mit Žižeks Überlegungen zur Suche nach einem neuen Proletariat und den gesellschaftlichen Herausforderungen, denen wir uns im 21. Jahrhundert stellen müssen.

Kritik der zeitgenössischen Linken und des Multikulturalismus

Žižek kritisiert radikal die Vertreter der zeitgenössischen Linken. Seiner Überzeugung nach haben sie quasi ausnahmslos die Hoffnung auf eine wirkliche gesellschaftliche Veränderung aufgegeben und akzeptieren den Kapitalismus als *only game in town*.

Er macht acht unterschiedliche, einander teilweise überlappende, linke Reaktionen auf die Hegemonie des globalen Kapitalismus und dessen Supplement, die liberale Demokratie, aus:

1. Vollständige Akzeptanz des bestehenden kapitalistischen Rahmens. Die emanzipativen Kämpfe werden innerhalb dieses Rahmens unter Anerkennung der bestehenden Regeln fortgesetzt. Žižek nennt als Beispiel die Vertreter des sogenannten Dritten Weges (Sozialdemokratie, Ulrich Beck, Anthony Giddens).
2. Der bestehende Rahmen wird zwar als unhintergehbar akzeptiert, man weigert sich aber, mitzumachen und versucht, aus den Zwischenräumen des Kapitalismus zu operieren (Simon Critchley).
3. Die Akzeptanz der Zwecklosigkeit aller Kämpfe, da der Rahmen „allumfassend ist und mit seinem Gegenteil zusammenfällt (der Logik der Konzentrationslager, dem permanenten Ausnahmenzustand)". Nichts kann getan werden, das Einzige, was bleibt, ist das Warten auf einen Ausbruch göttlicher Gewalt. Žižek verortet hier Giorgio Agamben und den späten Adorno. Žižeks eigene Auffassung der göttlichen Gewalt als Möglichkeit, das Bestehende zu überschreiten, wird im Folgenden noch ausführlich dargestellt.
4. Die Akzeptanz der momentanen Zwecklosigkeit aller Kämpfe. Alles, was man tun kann, ist, die Reste des Wohlfahrtstaates zu verteidigen, die Machthaber mit unmöglichen Forderungen zu bombardieren und darauf zu warten, dass sich eine neue weltweite Arbeiterklasse bildet. In der Zwischenzeit zieht man sich in die Cultural-Studies zurück, wo man weiterhin kritisch arbeiten kann.
5. Die „Betonung der Tatsache, daß das Problem grundsätzlicher ist, daß der globale Kapitalismus letztlich ein ontischer Effekt des zugrundeliegenden ontologischen Prinzips der Technik beziehungsweise der ‚instrumentellen Vernunft' ist". Žižek nennt als Beispiele für diese Position Heidegger und Adorno.
6. Der Glaube, dass man Staatsgewalt und globalen Kapitalismus nicht direkt bekämpfen kann, dass man sich stattdessen auf Alltagspraxen konzentrieren sollte, die es jedem erlauben, eine neue Welt zu bauen. Diese Praxen sollen die Machtgrundlage des Kapitals und des Staates graduell unterminieren und letztendlich zum Kollaps des bestehenden Systems führen. Žižek denkt hier an die Zapatista-Bewegung in Mexiko.
7. Die „postmoderne" Verschiebung des Kampfes weg von der Betonung des anti-kapitalistischen Kampfes hin zu multiplen Formen des „politisch-ideologischen Kampfes um Hegemonie". Hier ist der Hauptvertreter Ernesto Laclau.
8. Die von Hardt und Negri propagierte Wette darauf, dass sich in der Postmoderne die klassische marxistische Gebärde wiederholen lässt: mit dem Aufkommen der „kognitiven Arbeit" werde es möglich, eine „bestimmte Negation" des Kapitalismus durchzuführen. Der „Widerspruch zwischen der ge-

sellschaftlichen Produktion und den kapitalistischen Verhältnissen" hat einen Höhepunkt erreicht und gibt zum ersten Mal den Blick frei auf die Möglichkeit einer „absoluten Demokratie" (vgl. Žižek 2008a: 130f., Žižek 2009c: 337f.).

Die angeführten Positionen, so Žižek, seien allesamt Reaktionen der Linken auf ein traumatisches Erlebnis beziehungsweise die Verweigerung, das Trauma anzuerkennen, das die Erfahrung der letzten Jahrzehnte nahelegt: dass nämlich der Kapitalismus unzerstörbar ist, dass es keine echte linke Alternative mehr gibt (vgl. Žižek 2008a: 132). Anstatt dieses Trauma zu bewältigen, werde frenetisch gehandelt. Wer heute die Welt verbessern möchte, wendet sich, so Žižek, an Organisationen wie „Ärzte ohne Grenzen", oder Greenpeace oder beteiligt sich an feministischen oder antirassistischen Aktionen. Auch wenn die genannten Projekte „zweifelsohne ehrenwert" sind, so sind sie doch eigentlich Teil des Problems und nicht Teil der Lösung. Žižek schreibt: „Alle diese beherzten, humanitären, politisch korrekten usw. Aktivitäten lassen sich auf die Formel bringen ‚Laßt uns ständig irgendetwas verändern, damit insgesamt alles beim Alten bleibt!'" (Žižek 2002: 19) Mit anderen Worten: Gehandelt wird im bestehenden ideologischen Rahmen, und dieser wird durch die Handlungen nicht unterminiert, sondern, so Žižeks These, sogar noch gestützt. Diese These ist natürlich nicht neu; sie wurde bereits von Adorno formuliert und fand unter anderem literarischen Ausdruck bei Philip Roth.[29]

Žižek möchte unterscheiden zwischen „authentische[m] sozialen Engagement zugunsten der ausgebeuteten Minderheiten" und „den multikulturellen / postkolonialen, absolut risikofreien Feierabendrevolten, in denen sich die ‚radi-

---

[29] In seinem Roman *Portnoys Beschwerden* aus dem Jahre 1969 wird der Einsatz des Protagonisten für die sozial Schwachen von der Bewohnerin eines israelischen Kibbuz kritisiert. Die Beschreibung eignet sich gut zur Illustration von Žižeks These:
„Was haben Sie […] mit ihren *hearings* zum Quiz-Skandal erreicht? Überhaupt etwas? Nichts haben sie erreicht, wenn ich mir gestatten darf, das zu sagen. Sie haben das korrupte Verhalten gewisser charakterschwacher Individuen aufgedeckt. Aber auf das System, das diese Leute zur Korruption erzog, übten Sie damit nicht den geringsten Einfluss aus. Das System wurde davon nicht erschüttert. Das System wurde davon nicht berührt. Und warum? Weil, Alex […] dieses System Sie genauso korrumpiert hat wie Mr. Charles Van Horn. […] Sie sind kein Feind des Systems. Sie fordern es nicht einmal heraus, wie Sie zu glauben scheinen. Sie sind bloß einer seiner Ordnungshüter, ein bezahlter Angestellter, ein Mitschuldiger. Entschuldigen Sie, aber ich muss die Wahrheit sagen: Sie glauben, Sie dienten der Gerechtigkeit, dabei sind Sie bloß ein Lakai der Bourgeoisie. Eure Gesellschaftsordnung ist von Grund auf ausbeuterisch und ungerecht, von Grund auf grausam und unmenschlich; sie tritt die menschlichen Werte mit Füßen, und *Ihr* Job ist es, ein solches System berechtigt und moralisch erscheinen zu lassen, indem Sie eine Haltung einnehmen, als ob Gerechtigkeit, als ob Menschenrechte und Menschenwürde tatsächlich einen Platz in jener Gesellschaft innehätten – wo das doch ganz offensichtlich gar nicht möglich ist." (Roth 2008: 256f.)

kale' Welt des akademischen Amerika gefällt" (Žižek 2002: 20).[30] Žižeks Kritiker würden sicher auch die risikofreien Feierabendrevolten eines slowenischen Philosophen und Psychoanalytikers hier verorten, doch zur Kritik an Žižek später mehr – folgen wir erst einmal seiner Diagnose anhand des Beispiels der *Postcolonial Studies*, an dem sich gut verdeutlichen lässt, welches entscheidende Moment Žižek verloren gehen sieht: das Politische.

Der Postkolonialismus, soviel gesteht Žižek den Vertretern der Postcolonial Studies zu, sei ein wichtiges Problem. Ablehnend steht Žižek jedoch dem Unterfangen gegenüber, die Herausforderungen des Postkolonialismus in die Sprache des Multikulturalismus zu übersetzen. Die Postcolonial Studies würden das Recht der kolonialisierten Minderheiten einklagen, „ihre Erfahrungen als Opfer ‚zu erzählen'" (Žižek 2002: 19) und sehen deren „Anderssein" als unterdrückt. Die Intoleranz gegenüber den Minderheiten (den Anderen) findet ihre Ursache in der Intoleranz „gegenüber dem ‚Fremden in uns selbst [...]'", in dem, was wir verdrängt haben (vgl. ebd.). Was geschieht hier? Aus einem politisch-ökonomischen Kampf wird ein „pseudo-psychoanalytisches Drama des Subjekts" (ebd.) und dieses Drama des Subjekts selbst ist vollständig kompatibel mit dem globalen Kapitalismus. Denselben Vorwurf richtet Žižek an die *Cultural Studies* im Allgemeinen: Sie würden den politischen Kampf in einen Kulturkampf umwandeln, in dem es „um die Anerkennung marginaler Identitäten und die Toleranz gegenüber Unterschieden" (Žižek 2001a: 302f.) gehe, jedoch auf Kosten einer Entpolitisierung beispielsweise des ökonomischen Rahmens, in welchem diese Anerkennungsprozesse sich abspielen, da bereits der Verweis auf den Kapitalismus als Weltsystem sofort mit dem Vorwurf des Essentialismus gekontert werde.[31] Žižeks Pauschalurteil greift, wie alle Verallgemeinerungen und Pauschalisierungen, natürlich zu kurz. Gegenstand seiner Kritik ist jedoch eine prinzipielle Tendenz, die sich sehr wohl in den Cultural Studies aufzeigen lässt. Oliver Marchart kritisiert diese Auswüchse der Cultural Studies ebenfalls vehement. Die Cultural Studies haben sich aus der außerakademischen Erwachsenenbildung in den 1950er/60er Jahren in England entwickelt – und intervenierten politisch, indem sie ‚Bildungsfernen' erlaubten, ihre Position im Machtgefüge zu erkennen

---

[30] Žižek schwankt in seiner Bewertung sozialer Bewegungen. Die Unterscheidung zwischen authentischem Engagement und Feierabendrevolten macht deutlich, dass Žižek durchaus den zeitgenössischen humanitären und emanzipativen Forderungen aufgeschlossen gegenübersteht, obwohl er sie, da sie letztendlich der Legitimation des kapitalistischen Systems dienen, ebenso ablehnen müsste (und dies in einigen Texten auch tut), wie die besagten akademischen Feierabendrevolutionen.
[31] Diese Beschreibung der Cultural Studies respektive der Postcolonial-Studies wurde von Gilbert als übles Zerrbild der Cultural Studies zurückgewiesen. In seinem Text, der sich hauptsächlich durch eine ad hominem-Kritik an Žižek auszeichnet, unterstellt Gilbert Žižek, dass dieser nicht die geringste Kenntnis über die Cultural Studies besitze und seine Argumentation nicht einmal den Ansprüchen genüge, die man an studentische Arbeiten stelle (vgl. Gilbert 2007).

und zu ändern. Heute hingegen geht den Pop-Schwundstufen dieser Studien, den von Marchart sogenannten Mickey-Mouse-Studies, wie auch den eher elitären deutschen Kulturwissenschaften der „politische Blick" weitestgehend ab. Den allgemeinen Hintergrund bildet dabei ein „Paradigmenwechsel von Gesellschaft zu Kultur" (Marchart 2004: 15)[32].

Der Multikulturalismus ist für Žižek die Ideologie des globalen Kapitalismus schlechthin. Das Wirtschafts- und Finanzsystem habe sich in weiten Bereichen von den Nationalstaaten emanzipiert. Multinationale Konzerne hätten keine Bedenken, sich ihren „Herkunftsländern" gegenüber genauso zu verhalten wie gegenüber Trikontländern. Žižek begreift die multinationalen Konzerne als die neuen Kolonialherren; sie bilden die dritte Stufe des Kapitalismus: 1. Stufe: Kapitalismus innerhalb der Nationalstaaten und internationaler Handel, 2. Stufe: Wirtschaftliche, politische und kulturelle Ausbeutung der Kolonien und schließlich die 3. Stufe: der multinationale Kapitalismus, der jede essentielle Bindung an die Nationalstaaten aufgelöst hat. Wo sieht Žižek nun die Verbindung zwischen Multikulturalismus und globalisiertem Kapitalismus? Er fragt: Von welcher Position aus blickt der Multikulturalismus auf lokale Kulturen? Welche Position geht mit der multikulturellen Toleranz, der Würdigung lokaler Kulturen und deren Traditionen einher? Von welchem Ort aus artikuliert der Multikulturalismus seine Aussagen? Und: wie weit geht die multikulturelle Toleranz?

Der Multikulturalismus eignet sich Žižek zufolge deswegen so gut als ideologische Stütze des Kapitalismus, da beide derselben Logik folgen. Ähnlich, wie vor dem globalen Kapital alle gleich sind beziehungsweise anhand des gleichen Maßstabs gemessen werden, sind für den Multikulturalismus alle Kulturen *gleich*gültig. Zum Multikulturalismus gehört für Žižek ein paternalistischer „gönnerhafte[r]" Abstand gegenüber den jeweiligen lokalen Kulturen. Žižek geht so weit, dass er den Multikulturalismus als „nichts anderes als eine verleugnete, invertierte und selbstreferentielle Form des Rassismus" (Žižek 2001a: 299) begreift. Zwar respektiert der Multikulturalismus die Identität des Anderen, er begreift aber das Andere als in sich geschlossene Gemeinschaft, zu der er selbst

---

[32] Marcharts Verdacht ist, dass die Geistes- und Sozialwissenschaften einer Redefinition unterworfen werden und damit dem Trend einer immer stärker werdenden gesellschaftlichen Depolitisierung folgen (vgl. Marchart 2004: 15). Es gehe um die „Kompensation von Politik durch Kultur" (ebd.). Der genannte Trend drücke sich in vierfacher Weise aus: 1. in der Kulturalisierung der Ökonomie, 2. in der Kulturalisierung nationaler und europäischer Identität, 3. im Multikulturalismus und 4. in der Ersetzung des Rassebegriffs durch den Kulturbegriff (vgl. Marchart 2004: 16). Mit der Kulturalisierung der Ökonomie ist eine parallel laufende Kulturalisierung der Politik verbunden, da jede Ökonomie politische Ökonomie ist. Zur Kulturalisierung der Ökonomie macht Marchart ein Spiegelphänomen aus, die „Ökonomisierung der Kultur: denn wenn sich einerseits der Standort kulturell legitimieren muß, so muß sich umgekehrt Kultur ökonomisch legitimieren, wie etwa über das Argument der Umwegrentabilität" (ebd.).

keinen direkten Zugang hat. Ein solcher respektvoller Blick erfolgt jedoch von einem „privilegierten *leeren Platzes des Allgemeinen*" aus und schlägt deshalb von der Würdigung des Anderen in dessen Entwertung um. Distanz wahren kann der Multikulturalismus nur, weil er seine eigene Position völlig entleert und sich durch diese Entleerung über alle an besonderen Inhalten haftenden Kulturen erhebt. „Der multikulturelle Respekt gegenüber der Besonderheit des Anderen ist nichts anderes als die Behauptung der eigenen Überlegenheit" (ebd). Die multikulturelle Toleranz steht aber noch vor einem weiteren Problem. Sie wird dem Besonderen der anderen Kulturen nicht wirklich gerecht, sie ist gefangen zwischen der Scylla des „Zuviel" und der Charybdis des „Nicht-genug". Das Andere wird zwar toleriert, aber nur, insoweit es „keimfrei" bleibt, so lange es sich nicht um das *reale* Andere handelt. Bejaht werde beispielsweise, so Žižek, die vormoderne ökologische Weisheit einer Kultur, ihre faszinierenden Riten etc. Diese Toleranz schlage aber sofort in ihr Gegenteil um, wenn sie mit dem *realen* Anderen konfrontiert werde, „mit der Art und Weise, mit der das Andere die Spezifität seines Genießens reguliert" (Žižek 2001a: 303f.): Klitorisbeschneidung, Burkhas, das Foltern von Feinden etc. Weicht die Toleranz hier zurück, gibt sie zu wenig, so gibt sie an anderen Stellen zu viel. Ein multikultureller Liberaler kann sich gezwungen sehen, selbst schwerste Menschrechtsverletzungen zu tolerieren, aus der Angst heraus, dem Anderen seine Werte aufzuzwingen. Diese falsche Form der Toleranz sieht Žižek auch im Kapitalismus am Werk, wenn es darum geht, mit diktatorischen Systemen Geschäfte zu machen. Beide Momente der multikulturellen Toleranz, das „Zuviel" wie das „Nicht-genug", ergänzen einander. Das „Nicht-genug" verfehlt „das spezifisch kulturelle Genießen", „das selbst ein ‚Opfer' in einer Praxis einer anderen Kultur finden kann, die uns grausam und barbarisch scheint", während das „Zuviel" außer Acht lässt, „dass das Andere in sich selbst gespalten ist, dass die Mitglieder einer anderen Kultur, weit davon entfernt, sich einfach mit ihren Gebräuchen zu identifizieren, eine Distanz zu diesen einnehmen und gegen sie revolutionieren können" (Žižek 2001a: 304f.). Im letzteren Fall kann der Bezug auf etwas außerhalb dieser Kultur, beispielsweise die Menschenrechte, als Mittel gegen die Zwänge der eigenen Kultur genutzt werden.

Eine solche Diagnose erweckt den Eindruck, dass es unmöglich ist, richtig zu handeln. Žižek empfiehlt den Anhängern des Multikulturalismus tatsächlich das Nichthandeln. Ein Handeln macht für ihn nur Sinn, wenn die falschen Voraussetzungen des Multikulturalismus aufgegeben werden, wenn akzeptiert wird, „dass die Sackgasse, die mich aufhält, auch die Sackgasse ist, die den Anderen aufhält" (Žižek 2001a: 305), dass beide an der verfehlten kulturellen Kommunikation teilnehmenden Kulturen in sich gespalten sind und von unlösbaren Antagonismen durchzogen werden. Žižek versucht, diese Sackgassen, diese Antagonismen oder Aporien, die alle Gesellschaften durchziehen, aufzuzeigen. Er votiert immer dort für das Nichthandeln, wo Handeln den bestehenden, vom global operierenden Kapital erzeugten Rahmen bestätigen würde. Vereinfacht gesagt geht es Žižek nicht um die unterschiedlichen Stücke, die auf einer Bühne aufgeführt werden, sondern um die Bühne selbst, den Rahmen der Aufführung. Gehandelt wird niemals innerhalb eines ideologisch neutralen Rahmens, stattdessen ist jedes Handeln immer in einen bestimmten ideologischen Kontext eingebettet.

Ideologiekritik hat heute keine gute Presse mehr, da entweder behauptet wird, es gäbe spätestens nach dem Zusammenbruch des realexistierenden Sozialismus keine Ideologie mehr, oder es auf die Unmöglichkeit verwiesen wird, überhaupt eine Position einnehmen zu können, von der aus eine Kritik formuliert werden könnte. Ideologie, Subjekt und die Frage: *„Wie ist es unter den derzeitigen Bedingungen der Globalisierung möglich, den politischen Raum neu zu erfinden?"* (Žižek 2001a: 308) müssen Žižek zufolge zusammengedacht werden.

Die Politische Geste

Ernesto Laclau (1935) / Radikaldemokratie. Unsere Epoche wird häufig als postpolitisch gekennzeichnet: Das auffälligste Merkmal gegenwärtiger Politik, die sich auf die Verwaltung des Status quo beschränkt, ist, wie Zygmunt Bauman bemerkt, „ihre *Bedeutungslosigkeit*" (Bauman 2000: 11). Gegen eine Verkürzung von Politik auf Verwaltung beziehen Theoretikerinnen und Theoretiker Stellung, die sich selbst als radikaldemokratisch definieren. Sie fordern die *Rückkehr des Politischen* (vgl. Flügel/Heil/Hetzel 2004; Heil/Hetzel 2006), die sich mit einer *Radikalisierung von Demokratisierungsprozessen* verbindet. Der wohl wichtigste Vertreter der Radikaldemokratie ist der 1935 in Buenos Aires geborene politische Theoretiker Ernesto Laclau. Ähnlich wie dem von ihm beeinflussten Žižek geht es Laclau darum, ein postmarxistisches Konzept linker Politik zu etablieren. Laclau sieht einerseits im Marxismus weiterhin ein emanzipatives Potential, andererseits kritisiert er die marxistische Orthodoxie, die den bestehenden gesellschaftlichen Verhältnissen nicht mehr gerecht zu werden vermag. Ein wichtiger Referenzpunkt des laclauschen Denkens ist Antonio Gramscis Hegemonietheorie. Gramsci begreift die Gesellschaft als einen auf Dauer gestellten Konflikt, der nur zeitweise ruhiggestellt wird, indem eine partikulare Position hegemonial wird und den politischen Diskurs und damit die spezifische Gestalt der Gesellschaft bestimmt. Laclau bezieht sich neben Gramsci auf Derridas Dekonstruktion, auf Lacans Psychoanalyse und auf die hegelsche Dialektik. Im Gegensatz zu Žižek schließt Laclau direkt an das Konzept der liberalen Demokratie an und versucht, eine Verbindung zwischen Sozialismus und Demokratie zu etablieren. Ausgearbeitet liegt dieser Ansatz in dem von Laclau und der belgischen Politikwissenschaftlerin Chantal Mouffe geschriebenen Buch *Hegemonie und radikale Demokratie* vor. Die Autoren schreiben dort: *„Die Aufgabe der Linken kann [...] nicht darin liegen, auf die liberal-demokratische*

> *Ideologie zu verzichten, sondern hat sie im Gegenteil in Richtung auf eine radikale und plurale Demokratie zu vertiefen und auszuweiten."* (Laclau/Mouffe 1991: 240) Laclau unterscheidet zwischen dem Politischen und der Politik, „wobei ‚das Politische' als vorbildlose und unbedingte Praxis der Instituierung von Gesellschaft gegenüber ‚der Politik' als einmal etabliertem Gefüge von Institutionen, abzuheben" (Hetzel 2004: 187) ist. Laclaus postmarxistische Wende ist eine Abkehr von seinem (und Mouffes) Lehrer Louis Althusser, der den Marxismus als Strukturwissenschaft des Ökonomischen interpretiert, hin zu Antonio Gramsci, der „das politische Moment gegenüber dem strukturdeterministischen" (Hetzel 2004: 189) privilegiert. Entscheidend ist, dass Laclau die Gesellschaft als antagonistische versteht, was heißt, dass die Gesellschaft (als abgeschlossene und in sich ruhende) nicht existiert, sondern immer aufs Neue bestimmt werden muss. Der Gesellschaft ist ein Riss eingeschrieben, der sie daran hindert, mit sich selbst identisch zu werden, und gleichzeitig ist diese Unmöglichkeit die Bedingung der Möglichkeit von Gesellschaft überhaupt. Die Unmöglichkeit, die Gesellschaft als Ganze zu fassen, unterläuft jeden Versuch, ihr auf Dauer eine bestimmte Form zu geben. Möglich bleiben aber zeitlich begrenzte Hegemonien. Ein hegemoniales Gefüge zeichnet sich dadurch aus, dass eine partikulare Position sich als universal setzt, als Teil der Gesellschaft für die gesamte Gesellschaft einsteht. „Es gibt nur dann Hegemonie, wenn die Dichotomie von Universalität und Partikularität überwunden wird; Universalität existiert nur, indem sie sich in einer Partikularität inkarniert und diese zugleich subvertiert, aber umgekehrt kann keine Partikularität politisch relevant werden, wenn sie nicht mit Universalisierungseffekten einhergeht." (Laclau 2000: 56, Zitat übersetzt von A. Hetzel) Laclau wendet sich auf der einen Seite gegen das Aufgehen des Besonderen im Allgemeinen, auf der anderen Seite kritisiert er aber auch die gegenläufigen Versuche, ohne Bezug auf ein Allgemeines partikulare Positionen zu artikulieren. Diese Versuche sind zum Scheitern verurteilt. „Das pure Beharren auf Differenz und Kultur führt zu ‚Selbst-Apartheid' und ‚reinem Segregationismus', zu einer ohnmächtigen Selbstethnisierung" (Hetzel 2004: 199) und zur unfreiwilligen Bestätigung des kulturellen Rahmens, von dem man sich befreien möchte. Notwendig ist ein hybrides Vorgehen, das sich der Spannung zwischen Allgemeinem und Besonderem nicht verweigert. Das Musterbeispiel hierfür ist für Laclau die demokratische Politik; eine „Abfolge finiter und partikularer Identitäten, die eine universale Aufgabe zu übernehmen versuchen, die über sie hinausgeht; die aber folglich niemals in der Lage sind, die Distanz zwischen Aufgabe und Identität zu überdecken und die jederzeit durch alternative Gruppen ersetzte werden können. Unvollständigkeit und Vorläufigkeit gehören zur Essenz der Demokratie." (Laclau 2002: 41)

Man kann Žižek nur bedingt als Radikaldemokraten im obigen Sinne bezeichnen, zwar schließt er wie Laclau an Hegels Begriff des Allgemeinen an und greift auch die radikaldemokratische Unterscheidung zwischen dem Politischen und der Politik auf, aber die Radikaldemokratie geht ihm nicht weit genug. Inwiefern Žižeks Kritik an Ernesto Laclau, Jacques Rancière und weiteren der Radikaldemokratie zuzurechnenden Autoren gerechtfertig ist oder nicht, ist kein

Gegenstand der folgenden Ausführungen. Vielmehr soll deutlich werden, wie Žižek seinen Begriff des Politischen in Auseinandersetzung mit den radikaldemokratischen Positionen entwickelt.

Seine Bestimmung dessen, was wirkliche Politik ausmacht, entwickelt Žižek unter anderem entlang einer Unterscheidung, die von Jacques Rancière in die Diskussion eingeführt wurde, dem Unterschied zwischen Politik und Polizei. Mit Polizei meint Rancière natürlich mehr als die Vertreter der Exekutive. Er schreibt:

„Die Polizei ist in ihrem Wesen das im Allgemeinen unausgesprochene Gesetz, das den Anteil oder die Abwesenheit des Anteils der Teile bestimmt. Aber um das zu bestimmen, muss zuerst die Gestaltung des Sinnlichen, in welche sich die einen und die anderen einschreiben, bestimmt werden. Die Polizei ist somit zuerst eine Ordnung der Körper, die die Aufteilungen unter den Weisen des Machens, den Weisen des Seins und den Weisen des Sagens bestimmt, die dafür zuständig ist, dass diese Körper durch ihre Namen diesem Platz und jener Aufgabe zugewiesen sind; sie ist eine Ordnung des Sichtbaren und des Sagbaren, die dafür zuständig ist, dass diese Tätigkeit sichtbar ist und jene andere es nicht ist, dass dieses Wort als Rede verstanden wird, und jenes andere als Lärm." (Rancière 2002: 40f.)

Die Polizei, so kann man mit Žižek und Lacan sagen, operiert in den Ordnungen des Imaginären und des Symbolischen; sie sagt den Individuen, wo ihr konkreter Ort in der Gesellschaft ist, und welche Funktionen sie zu erfüllen haben. Politik als solche hat dagegen keinen Ort, sie ist vielmehr genau das, was die bestehende Ordnung unterläuft und sie gefährdet. Politik ist die Tätigkeit, „die die sinnliche Gestaltung zerbricht, wo die Teile und die Anteile oder ihre Abwesenheit sich durch eine Annahme definieren, die darin *per definitionem* keinen Platz hat: die eines Anteils der Anteillosen" (Rancière 2002: 41). Žižek hebt hervor, dass es diesem Anteil der Anteilslosen, also derjenigen, die nicht gehört werden, nicht nur darum gehe, innerhalb des bestehenden Systems gehört zu werden, eine Stimme zu erhalten, das ihnen angetane Unrecht zu Gehör zu bringen, sondern dass sie einen wesentlich weiter reichenden Anspruch vertreten: „Sie, die Ausgeschlossenen, jene ohne festen Platz im Gesellschaftsgebäude, präsentieren sich selbst als die Repräsentanten, die Vertreter des Ganzen der Gesellschaft, der wahren Allgemeinheit (‚Wir – das ‚Nichts', das für die Ordnung nicht zählt – sind das Volk, wir sind alle, die sich gegen diejenigen stellen, die nur ihre besonderen, privilegierten Interessen vertreten.')." (Žižek 2001a: 255f.) Politische Konflikte sind somit Ausdruck der Spannung zwischen der bestehenden gesellschaftlichen Ordnung (jeder an seinem Platz) und dem „Teil ohne An-teil" (derjenigen, die keinen Platz in der Ordnung haben). Beide Momente, also Polizei *und* Politik im Sinne Rancières, sind notwendige Elemente:

Ohne die Polizei gäbe es überhaupt keine Gesellschaft, keine verlässliche Struktur, und ohne Politik würde die Gesellschaft statisch. Žižek konzentriert sich in seinen Arbeiten auf die Politik, auf den Moment des Aufbrechens der gesellschaftlichen Ordnung. Er bewertet die zeitgenössischen politischen Systeme und politischen Theorien anhand ihres Umgangs mit diesem destabilisierenden Moment, des Einbruchs der Anteilslosen in die bestehende Ordnung.

Eigentliche Politik, so Žižek, „beinhaltet somit immer eine Art Kurzschluss zwischen dem Allgemeinen und dem Partikularen: das Paradox eines *singulären Allgemeinen*, eines Singulären, das als Vertreter des Allgemeinen auftaucht und die ‚natürliche' funktionale Ordnung der Beziehungen im Gesellschaftskörper destabilisiert" (Žižek 2001a: 256). Beispiele für solche „Gesten der Politisierung" (ebd.) sind die Französische Revolution (der dritte Stand ruft sich selbst gegen Adel und Klerus als identisch mit der Nation aus) und die Überwindung des europäischen Sozialismus (regimekritische Foren rufen sich selbst gegen die Partei-Nomenklatura als identisch mit der gesamten Gesellschaft aus) (vgl. ebd.). Auch wenn Žižek die Demokratie nicht als der Weisheit letzten Schluss betrachtet, so sieht er in ihr doch durchaus eine teilweise Verwirklichung der politischen Geste. Problematisch bleibt für ihn an der Demokratie, dass auch sie notwendig auf einem Ausschluss basiert, der wiederum der Geste der Politisierung selbst entzogen bleibt: vom demokratischen Prozess ausgeschlossen bleiben alle Nichtdemokraten; die Grundlagen der Demokratie dürfen nicht in Frage gestellt werden. In der *Tücke des Subjekts* beschreibt Žižek allerdings Politik und Demokratie sogar als synonym und sieht die Unterdrückung der politischen Geste als antidemokratische Handlung schlechthin: „Das grundsätzliche Ziel antidemokratischer Politik ist und war definitionsgemäß immer die Entpolitisierung, das heißt die bedingungslose Forderung, dass die ‚Lage sich wieder normalisieren' und jedes Individuum wieder seinem oder ihrem eigenen Geschäft nachgehen soll" (ebd.).

Žižek übernimmt die von Rancière ausgearbeitete Unterscheidung von Politik und Polizei. Das Politische, das, was echte Politik im Sinne Rancières und Žižeks ausmacht, ist immer mit einer Bedrohung der bestehenden Ordnung verbunden. Um sich erhalten zu können, muss die Ordnung (Polizei) die Herausforderung durch das Politische im Zaum halten, indem sie es verleugnet.

Rancière zeichnet vier Formen der Verleugnung des Politischen aus: Arche-Politik, Para-Politik, Meta-Politik und Post-Politik. Žižek ergänzt Rancières vier Formen der Verleugnung des Politischen um eine weitere Form, die er Ultra-Politik nennt.

Die *Arche-Politik* (oder Archi-Politik) versucht, „einen traditionell geschlossenen, organisch strukturierten und homogenen gesellschaftlichen Raum zu definieren, der keine Leere zulässt, aus der heraus das politische Moment-

Ereignis hervorgehen könnte" (Žižek 2001a: 259). Platons Staat ist das Urmodell dieser Form der Verleugnung des Politischen. Die Archi-Politik basiert „auf der vollständigen Verwirklichung, der vollständigen Fühlbarmachung der *Arche* der Gemeinschaft" und ersetzt „restlos die demokratische Konfiguration der Politik" (Rancière 2002: 77).

Die *Para-Politik* akzeptiert den politischen Konflikt, reduziert diesen aber auf eine Art Wettkampf, „der innerhalb des repräsentationalen Raumes zwischen anerkannten Parteien/Akteuren um die (zeitweilige) Einnahme des Platzes der exekutiven Machtausübung stattfindet" (Žižek 2001a: 259). Das Urmodell dieser Form findet sich bei Aristoteles, der den *Demos* in seine politische Theorie integriert. Die Para-Politik „die als normale, ehrliche Weise der ‚politischen Philosophie'" funktioniert hat zum Ziel „die Handelnden und die Handlungsformen des politischen Streits in Teile und Formen der Verteilung des polizeilichen Dispositivs umzugestalten" (Rancière 2002: 83). Jürgen Habermas und John Rawls sind Žižek zufolge zeitgenössische Vertreter dieser Position, sie versuchen, klare Regeln zu formulieren, „denen gehorcht werden muss, damit der agonale Prozess des Rechtsstreits nicht zur eigentlichen Politik ausufert" (Žižek 2001a: 259).

Die *Meta-Politik* akzeptiert dagegen zwar den politischen Konflikt, sie begreift ihn aber als eine Art „Schattentheater". Der Schauplatz des Kampfes ist nicht die Politik, sondern die Ökonomie. Die Meta-Politik begreift die „politische ‚Teilnahme'" in der bürgerlichen Gesellschaft als „die reine Maske der Verteilung der Anteile. Die Politik ist die Lüge über ein Wahres, das Gesellschaft heißt" (Rancière 2002: 94). Beispiele für Meta-Politik sind der Marxismus oder sozialistische Utopien. Das „Endziel der ‚wahren' Politik ist folglich deren Selbstauflösung, die Umwandlung der ‚Verwaltung von Personen' in eine ‚Verwaltung von Sachen' innerhalb einer sich vollständig selbst transparenten rationalen Ordnung des Kollektivwillens" (Žižek 2001a: 259). Allerdings lassen sich Žižek zufolge die marxistischen Bestrebungen auch abweichend interpretieren: da der Marxismus „den ‚apolitischen' Charakter des ökonomischen Prozesses als die vorzügliche ideologische Illusion denunziert" (Žižek 2001a: 260). Ein Vertreter dieser letztgenannten Form des Marxismus ist Žižek selbst.

Žižek weist eine weitere Form der Verleugnung des Politischen aus: Die *Ultra-Politik*, die versucht, „den Konflikt zu entpolitisieren, indem man ihn vermittels der direkten Militarisierung der Politik bis zum Extrem treibt" (ebd.). Politik wird zum Krieg, in dem es „Wir gegen die Anderen" heißt. Žižek verortet hier Teile der zeitgenössischen Rechten, die anstatt vom Klassen*kampf* vom *Krieg* der Klassen sprechen.

Žižek begreift die genannten Politikformen als „Abwehrformationen", die versuchen, den eigentlichen politischen Moment zu verdecken oder zu verhindern. Er vertritt die These, dass *alle* bisherige politische Philosophie eine solche

Abwehrformation darstellt. Die aus historischer Perspektive relevanteste der vier genannten Formen ist ihm zufolge die Meta-Politik. Sie legitimiert sich durch den Bezug auf wissenschaftliches Wissen über die sozioökonomischen Prozesse (deshalb: wissenschaftlicher Materialismus). Verbunden damit ist die Aussetzung des Unterschieds zwischen Sein (dem was ist) und Sollen (dem was sein soll): „Das ethische Ideal, dem das revolutionäre Subjekt entgegenstrebt, gründet unmittelbar in der ‚objektiven', ‚interessenlosen' wissenschaftlichen Erkenntnis von gesellschaftlichen Prozessen (oder fällt mit diesen zusammen)." (Žižek 2001a: 263) Diese Haltung, so Žižek, macht den Marxismus anfällig dafür, auch totalitäre, „den elementarsten Normen ethischen Anstands" zuwiderlaufende Handlungen zu legitimieren, da diese „auf der (Einsicht in die) historische[.] Notwendigkeit basieren" (ebd.). Beispielsweise lässt sich so die Massentötung von Mitgliedern der Bourgeoisie rechtfertigen, da diese „Klasse sowieso in sich ‚zu verschwinden verurteilt ist', [da] ihre ‚progressive Rolle' der Vergangenheit angehört etc." (Žižek 2001a: 263f.).

Die Begriffe Meta-Politik und Ultra-Politik ermöglichen es Žižek, zwischen unterschiedlichen Formen des Totalitarismus zu unterscheiden. Zwar versuchten beispielsweise die Jakobiner während der Französischen Revolution ihre ethischen Ideale unmittelbar zu verwirklichen, die Wirklichkeit nach ihrem Ideal zu formen, aber die Verbindung von reinem Idealismus und zerstörerischer Gewalt, wie sie Ausdruck in ihrem Handeln fand, reicht Žižek zufolge nicht aus, um die totalitären Bewegungen des 20. Jahrhunderts zu erklären. Die Jakobiner bezogen sich weder auf ein objektives Wissen, noch sahen sie sich als bloße Instrumente der historischen Notwendigkeit.

Zur Erläuterung des Verhältnisses von Totalitarismus und Demokratie schließt Žižek an Überlegungen Claude Leforts (vgl. zu Lefort: Gaus 2004) an: „Der Totalitarismus ist eine der demokratischen Logik innewohnende Perversion" (Žižek 2001a: 264). Diese auf den ersten Blick kontraintuitive Feststellung wird verständlich, wenn man sich genauer ansieht, was Demokratie eigentlich ausmacht. In der Demokratie ist der Ort der Macht ursprünglich leer. Dieser Ort wird auf Zeit von unterschiedlichen Personen (oder Gruppen) besetzt. Der „Herr" in der Demokratie ist nur Herr, solange das Volk ihn als solchen behandelt. Mit der Unbestimmtheit der Demokratie geht daher eine Gefahr einer, sie „ermöglicht zwar die Hinterfragung und Loslösung von jeder Einheitsvorstellung. Sie ebnet in ihrer Offenheit aber ebenfalls den Versuchen der Schließung den Weg, die in eine totalitäre Gesellschaft münden" (Gaus 2004: 80). Demokratie ist immer mit einer prinzipiellen Unsicherheit verbunden. Wird diese Unsicherheit deutlich, beispielsweise bedingt durch neue soziale Herausforderungen, so wird schnell der Ruf nach dem „starken Mann" laut, der alles richten soll: „Mit der totalitären Ideologie reaktiviert sich die Sehnsucht nach der mit der demokratischen Revolution aufgelösten Vereinigung der Gesellschaft in einem Körper, nach der Aufhebung der Ungewissheit." (Ebd.) In der Aufhebung der Ungewissheit negiert der totalitäre Herr jedoch nicht vollständig den mit der Demokratie verbundenen Bruch. Der „totalitäre Herr akzeptiert vollständig die Logik des ‚Ich bin nur insofern Herr, insofern ihr mich als solchen behandelt', das heißt, seine Position beinhaltet keinerlei Bezugnahme auf einen transzendenten Grund; im Gegenteil sagt er seinen Anhängern mit Nachdruck: ‚Ich selbst bin gar nichts; all meine Stärke stammt von Euch; ich bin nichts anderes als die Verkörperung Eurer tiefsten Bestrebungen" (Žižek 2001a: 265). Herr und Volk erscheinen als eines; ein Angriff auf den Herrn ist immer auch ein Angriff auf das Volk und dessen Sehnsüchte.

In den von Rancière ausgewiesenen Formen der Verleugnung des Politischen drücken sich drei unterschiedliche Herrschaftslogiken aus: „Der traditionelle Herr funktioniert im Raum der Arche-Politik; Demokratie beinhaltet Para-Politik, das heißt die Mäßigung der eigentlichen Politik zu einem geregelten Agonismus (also Regeln von Wahlen und repräsentativer Demokratie etc.); der totalitäre Herr aber ist nur im Raum der Meta-Politik möglich." (Žižek 2001a: 265) Den Faschismus findet Žižek im Modus der vierten Verweigerungsform, der Ultra-Politik, repräsentiert, da der faschistische Herr ein „Krieger in der Politik" (ebd.) ist. Žižek ist stets darum bemüht, zwischen dem faschistischen und dem kommunistischen Totalitarismus zu unterscheiden.

Zwar finden sich die angeführten Verweigerungsformen auch in der zeitgenössischen Politik wieder, heute ist aber laut Žižek eine andere Form der Leugnung des Politischen von wesentlich größerer Bedeutung: die (postmoderne) *Post-Politik*. Während die vier bisher genannten Formen den Raum des Politischen zumindest indirekt dadurch anerkennen, dass sie das politische Moment verdrängen oder verleugnen müssen, schließt die Post-Politik das Politische vollständig aus. Sie versteht sich explizit als postideologisch; in ihr gehen eine aufgeklärte Technokratie (Ökonomen, Meinungsforscher, Statistiker etc.) und der liberale Multikulturalismus eine Verbindung ein: „Über den Prozess des Aushandelns von Interessen wird ein Kompromiss in Gestalt eines mehr oder weniger allgemeinen Konsenses erreicht." (Žižek 2001a: 273) Die Post-Politik löscht die alten ideologischen Unterscheidungen aus. Expertenwissen plus freier Meinungsaustausch ermöglichen es, die Bedürfnisse der Bevölkerung zu identifizieren und diesen pragmatisch gerecht zu werden. Verdichtet findet Žižek Post-Politik in der Charakterisierung der neuen Mitte als „radikale Mitte" (Tony Blair). Die Bezeichnung radikal scheint sich mit dem Begriff der Mitte nicht wirklich zu vertragen, gemessen „an den alten [ideologischen, RH] Standards ist der Begriff ‚radikale Mitte' ein ebensolcher Unsinn wie ‚radikale Mäßigung'" (ebd.). Traditionell ist die Mitte gemäßigt, die politischen Ränder rechts und links radikal. Die Radikalität dieser neuen Mitte soll nun aber gerade darin liegen, dass sie die alten ideologischen Gräben vollständig preisgibt. Eine Idee wird nicht mehr nach ihrer Herkunft bewertet, sondern nur danach, ob sie „gut" ist. Und gut ist eine Idee genau dann, wenn sie funktioniert. Das Anstößige an dieser als pragmatisch zu bezeichnenden Wende liegt für Žižek in dem Umstand, dass, wenn man gute Politik einzig und allein darüber definiert, dass sie funktioniert, der bestehende gesellschaftliche Rahmen vorgibt, was eine gute Idee ist und was nicht. Etwas, das in der bestehenden Ordnung nicht zu verwirklichen ist, ist aus der Perspektive der Post-Politik per definitionem keine gute Idee.

Für Žižek ist jedoch der „eigentliche politische Akt (die Intervention) [...] nicht einfach etwas, was innerhalb des Rahmens der existierenden Verhältnisse gut funktioniert, sondern etwas, was *gerade den Rahmen verändert, der festlegt, wie die Dinge funktionieren*" (Žižek 2001a: 273). Post-Politik heißt nichts anderes, als den globalen Kapitalismus und die mit ihm verbundene Sachzwanglogik als unhintergehbar zu akzeptieren. Post-Politik entspricht damit der „Politik als der ‚Kunst des Möglichen'" (Žižek 2001a: 274). Echte Politik wird von Žižek als das genaue Gegenteil definiert, als „Kunst des *Unmöglichen*". Sie „verändert gerade die Parameter dessen, was in der existierenden Konstellation als ‚möglich' betrachtet wird" (ebd.; vgl. Heil 2004). Man könnte hier jetzt einwenden, dass wir doch getrost auf den Einbruch des Neuen, auf eine neue Konstellation verzichten könnten, da wir ja prinzipiell mit der parlamentarischen liberalen Demokratie zufrieden sein können. Dabei würde man aber übersehen, dass Žižek zufolge die Post-Politik in direkter Verbindung mit gesellschaftlichen Entwicklungen steht, die die liberale Demokratie selbst gefährden. Was die Post-Politik verhindert, ist die Politisierung partikularer Positionen.

Žižek folgt hier Jacques Rancière, der die genannte Trennung wie folgt zusammenfasst: „die Politik existiert dort, wo die Rechnung/Zählung der Anteile und Teile der Gesellschaft von der Einschreibung eines Anteils der Anteillosen gestört wird. Sie beginnt, wenn die Gleichheit zwischen Beliebigen in die Freiheit des Volks eingeschrieben wird. Diese Freiheit des Volks ist eine leere Eigenschaft, eine uneigentliche Eigenschaft, wodurch diejenigen, die nichts sind, ihr Kollektiv als identisch mit dem Ganzen der Gemeinschaft aufstellen. Die Politik existiert, sofern singuläre Formen der Subjektivierung die Formen der ersten Einschreibung der Identität zwischen dem Ganzen der Gemeinschaft und dem Nichts, das sie von sich selbst, d.h. von der einfachen Zählung ihrer Teile trennt, erneuern. Die Politik hört auf zu sein, wo dieser Abstand keinen Ort mehr hat, wo das Ganze der Gemeinschaft restlos in die Summe seiner Teile aufgeht." (Rancière 2002: 132) Das Nichts, das die Gemeinschaft von sich selbst trennt, entspricht genau dem Allgemeinen im Sinne Hegels (vgl. Negativität I).

Was passiert nun, wenn der „Abstand keinen Ort mehr hat"? Dass er keinen (politischen) Ort mehr besitzt, löscht den Abstand nicht aus, er schreibt sich vielmehr in verzerrter Form an einem anderen Ort in die Gesellschaft wieder ein: Im Anschluss an Étienne Balibar verbindet Žižek den Begriff der Post-Politik „mit der Vorstellung einer exzessiven, nicht-funktionalen Grausamkeit als Merkmal des gegenwärtigen Lebens" (Žižek 2001a: 276). Diese Grausamkeit ist nicht ideologisch, sie hat kein Ziel, verfolgt kein Programm. Als Beispiele führt Žižek „‚fundamentalistisch'-rassistische[.] und/oder -religiöse Abschlachtungen" und die sinnlosen Gewaltausbrüche von Jugendlichen und Obdachlosen in den westlichen Großstädten an. Žižek hält in diesem Fall die Ideologie (Ausländer, die uns die Arbeitsplätze wegnehmen, Bedrohung des westlichen Wertesystems durch Überfremdung etc.) für eine sekundäre Rationalisierung, die das eigentliche Problem verfehlt. Da der Gewaltbegriff für Žižek zunehmend an Bedeutung gewinnt, geht der folgende Exkurs ausführlich auf ihn ein.

Exkurs: Gewalt

Das Verhältnis zwischen den nutzlosen und exzessiven Gewaltausbrüchen, in denen sich ein reiner Hass auf die Andersheit des Anderen artikuliert, und dem auf Toleranz ausgerichteten post-politischen multikulturalistischen Universum begreift Žižek als unendliches Urteil im Sinne Hegels, das heißt als spekulative Identität (vgl. Negativität I). „Das allumfassende Wesen der postpolitischen konkreten Allgemeinheit, die für jeden auf der Ebene des symbolischen Einschlusses gilt, diese multikulturalistische Vision-und-Praxis einer ‚Einheit im Unterschied' (‚alle sind gleich, alle sind anders') lässt, als einzige Art und Weise, den Unterschied zu markieren, die protosublimatorische Geste der Erhöhung eines kontingenten Anderen (sei es in puncto Rasse, Geschlecht, Religion …) zur ‚absoluten Andersheit' eines unmöglichen Dings zu, also zur äußersten Bedrohung unserer Identität: Dieses Ding muss vernichtet werden, wenn wir überleben sollen. Darin liegt das hegelianische Paradox: Das schlussendliche Eintreffen der wahrhaft rationalen ‚konkreten Allgemeinheit' – die Abschaffung der Antagonismen, das ‚reife' Universum der ausgehandelten Koexistenz unterschiedlicher Gruppen – fällt hier mit seinem radikalen Gegenteil, mit den durch und durch kontingenten Gewaltausbrüchen, zusammen." (Žižek 2001a: 277f.)

Žižek erläutert diese spekulative Identität anhand des Beispiels eines prügelnden Skinheads. Würde man den Skinhead nach den Gründen seines Handelns fragen, so würde dieser, setzt man bei ihm die dafür notwendige Fähigkeit zur Reflexion voraus, sein Handeln in etwa so begründen, wie es Sozialpsychologen heute unter anderem tun, nämlich mit einem Verweis auf die allgemeine gesellschaftliche Unsicherheit, auf den Verfall der väterlichen Autorität, den Mangel an Mutterliebe, mit einem Wort, er würde auf seinen Status als Opfer verweisen (vgl. Žižek 2001a: 278f.). Diese Einsicht in seine eigenen Beweggründe führt aber, so Žižek, nicht zu einer Verhaltensänderung. An dieser Stelle scheitert die klassische Ideologiekritik, deren Grundannahme vereinfacht lautet, ideologisches Handeln basiere darauf, dass man nicht wisse, warum man handelt. Mit dem Erlangen dieses Wissens geht – idealiter – eine Verhaltensänderung einher. Der „aufgeklärte" Skinhead aus Žižeks Beispiel reagiert anders, er „weiß ganz genau, was er tut, tut es aber trotzdem'" (Žižek 2001a: 279). Warum?

Žižek macht in dem symbolisch wirksamen Wissen, welches seinen Ausdruck in der sozialen Praxis des Skinheads findet, einen Riss aus, es „zerfällt einerseits in eine exzessiv ‚irrationale' Gewalt ohne ideologisch-politische Grundlage und andererseits in eine impotente, äußerliche Reflexion, die die Handlungen des Subjekts unberührt lässt" (ebd.). Für Žižek erhält der „aufgeklärte und tolerante Multikulturalist" hier seine eigene Botschaft in umgekehrter wahrer Form zurück. Die Wahrheit des Multikulturalismus ist der sinnlose Gewalt ausübende Skinhead.

Der Gewaltbegriff ist für das Verständnis von Žižeks politischer Theorie von ausschlaggebender Bedeutung. Im Unterschied zu vielen anderen politischen Theoretikern schließt er Gewalt als Mittel der Politik nicht nur nicht aus, sondern sieht in ihr die letzte Möglichkeit, heute überhaupt noch echte gesellschaftliche Veränderung zu ermöglichen.

Žižek unterscheidet drei Formen von Gewalt. Er spricht von *subjektiver* Gewalt, *objektiver* Gewalt und im Anschluss an Walter Benjamin von *göttlicher* Gewalt. Die offen sichtbare subjektive Gewalt (Verbrechen, Terror, internationale Konflikte) verstellt den Blick auf die wesentlich wichtigeren objektiven Formen der Gewalt, auf die symbolische und die systemische Gewalt.

Unter symbolischer Gewalt versteht Žižek die in der Sprache verkörperte Gewalt. Diese Form der Gewalt reicht über ihre offensichtlichen Formen (Aufwiegelung, Reproduktion sozialer Dominanz in der Sprache, ...) hinaus. Gewaltsam ist bereits die Grundfunktion der Sprache selbst, die Festlegung von Bedeutungen. Systemische Gewalt wird dagegen von den ökonomischen und politischen Systemen ausgeübt.

Die subjektive Gewalt wird, so Žižek, als Störung der bestehenden Ordnung wahrgenommen. Diese Ordnung selbst wird fälschlicherweise als eine Art gewaltfreier Hintergrund verstanden, vor dem die subjektive Gewalt sichtbar wird. Diese Art und Weise, subjektive Gewalt wahrzunehmen, führt dazu, dass die objektive Gewalt aus dem Blick gerät, da diese dem scheinbar gewaltfreien Hintergrund selbst, dem Normalzustand, eingeschrieben ist. Die dem Normalzustand inhärierende Gewalt bleibt unsichtbar; um sie wahrnehmen zu können, ist ein

Perspektivenwechsel notwendig. Dieser Perspektivenwechsel ist notwendig, da er die Ausbrüche subjektiver Gewalt überhaupt erst erklärbar macht: Subjektive Gewalt ist eine Reaktion auf objektive Gewalt.

Die direkte Auseinandersetzung mit der Gewalt führt Žižek zufolge zu einer Mystifizierung derselben, da der mit der direkten Wahrnehmung von gewaltsamen Handlungen verbundene Horror und die Empathie mit den Opfern eine leidenschaftslose Analyse der Gewalt verhindere (vgl. Žižek 2009a: 3). Gleichzeitig läuft eine leidenschaftslose Analyse aber Gefahr, genau das zu reproduzieren, was sie kritisieren möchte.

Des Weiteren muss Žižek zufolge in der konkreten Gewaltanalyse unterschieden werden zwischen faktischer Wahrheit und Wahrhaftigkeit. Jede Erzählung eines traumatisierten Opfers erscheint, betrachtet man sie „objektiv", als unglaubwürdig, inkonsistent, verwirrend. Gerade diese Unglaubwürdigkeit (auf der Ebene der Fakten etc.) ist ein Zeichen für die Wahrhaftigkeit des Erlebten. Die faktische Unglaubwürdigkeit der Erzählung ist der Garant ihrer Wahrheit; umgekehrt, so Žižek, sollte man die Wahrhaftigkeit eines Opferberichts gerade dann in Frage stellen, wenn dieser konsistent ist. Das erlebte Trauma schreibt sich in die Struktur der Erzählung ein; gerade weil es ein traumatisches Erlebnis ist, lässt es sich nicht vollständig symbolisieren, nicht vollständig in die Lebensgeschichte integrieren. Dies gilt auch und gerade für die „sogenannte Unzuverlässigkeit mündlicher Berichte von Holocaust-Überlebenden" (Žižek 2009a: 4).[33] Ihre Unzuverlässigkeit spricht nicht gegen, sondern für ihre Authentizität.

Auch in der Auseinandersetzung mit Gewalt zieht Žižek die Reflexion der direkten Handlung vor. Der Aufruf zum direkten Handeln sei zumeist ein Betrug, ein (unbewusster) Versuch, von den Ursachen der Gewalt abzulenken. Gerade Beschreibungen von Gewalttakten, wie sie sich im „links-liberalen humanitären Diskurs" finden und die eine direkte moralische Reaktion hervorrufen („Alle sechs Sekunden wird in diesem Land eine Frau vergewaltigt" / „In der Zeit, in der Sie diesen Paragraphen lesen, sterben zehn Kindern den Hungertod" (vgl. Žižek 2009a: 5)), würden durch den mit ihnen verbundenen direkten Handlungsappell die Analyse der eigentlichen Ursachen verhindern: Denke nicht, handle (vgl. Žižek 2009a: 5f.). Žižek zieht das Denken, die Analyse, dem impotenten, die Ursachen verfehlenden Handeln vor. Für ihn gibt es Situationen, in denen es berechtigt ist, auf die Frage „Meinen Sie, wir sollten gar nichts tun?" zu antworten: „Ja, genau das". In solchen Situationen sei die einzige sinnvolle Form praktischen Handelns die kritische Reflexion. Das heißt nicht, dass Žižek für ein Nichthandeln, für ein Garnichtstun, eintritt, sondern er plädiert dafür, sich die

---

[33] Ein Trauma ließe sich entsprechend besser in der Form eines Gedichtes artikulieren als in Prosa, da Poesie, so Žižek, per definitionem immer etwas zum Gegenstand habe, das sich nicht direkt ausdrücken lässt (vgl. Žižek 2009a: 4).

Zeit zu nehmen, die benötigt wird, um die eigentlichen Gründe einer Situation zu erfassen.

Die vorherrschende liberale Haltung, so Žižek, lehne alle Formen von Gewalt ab, egal, ob es sich um körperliche Gewalt oder ideologische Gewalt wie Rassismus und sexuelle Diskriminierung handelt. Dieser liberalen Haltung, die sich auf die subjektive Gewalt konzentriert, steht Žižek kritisch gegenüber, da seines Erachtens dabei die eigentlich relevante Form der Gewalt, die objektive Gewalt, aus dem Blick gerät. Stärker formuliert: Die Konzentration auf die subjektive Gewalt ist gleichzusetzen mit der Ausübung objektiver Gewalt (vgl. Žižek 2009a: 9). Daher ist es notwendig, von der Konzentration auf die subjektive Gewalt zur Analyse des komplexen Verhältnisses von subjektiver und objektiver Gewalt überzugehen. Zwar ist die subjektive Gewalt die auffälligste Gewaltform, aber eben nicht die wichtigste.

Objektive, von den gesellschaftlichen Strukturen ausgeübte Gewalt hat es schon immer gegeben. Auch feudale Gesellschaftssysteme, so Žižek, seien selbstverständlich nicht frei von objektiver Gewalt, in ihrer reinen systemischen Form trete sie aber erst im Kapitalismus auf. Erst unter kapitalistischen Produktionsbedingungen wird die objektive Gewalt völlig anonym: Gewalt im Kapitalismus lässt sich nicht mehr an ein Individuum (wie beispielsweise einen Monarchen) rückbinden. Žižek greift zur Erläuterung auf Lacans Unterscheidung zwischen Realem und Realität zurück (vgl. das Kapitel *Die Triade Reales, Imaginäres und Symbolisches*).

Realität steht für das, was wir im Allgemeinen als soziale Realität bezeichnen: das Sprechen und Handeln von Menschen. Real im lacanschen Sinne ist dagegen die „erbarmungslose ‚abstrakte', gespenstische [spectral] Logik des Kapitals" (Žižek 2009a: 11), die Logik, die festlegt, was in der sozialen Realität möglich ist und was nicht. Der Versuch, Ideologie (und mit ihr die objektive Gewalt) als reine Abstraktion zu begreifen, geht fehl. Begreift man nämlich den Geist des Kapitalismus, des „sich selbst erzeugenden Monsters, welches seinen Weg ohne Rücksicht auf menschliche und ökologische Interessen verfolgt" (Žižek 2009a: 10), als ideologische Abstraktion und weist darauf hin, dass hinter dieser Abstraktion reale Menschen und Ressourcen stehen, auf denen die kapitalistische Zirkulation ruht und die von derselben ausgebeutet werden, verfehlt man das Kernelement einer jeden Ideologie. Es hilft nicht, so Žižek, nachzuweisen, dass die kapitalistische Ideologie eine falsche Repräsentation der sozialen Realität ist, da dabei übersehen wird, dass diese Ideologie die Struktur des materiellen sozialen Prozesses bestimmt (vgl.: Žižek 2009a: 11) und damit eben gerade nicht eine falsche Repräsentation der gesellschaftliche Realität ist, sondern konstitutives Element derselben. Mit anderen Worten, wie bereits anhand der Ausführungen zu Lacans Begriff des Phantasmas deutlich wurde: Es gibt keine vor-ideologische oder ideologiefreie soziale Realität, die durch eine ideologische Formation nachträglich entstellt oder verzerrt würde.

„Die höchste Form der Ideologie", so Žižek, hat demnach wenig damit zu tun, zu vergessen, dass jede Ideologie ihren Grund in echten Menschen und deren Beziehungen hat, sondern Ideologie in Reinform findet sich gerade dort, wo versucht wird, „direkt die wirklichen Menschen mit ihren wirklichen Problemen" (Žižek 2009a: 12) zu erreichen, und dabei das Reale der Ideologie übersehen wird.[34]

Die Objektivität der systemischen Gewalt des Kapitalismus wird für Žižek deutlich, wenn es um Verantwortungsfragen geht. Die Frage, wer für die Verbrechen des Kommunismus verantwortlich ist, lässt sich relativ direkt mit Verweisen auf bestimmte, falsch handelnde Personen und die totalitäre kommunistische Ideologie beantworten. Die Frage nach der Verantwortung für die Millionen Toten, welche die kapitalistische Globalisierung gefordert hat, lässt sich dagegen nicht so leicht beantworten. Die Globalisierung wird als objektiver Prozess wahrgenommen, der von niemandem geplant wird, und für den folglich niemand verantwortlich zu machen ist. Es gibt kein kapitalistisches Manifest: Der Kapitalismus wird als naturwüchsige Wirtschaftsform wahrgenommen.[35]

Die Rede von einem nachideologischen Zeitalter versteht Žižek selbst als Ideologie. Im Allgemeinen werde Ideologie definiert als etwas, das von der bestehenden gesellschaftlichen Norm abweicht. Mit Vorliebe unter Ideologieverdacht gestellt werden religiöse Fundamentalismen und klare politische Positionen. Die Norm, die definiert, was abweichend ist, wird dabei als neutral wahrgenommen. Dieser spontan als neutral wahrgenommene Hintergrund ist Žižek zufolge aber Ideologie in ihrer reinsten Form (vgl. Žižek 2009a: 31). Für die Gewaltanalyse ist diese Erkenntnis von Relevanz: Die subjektive Gewalt wird, wie angeführt, nur sichtbar in ihrer Differenz zur objektiven strukturellen Gewalt, die jedoch nicht als Gewalt wahrgenommen wird, sondern als neutraler Hintergrund.

In seinem Buch *Violence* (Žižek 2009a) geht Žižek unter anderem der Frage nach, warum die Anti-Globalisierungsbewegung an Kraft verloren hat und charakterisiert im Zuge dessen den Typus des „liberalen Kommunisten" als einen der Hauptschuldigen.

---

[34] Ein Beispiel Žižeks ist die Londoner Börse. Besucher der Börse erhalten ein Informationsblatt, das Auskunft darüber gibt, dass es auf dem Börsenparkett nicht um irgendwelche mysteriösen Kapitalbewegungen gehe, sondern um wirkliche Menschen und ihre Produkte. Genau das ist für Žižek Ideologie in ihrer reinsten Form (vgl. Žižek 2009a: 12).

[35] Marx hat die objektive Form der Gewalt, wie sie im Kapitalismus vorkommt, gerade in dem Wechsel vom Subjekt zum Objekt gesehen: „Der Kapitalist funktioniert nur als personifiziertes Kapital […] wie der Arbeiter nur als personifizierte Arbeit" (Marx 1970: 17).

Dass die Anti-Globalisierungsbewegung an Kraft verliert, hängt Žižek zufolge mit der veränderten öffentlichen Wahrnehmung der Hauptakteure der Globalisierung wie Bill Gates, George Soros, den Geschäftsführern von Google, IBM, Intel etc. zusammen. Diese von Žižek als solche bezeichneten „liberalen Kommunisten" vertreten die Ansicht, dass es möglich sei, beides zu haben: kapitalistischen Profit *und* soziale Verantwortung. Es sei ihnen gelungen, die antikapitalistische Kritik zu vereinnahmen und zu entmächtigen. Indem sie sich gegen zentralisierte Bürokratie, gegen hierarchische Autorität, gegen Routine und gegen überkommene Formen der industriellen Produktion wenden und stattdessen für Dynamik, Kooperation, Kultur und Wissen, Spontaneität und Selbstschöpfung eintreten (vgl. Žižek 2009a: 14), suggerieren sie, dass Markt und Verantwortung sich nicht wechselseitig ausschließen – beides soll möglich sein. Žižek beschreibt in Anschluss an Olivier Malnuit die zehn Gebote der liberalen Kommunisten wie folgt:

1. Anstatt etwas zu verkaufen, gib es umsonst ab (freier Zugang, kein Copyright etc.) und verdiene stattdessen an den Dienstleistungen um die Produkte herum.
2. Verändere die Welt, verkaufe nicht nur Waren, sondern tritt für die globale Revolution ein. Eine Veränderung der Gesellschaft zum Besseren ist möglich.
3. Sei mitfühlend und sozial verantwortlich.
4. Sei kreativ: Design, neue Technologien und Wissenschaften stehen im Zentrum.
5. Es soll keine Geheimnisse geben; Transparenz und freier Informationsfluss ermöglichen die Zusammenarbeit und Interaktion der gesamten Menschheit.
6. Kommuniziere statt zu arbeiten.
7. Bilde dich fort.
8. Arbeite nicht nur für den Markt, sondern stoße neue Formen der sozialen Zusammenarbeit an.
9. Stirb arm. Gib dein Vermögen denjenigen, die es nötig haben, denn du hast mehr als du jemals ausgeben kannst.
10. Der Staat und die Unternehmen sind keine Gegner, sondern Partner (vgl. Žižek 2009a: 16f.).

Diejenigen, die sich gegen subjektive Gewaltausbrüche stark machen, also beispielsweise die angeführten „liberalen Kommunisten", gehören zu den Vertretern der strukturalen Gewalt, die genau die Umstände für den Ausbruch subjektiver Gewalt schafft. Deswegen sind aus Žižeks Perspektive die liberalen Kommunisten der Feind jedes progressiven Kampfes. Das konkrete Aufkommen von Fundamentalisten, Terroristen, korrupten Beamten usf. hängt von den jeweiligen lokalen Umständen ab, die Gewalt des Systems selbst haben aber die liberalen Kommunisten zu verantworten. Gerade weil sie, so Žižek, die Fehler des kapitalistischen Systems überwinden wollen, um zu einem reibungsfreien Kapitalismus zu gelangen, sind sie selbst die Verkörperung dessen, was grundlegd falsch am Kapitalismus ist (vgl. Žižek 2009a: 32): Sie bekämpfen das, was sie selbst in die Welt gebracht haben. Žižeks Position changiert hier, da er einerseits festhält, dass die systemische Gewalt im Kapitalismus sich gerade nicht Personen zuordnen lässt, die man zur Verantwortung ziehen könnte, andererseits sieht er die liberalen Kommunisten in der Verantwortung.

Die liberalen Kommunisten geben sich, so Žižek, undogmatisch und pragmatisch; es geht ihnen darum, konkrete Probleme wie den Hunger in Afrika, religiöse Gewalt, das Elend der muslimischen Frauen usw. anzugehen. Wie Žižek zynisch anmerkt, lieben die liberalen Kommunisten humanitäre Katastrophen, da diese es ihnen ermöglichen, zu zeigen, wie verantwortlich sie doch sind. Ihr Credo: Anstatt den Kapitalismus und den Imperialismus zu kritisieren, sollten wir alle zusammenarbeiten, nicht auf Staatshilfen warten, sondern die Probleme unideologisch, kreativ und unkonventionell angehen. Die liberalen Kommunisten sorgen sich um die Welt, sie sind gegen politischen Populismus und gegen unverantwortliche kapitalistische Ausbeutung. Armut und Hoffnungslosigkeit sehen sie als die eigentliche Ursache heutiger Probleme an, und ihre Aufgabe ist es nicht, einfach Geld zu verdienen, sondern die Welt in einen besseren Ort zu verwandeln und dabei noch zu verdienen. Offensichtlich ist hierbei natürlich, dass man, wenn man geben will, vorher nehmen muss beziehungsweise, wie es die liberalen Kommunisten nennen würden: man muss Wohlstand schaffen. Ein gutes Beispiel hierfür ist der mexikanische Milliardär Carlos Slim, der 2009 erstmalig die Forbesliste der reichsten Menschen der Welt anführt. Slim spendet in großem Umfang und gilt als Wohltäter. Auf Kritiker, die ihm vorwarfen, er gebe der Gesellschaft nur einen minimalen Anteil dessen wieder, was er ihr vorher genommen habe, reagierte er mit dem Hinweis: Reichtum „ist doch wie ein Obstgarten. Du teilst einige Früchte, aber nicht den Garten" (zitiert nach Castritius 2010).

Wirklich neu ist das nicht, wie Žižek anmerkt; gerade in den USA gehören traditionell brutalste Ausbeutung und Wohltätigkeit zusammen. Bill Gates kämpft auf der einen Seite mit allen Mitteln um die Aufrechterhaltung der Monopolstellung von Microsoft, auf der anderen Seite stellt er die Frage, was es denn nütze, Computer zu besitzen, wenn andere nicht einmal genug zu essen haben. Dem erbarmungslosen Profitstreben wird so ein menschliches Gesicht verliehen: Wer erfolgreich am Markt ist, gibt Teile seines Profits in Form von Wohltätigkeit an die Gesellschaft zurück (vgl. Žižek 2009a: 19). Die Wohltätigkeit ist damit aber kein Selbstzweck, sondern sie dient letztlich der Legitimation des Kapitalismus. Wohltätigkeit ist, um mit Boltanski und Chiapello zu sprechen, eine wichtige Komponente des neuen Geists des Kapitalismus. Ohne eine ideologische Verbrämung, rein als kapital-akkumulierender Prozess, kann der Kapitalismus nicht funktionieren.

Ein weiteres Feld der strukturellen Gewalt ist die Gewalt, die von der Sprache selbst ausgeübt wird. Žižek geht es dabei weniger um *Hate-Speech*, um verletzende Rede, also den explizit gewaltsamen Gebrauch von Sprache, sondern um die Gewalt, die prinzipiell von jedem Sprechen ausgeübt wird. Er wendet sich gegen die Vorstellung, dass Sprache ein prinzipiell herrschaftsfreies Medium sei, das lediglich für gewalttätige Zwecke missbraucht werde (vgl. Žižek 2009a: 52f.): Jede sprachliche Benennung reißt den benannten Gegenstand aus seinem Kontext, richtet ihn zu, reduziert ihn auf einzelne Eigenschaften; jede Gesprächssituation ist asymmetrisch. Žižek schließt hier an Lacan an: Dieser sieht in der Kommunikation nicht die Verwirklichung gleichberechtigter Intersubjektivität, vielmehr schreibt sich in jeden Diskurs ein irrationales Moment ein, der Herrensignifikant, der das Feld des Sagbaren bestimmt und welcher sich jedem Versuch der rationalen Begründung entzieht. Entscheidend ist, dass dies für Žižek und Lacan prinzipiell für jede kommunikative Situation gilt. Irgendwann, wenn man nur tief genug gräbt, stößt man auf eine Art Stoppschild, kommt man an einen Punkt, wo der Diskurs abbricht, ein Punkt, an dem die Frage „Weshalb?" mit „Deshalb! Weil ich es sage" beantwortet werden muss. Als Gewalt in der Sprache wird das wahrgenommen, was die Grenzen des Diskurses überschreitet. Die höchste Form der Gewalt ist aber auch hier gerade diejenige Gewalt, die die Grenzen aufgerichtet hat und nun unsichtbar als neutraler Hintergrund funktioniert, vor dem Abweichungen überhaupt erst sichtbar werden.

Seine Gewalttheorie erlaubt es Žižek, Phänomene wie die Aufstände in den Pariser Vorstädten von 2005 zu analysieren. Diese wurden als außergewöhnlich bedrohlich wahrgenommen, weil mit ihnen amerikanische Verhältnisse, wie diejenigen nach der durch den Hurrikan Katrina ausgelösten Überflutung New Orleans, in Europa Einzug zu halten schienen. Wurden die Verhältnisse in New Orleans häufig als Produkt des amerikanischen neoliberalen Wirtschaftssystems betrachtet, das die Solidarität zwischen den Bürgern unterhöhle und die in solcher Form im wohlfahrtsstaatlich organisierten Europa nicht möglich sei, so konnten die amerikanischen Neoliberalen nun darauf verweisen, dass der staatliche Interventionismus auch nicht besser sei, da er es den Immigranten in Frankreich unmöglich machte, zu wirtschaftlichem Erfolg und damit zu Anerkennung zu gelangen (vgl. Žižek 2009a: 63). Von größerer Bedeutung sei jedoch, dass die Aufständischen keinerlei konkrete Forderungen formulierten. Die Aufstände besaßen keine utopische Dimension wie beispielsweise die Aufstände im Mai 1968. Das einzige Ziel der Aufständischen war es, so Žižek, wahrgenommen zu werden, sichtbar zu sein. Versuche, die Proteste rational zu erklären (mangelnde Integration, zu wenig Arbeitsplätze etc.) gehen fehl, da sie gerade die Programmlosigkeit der Proteste übersehen, die an der Tatsache sichtbar wird, dass von den Folgen der Proteste die Protestierenden selbst am stärksten betroffen waren. Es brannten nicht die reichen Nachbarviertel, nicht die Autos und Schulen derjenigen, die man als Nutznießer des Systems bezeichnen könnte, sondern die Protestierenden zerstörten noch das Wenige, was sie selbst besaßen. Warum? „Was für eine Art von Universum ist es, das wir bewohnen, das sich selbst als eine Gesellschaft der Wahlmöglichkeiten feiert, in dem aber die einzige verfügbare Alternative zu dem erzwungenen demokratischen Konsens ein blindes Acting-Out ist? Der traurige Umstand, dass sich Widerstand gegen das System nicht in Gestalt einer realistischen Alternative oder zumindest einem sinnvollen utopischen Projekt artikulieren kann, sondern nur in der Form eines bedeutungslosen Ausbruchs, ist eine besorgniserregende Veranschaulichung unserer misslichen Lage. Wozu dient unsere gefeierte Wahlfreiheit, wenn die einzige Wahl die zwischen Regelbefolgung und (selbst-)zerstörerischer Gewalt ist?" (Žižek 2009a: 64) Falsch sei es zu versuchen, nach einer tieferen Bedeutung dieses gewalttätigen Acting-Outs zu suchen. Ein Acting-Out, eine *passage à l'acte* (Übergang zur Tat) im lacanschen Sinne, lässt sich nicht versprachlichen, es handelt sich um sprachlose Frustration, die für die Unmöglichkeit steht, die eigene Situation in einem sinnvollen Ganzen zu verorten. Letztendlich, so Žižek, ging es bei den Aufständen nur darum, sichtbar zu werden: Wir sind hier, egal wie sehr Ihr vorgebt, uns nicht zu sehen (vgl. ebd.). Die Protestierenden, und das würde meist übersehen, hätten keinen speziellen Status beansprucht. Die Proteste waren nicht religiös oder ethnisch inspiriert; was die Protestierenden wollten, war die Anerkennung als französische *Bürger*. Es sei deswegen völlig falsch, die Proteste als Aufstand gegen den Universalismus des französischen Republikanismus, als Kampf um Anerkennung der eigenen ethnischen und religiösen Wurzeln zu betrachten; die Proteste hätten vielmehr deutlich gemacht, dass die Protestierenden aus dieser Allgemeinheit ausgeschlossen sind. Sie sind der Teil-ohne-Anteil. Die Aufständischen, so Žižek, boten keine Lösung an, sondern ihr Ziel war einzig und allein, ein Problem zu schaffen, das sich nicht weiter ignorieren ließ: „Darum war die Gewalt notwendig. Hätten sie einen nicht gewalttätigen Marsch organisiert, wäre alles, was sie bekommen hätten, ein kleiner Hinweis am Ende einer Seite." (Žižek 2009a: 66)

Ein solcher Ausbruch von Gewalt ist natürlich letztlich impotent, er verweist aber auf ein Problem, das im bestehenden Rahmen nicht gelöst werden kann, und stellt damit das gesamte System in Frage. Es geht nicht um Probleme innerhalb des Systems, sondern das System selbst ist das Problem. Die Protestierenden sind nicht nur mangelhaft integriert, sondern ihre Integration in das bestehende System ist unmöglich. Das französische Integrationsmodell basiert Žižek zufolge auf einer implizit rassistischen und ausschließenden Normativität, auf der Trennung zwischen französischen Bürgern und „Eingeborenen", die noch zu „primitiv" sind, um vollwertige Bürger zu sein (vgl. Žižek 2009a: 66). Im Verlangen danach, anerkannt zu werden, drückt sich gleichzeitig die Ablehnung des bestehenden Anerkennungsrahmens aus. Was die Protestierenden verlangen, ist eine neue Ordnung, in der sie sichtbar sind, in der sie einen Ort besitzen, in dem für sie überhaupt die Möglichkeit besteht, anerkannt zu werden.

Žižeks grundlegende These auf den Punkt gebracht lautet: Scheinbar sinnlose Gewalt taucht häufig dort auf, wo ein bestehendes System als Ganzes in Frage gestellt wird. Subjektive Gewaltakte sind das Produkt der vom System ausgeübten objektiven Gewalt. Subjektive Gewalt dient dem Ausdruck von etwas, das sich innerhalb der bestehenden Ordnung nicht artikulieren lässt, da diese bestimmt, was sagbar ist und was nicht.

In Verbindung mit der subjektiven Gewalt steht eine dritte Gewaltform, die göttliche Gewalt. Diese Form der Gewalt wird von Žižek als eine weitere Form der Negation konzeptionalisiert und besitzt eine wichtige politische Funktion.

Göttliche Gewalt

Im Anschluss an Walter Benjamins *Kritik der Gewalt* (Benjamin 1991) identifiziert Žižek eine weitere Form der Gewalt: „Die göttliche Gewalt, welche Insignium und Siegel, niemals Mittel heiliger Vollstreckung ist, mag die waltende heißen." (Benjamin 1991: 203) In der englischsprachigen Ausgabe von Benjamins Schriften, auf die sich Žižek bezieht, wird „waltende" Gewalt sinngemäß übersetzt mit „,sovereign' violence", souveräne (unabhängige) Gewalt. Diese Form der Gewalt ist weder mythische (rechtsetzende) Gewalt, noch rechterhaltende Gewalt, sondern sie steht für die Aussetzung des Bestehenden. „Ist die mythische Gewalt rechtsetzend, so die göttliche rechtsvernichtend, setzt jene Grenzen, so vernichtet diese grenzenlos, ist die mythische verschuldend und sühnend zugleich, so die göttliche entsühnend, ist jene drohend, so diese schlagend, jene blutig, so diese auf unblutige Weise letal." (Benjamin 1991: 199). Weiter schreibt Benjamin: „Ist aber der Gewalt auch jenseits des Rechtes ihr Bestand als reine unmittelbare gesichert, so ist damit erwiesen, daß und wie auch die revolutionäre Gewalt möglich ist, mit welchem Namen die höchste Manifestation reiner Gewalt durch den Menschen zu belegen ist." (Benjamin 1991: 202) Der Unterschied zwischen der mythischen und der göttlichen Gewalt ist der Status der Opfer. Zwar töte auch die göttliche Gewalt, sie fordere aber nicht wie die mythische Gewalt Opfer, sondern nehme sie an (vgl. Benjamin 1991: 200).

Negativität III: Politik

Žižek charakterisiert die göttliche Gewalt als den Bereich, in dem das Töten weder Ausdruck einer persönlichen Pathologie, noch ein Verbrechen oder dessen Bestrafung ist, noch ein Opfer. Weder sei diese Form der Gewalt ästhetisch, noch ethisch oder religiös. Žižek interpretiert Benjamins Begriff der göttlichen Gewalt psychoanalytisch als Ausdruck des reinen Triebs, des Untoten, des Exzesses des Lebens, des Zu-viel des Triebes (vgl. Žižek 2009a: 168). Die göttliche Gewalt dient keinem Zweck, sie ist Žižek zufolge ein Zeichen für die Ungerechtigkeit der Welt, für eine Welt, die „ethisch ‚aus den Fugen ist'" (Žižek 2009a 169). Göttliche Gewalt hat keine Bedeutung, sie ist ein Zeichen ohne Bedeutung, es wäre falsch, ihr eine tiefere Bedeutung beizulegen.

Ob ein gewalttätiger Akt Ausdruck göttlicher Gewalt ist, lässt sich nicht anhand von objektiven Kriterien bestimmen. „Nicht gleich möglich noch auch gleich dringend ist aber für Menschen die Entscheidung, wann reine Gewalt in einem bestimmten Falle wirklich war. Denn nur die mythische, nicht die göttliche, wird sich als solche mit Gewißheit erkennen lassen" (Benjamin 1991: 202f.). Dieser Punkt ist für Žižek von großer Bedeutung, er verbindet ihn mit der leninistischen *Politik der Wahrheit*: Was für den unbeteiligten Beobachter wie ein bloßer Gewaltausbruch aussieht, kann für die Beteiligten göttliche Gewalt sein; „das Risiko, ihn als göttlich zu interpretieren und anzunehmen, liegt vollständig beim Subjekt selbst" (Žižek 2009a: 169). Die göttliche Gewalt dürfe nicht als strafender Eingriff Gottes verstanden werden; sie steht Žižek zufolge nicht für die Allmacht Gottes, sondern für dessen Ohnmacht. Žižek versteht Gott in diesem Zusammenhang als den lacanschen großen Anderen, als die symbolische Ordnung. Der Unterschied zwischen der göttlichen Gewalt und einer blinden *passage à l'acte* mache sich daran fest, auf welcher Seite die Ohnmacht liegt. Im Falle der *passage à l'acte* liegt sie auf Seiten des Subjekts, im Falle der göttlichen Gewalt auf Seiten der bestehenden Ordnung. Falsch sei es, die göttliche Gewalt als den „verdrängten illegalen Ursprung der legalen Ordnung" zu fassen. Für Žižek ist beispielsweise der jakobinische Terror nicht „der ‚dunkle Ursprung' der bourgeoisen Ordnung im Sinne der heroisch-kriminellen staatsgründenden Gewalt, wie sie von Heidegger gefeiert wird" (Žižek 2009a: 170). Göttliche Gewalt ist weder rechtsetzende (mythische) Gewalt, noch rechterhaltende Gewalt, sie öffnet diesen Gewaltformen überhaupt erst das Feld. Der jakobinische Staatsterror wird von Žižek als Übergang von der göttlichen Gewalt zur mythischen rechtsetzenden Gewalt interpretiert. Der Staatsterror war keine Rache an den Feinden der Revolution, sondern verhinderte „die direkte ‚göttliche' Gewalt der Sansculotten, des Volkes selbst. Mit anderen Worten: Lasst uns tun, was das Volk von uns verlangt, damit das Volk es nicht selbst tut." (Žižek 2009a 171) Diese Geste des „sich als bloßes Instrument des Volkswillens verstehen" habe mit der göttlichen Gewalt nichts mehr zu tun, da sie sich auf den großen

Anderen, in diesem Fall das Volk, bezieht. Die göttliche Gewalt dagegen sei „eine Entscheidung (zu töten, das eigene Leben zu riskieren oder zu verlieren), die in absoluter Einsamkeit getroffen wird" (ebd.). Zwar sei eine solche Entscheidung außermoralisch, aber nicht ‚unmoralisch'; sie „gibt dem Handelnden keine Lizenz zum Töten in einer Art engelhaften Unschuld" (ebd.). Ein Ausbruch göttlicher Gewalt ist ein Akt im Sinne Lacans (vgl. Negativität II).

Žižek scheut sich nicht davor, auch aktuelle Beispiele für göttliche Gewalt zu geben, wie die Gewalt der Bewohner der Elendsviertel von Rio de Janeiro, welche die reichen Viertel stürmten und plünderten. Zwar wirkt dieses Beispiel wenig überzeugend, scheint es sich doch eher um einen ohnmächtigen Gewaltakt gehandelt zu haben; Žižek würde jedoch wahrscheinlich argumentieren, dass in den Gewaltausbrüchen kurzfristig die Ordnung ausgesetzt wurde, dann aber die alte Ordnung restauriert wurde. Letztendlich muss aber jedes Beispiel für göttliche Gewalt diese verfehlen. Göttliche Gewalt im Sinne Žižeks ist subjektive Gewalt, der es gelingt, die objektive Ordnung, das bestehende gesellschaftliche System, zu zerstören.

Die einzige Möglichkeit, zu einer wirklichen gesellschaftlichen Veränderung zu gelangen, ist für Žižek deshalb eine Revolution, eine Umwälzung der (ökonomischen) Grundlagen der Gesellschaft mit allen Gefahren und Risiken (auch der Gefahr, dass das Ergebnis schlimmer sein könnte als die Ausgangslage), die mit einem Systembruch verbunden sind. Es ist für Žižek vollkommen unsinnig, ein unmenschliches System wie den Kapitalismus zu reformieren, da dieser das Übel selbst ist. Hält man am Kapitalismus fest, versucht man ihm ein menschliches Gesicht zu geben, führt dies zur Stabilisierung der kapitalistischen Ordnung. Die reformatorische Logik basiert Žižek zufolge auf einer fetischistischen Verleugnung: Ich weiß zwar, dass der Kapitalismus ein per definitionem ungerechtes System ist und natürlich bin ich deshalb Antikapitalist, aber .... wir können „Tafeln" einrichten, um den Armen ein menschenwürdiges Leben zu ermöglichen ... wir können für einen Mindestlohn eintreten ... wir können Freiräume schaffen ... wir können ... All das ist nicht verwerflich, ist aber auch kein Antikapitalismus, sondern federt lediglich die Exzesse des Systems ab und trägt so zu dessen Fortbestand bei.[36]

---

[36] Vergessen darf man nicht, dass Kapitalismus etwas anderes ist als einfache Geldwirtschaft. Nicht jede Geldwirtschaft ist notwendig kapitalistisch. Geld, nicht Kapital, ist nicht mehr und nicht weniger als ein universelles Tauschmittel, das es erlaubt, unterschiedliche Waren miteinander zu tauschen (Ware – Geld – Ware). Kapital ist dagegen Geld heckendes Geld, es wird eingesetzt, um aus Kapital mehr Kapital zu machen (Geld – Ware – Geld). Dies ist ein Unterschied ums Ganze. Der Zweck des Tauschs ist hier die Kapitalakkumulation und nichts darüber hinaus. Es geht nicht darum, eine Ware gegen Geld zu tauschen, um dieses Geld wiederum gegen eine andere Ware, die man benötigt, zu tauschen, um damit ein Bedürfnis zu befriedigen, sondern Geld wird in Waren umgesetzt, um mehr Geld zu erhalten. Die Kapitalakkumulation ist reiner Selbstzweck. Der große Traum des Kapitalis-

Auch die durchaus wohlgemeinte und tolerante Forderung, die Grenzen der europäischen Länder für Immigranten zu öffnen, verfehlt Žižek zufolge das eigentliche Problem. Nicht nur würden sich gerade die Arbeiter"klassen" der jeweiligen Länder unter anderem aus Angst vor Arbeitsplatzverlusten, dagegen aussprechen, sondern die Forderung „Reißt die Wälle nieder und lasst sie alle rein" richtet sich gegen ein Symptom und nicht gegen die eigentliche Ursache. Bekämpft werden müssten dementsprechend nicht die Mauern, welche die Immigranten an der Einreise hindern, sondern eingerissen werden müsste die sozioökonomische Mauer, welche die Menschen überhaupt dazu zwinge, zu immigrieren; bekämpft werden müsste die Ursache für den Bau der Mauern (vgl. Žižek 2009a: 88).

Gänzlich ohne Kriterium kommt aber auch Žižek nicht aus. Im Anschluss an seine Benjamin-Rekonstruktion geht er weiter auf die Frage ein, was eine echte Revolution ausmache. Notwendig sei die rein axiomatische Voraussetzung der ewigen Idee der Freiheit: Ohne diese Idee sei eine Revolution, mit Robespierre gesprochen, „,nur ein lautes Verbrechen, dass ein anderes Verbrechen zerstört'" (Žižek 2009a: 172). Er zitiert als Beleg für die Unmöglichkeit, objektive Kriterien dafür anzugeben, wann ein Gewaltakt göttlich sei oder nicht, Robespierres letzte Rede vom 8. Thermidor 1794. Überzeugend ist dies, zumindest auf den ersten Blick, nicht unbedingt, da Robespierre gerade in der von Žižek zitierten Passage genauer darauf eingeht, wodurch die revolutionäre Leidenschaft bestimmt ist: Furcht vor der Tyrannei, der Eifer, sich für die Unterdrückten einzusetzen, Vaterlandsliebe und heilige und erhabene Menschheitsliebe (vgl. ebd.). Erkennbar ist dies aber nur für das involvierte Subjekt. Göttliche Gewalt geschieht, so Žižek, aus der Liebe heraus. Liebe in diesem Kontext ist nicht sentimentale Liebe, sondern gnadenlose Liebe (vgl. Žižek 2001d). Žižek paraphrasiert Kant und Robespierre: „Liebe ohne Grausamkeit ist machtlos; Grausamkeit ohne Liebe ist blind" (Žižek 2009a: 173). Die Verbindung von Liebe und Gewalt hebt diese über die natürlichen Grenzen des Menschen, Liebe wird zum unbedingten Trieb. Liebe ist der Bereich der reinen Gewalt, der Gewalt jenseits des Gesetzes. Diese reine Gewalt ist die göttliche Gewalt, die weder das Gesetz begründet, noch zu seiner Aufrechterhaltung dient (vgl. ebd.).

Worum es Žižek in seiner Diskussion der Gewalt, der Revolution, der Liebe etc. geht, ist es, einen Bereich ausfindig zu machen, der es erlaubt, das Beste-

---

mus ist es, die Ware selbst aus der Gleichung zu nehmen und Geld direkt in mehr Geld umzuwandeln beziehungsweise Kapital in mehr Kapital, ohne den störenden Umweg über Waren gehen zu müssen. Konsumenten sind keine Kapitalisten, sie partizipieren zwar am Prozess der Kapitalproduktion, sind letztendlich sogar dessen Träger (Anhängsel), aber solange sie ihre Arbeitskraft auf dem Markt gegen Geld tauschen und dieses Geld dann wieder gegen Waren, die sie mehr oder weniger direkt konsumieren, sind sie keine Kapitalisten.

hende zu überschreiten, es wirklich zu verändern. An dieser Idee, dass eine echte Veränderung möglich sein muss, hält Žižek fest. Dieser Bereich lässt sich nicht bestimmen, da jede positive Bestimmung immer aus der bestehenden Ordnung heraus erfolgt und damit zwangsläufig das verfehlt, worum es geht. Möglich bleibt aber eine grundlegende Veränderung, da kein System vollständig in sich geschlossen ist.

Versuche, Gewalt allgemein als schlecht, als verdammungswürdig zu fassen, werden von Žižek unter Ideologieverdacht gestellt. Ein solcher Umgang mit Gewalt führt letztendlich dazu, dass die relevante Form der Gewalt, die soziale Gewalt, die von der Gesellschaft als solche ausgeübt wird, nicht thematisiert werden kann (vgl. Žižek 2009a: 174). Sie erscheint als die Null-Ebene, als Hintergrund, vor dem die subjektiven Gewaltausbrüche sichtbar werden. Gewalt wird von Žižek selbstverständlich nicht in all ihren Formen gutgeheißen. Nur Gewalt, die in der Lage ist, den Rahmen, in dem das soziale Leben stattfindet, wirksam zu unterminieren, ist „gute" Gewalt. Zwar versteht Žižek subjektive Gewaltausbrüche als berechtigte Reaktionen auf die systemische Gewalt, aber der Großteil dieser Ausbrüche bleibt wirkungslos, es handelt sich um ohnmächtige *passages à l'acte*, denen es gerade nicht gelingt, die bestehende Konstellation zu ändern. Auch organisierte, kollektive Gewaltausbrüche erreichen meist nicht ihr Ziel. Als Beispiel nennt Žižek das Versagen der chinesischen Kulturrevolution. Viel mehr als die Zerstörung alter Kulturmonumente habe sie nicht geleistet, ja Žižek zufolge habe die Revolution sogar der Expansion des Kapitalismus zugearbeitet. Die von Mao propagierte, auf Dauer gestellte Revolution, der Versuch, die staatlichen Strukturen im Fluss zu halten, habe eine ähnliche Struktur, wie sie den Kapitalismus auszeichnet.

Der Erfolg eines Gewaltausbruchs lässt sich nicht an den Verheerungen messen, die er hinterlässt, sondern nur daran, ob es ihm gelingt, die bestehende Ordnung, und das heißt bei Žižek immer auch: die ökonomische Grundlage, auszusetzen. Dem Nationalsozialismus und den stalinistischen Säuberungen gelang dies nicht. Die Wahrnehmung Hitlers, so Žižek, als eines Mannes, der den Willen dazu hatte, Dinge zu verändern, sei deswegen schlicht falsch. Alles Handeln Hitlers fasst Žižek als Pseudoaktivität, die verhindern sollte, dass es wirklich zu einer grundlegenden Veränderung kommt. Die Stilisierung der Juden zum Staatsfeind, der Holocaust mit all seinen Schrecken, ermöglichte es Hitler, den Kampf mit dem wirklichen Feind, der kapitalistischen Ordnung, zu vermeiden. Als Beispiel für eine legitime schreckliche Gewalttat, auch wenn sie „unbegreifliche Leiden" verursachte, nennt Žižek die erzwungene Kollektivierung in Russland Ende der zwanziger Jahre des 20. Jahrhunderts durch Stalin. Legitim war diese Gewalttat, da sie den bestehenden ökonomischen Rahmen zerstörte. Die später, 1936-37, auf die Kollektivierung folgenden großen „Säuberungen" waren, im Gegensatz zu den für Žižek notwendigen „Säuberungen" im Anschluss an die Revolution, wiederum impotente *passages à l'acte* (vgl. Žižek 2009a: 176-178).

Ob eine Handlung gewalttätig ist oder nicht, hängt für Žižek von ihrem Kontext ab. Ein höfliches Lächeln kann manchmal gewalttätiger sein als ein direkter gewalttätiger Akt. Auch die Verweigerung einer Tat kann gewaltsam sein. Žižek definiert Gewalt nicht allein als Gewalt gegen Sachen oder Menschen, sondern als Akt, der die bestehende Ordnung zerstört: „Versteht man unter Gewalt einen radikalen Umsturz der grundlegenden sozialen Beziehungen, dann, verrückt und geschmacklos, wie es klingen mag, ist das Problem mit den historischen Monstern, die Millionen abgeschlachtet haben, dass sie nicht gewalttätig genug waren. Manchmal ist das Gewalttätigste, was man tun kann, nichts zu tun." (Žižek 2009a: 183) Gewalt besitzt zwar keinen Wert an sich, sie ist aber „ein Zeichen für die Authentizität des Revolutionsprozesses". Für Žižek ist „der Traum von der gewaltfreien Revolution [...] exakt der Traum von einer ‚Revolution ohne Revolution' (Robespierre)" (Žižek 2006: 432).

Subversion oder Hysterie? Wider das kantianische Erbe

Der Gewaltbegriff ist, wie der obige Exkurs zeigte, von großer Bedeutung für Žižeks politische Philosophie. Subjektive Gewaltausbrüche sind ein Anzeichen dafür, dass es im Rahmen der Post-Politik nicht mehr möglich ist, die politische Geste zu vollziehen, um die eigene partikulare Position zu verallgemeinern.

Wie kann der Post-Politik entgegengearbeitet werden? Žižeks Antwort überrascht hier, er bezieht sich nämlich positiv auf den Eurozentrismus respektive auf ein grundlegendes „Vermächtnis Europas" (Žižek 2001a: 286)! Die übliche Reaktion der Linken auf eine solche Bezugnahme sei es, wie er schreibt, „Beschuldigungen auf den protofaschistischen eurozentristischen Kulturimperialismus abzufeuern" (ebd.). Diese beinahe reflexhafte Reaktion verhindert jedoch eine Aneignung des politischen Vermächtnisses Europas von links. Žižek sieht als Kern dieses Vermächtnisses die oben beschriebene, von Rancière ausgearbeitete, „einzigartige Geste der politisch-demokratischen Subjektivierung" (ebd.).

Er gibt ein Beispiel aus seiner eigenen politischen Arbeit, um weiter zu verdeutlichen, was er unter dieser Geste versteht: Vier verhafteten Journalisten sollte in Slowenien der Prozess gemacht werden. Žižek schloss sich dem „Komitee zum Schutz der Menschenrechte der vier Angeklagten" an. Dieses Komitee, das scheinbar nur deren Rechte verteidigen wollte, wandelte sich zur „wichtigsten oppositionellen politischen Macht im Lande" (ebd.), ähnlich dem tschechischen Bürgerforum oder dem ostdeutschen Neuen Forum. Besagtes Komitee stellte vier

Forderungen auf, von denen sich drei direkt auf die Angeklagten bezogen (partikulare Forderungen), die vierte Forderung aber „besagte, dass das Komitee den gesamten Hintergrund der Inhaftierung der vier Angeklagten aufklären und daher dazu beitragen wolle, ein Umfeld zu schaffen, in dem solche Inhaftierungen nicht länger möglich wären" (Žižek 2001a: 287). Die partikulare Forderung „Gerechtigkeit für die Angeklagten" fungierte als Verdichtung der allgemeinen Forderung nach der Überwindung des Regimes. Das Regime reagierte entsprechend und unterstellte dem Komitee, dass es ihm gar nicht um die Rechte der Angeklagten gehe, sondern diese zur Erreichung anderer politischer Ziele missbrauche. Ziel des Regimes war es, „den Slogan ‚Gerechtigkeit für die vier Angeklagten!' seiner explosiven allgemeinen Konnotation [zu] berauben und ihn auf seine buchstäbliche Bedeutung [zu] reduzieren, die dann nur eine kleine Rechtsangelegenheit betroffen hätte" (ebd.), ihn mit anderen Worten zu entpolitisieren.

Ohne ein über das Partikulare hinausreichendes Moment, in dem das (allgemeine) Falsche der bestehenden Ordnung Ausdruck findet, gibt es in Žižeks Verständnis keine Politik. Diese Form der politischen Subjektivierung unterscheidet er strikt von der postmodernen Identitätspolitik. Im Zentrum der Identitätspolitik steht die Anerkennung partikularer, das heißt ethnischer oder auch sexueller Lebensstile. Jeder dieser Lebensstile ist etwas Besonderes; er verdient es, anerkannt und geschützt zu werden. Partikulare Lebensstile müssen vor Übergriffen geschützt werden, für jeden gibt es einen festen Platz in der Gesellschaft, und damit wird die soziale Gerechtigkeit garantiert. Das Problem mit einer auf diese Art und Weise garantierten sozialen Gerechtigkeit ist unter anderem – hier greift Žižek ein liberales Argument auf – dass für ihre Durchsetzung ein großer Polizei- resp. Staatsapparat vonnöten ist, der die einzelnen Gruppen identifiziert und definiert, ab wann etwas eine Belästigung ist usw.

„Das postpolitische liberale Establishment erkennt die Kluft zwischen der bloß formalen Gleichheit und ihrer Verwirklichung/Implementierung, die Ausschlusslogik einer ‚falschen' ideologischen Allgemeinheit, nicht nur vollständig an; es bekämpft sie sogar aktiv, indem es sie mit einem ausgedehnten rechtlich-psychologisch-soziologischen Netzwerk von Maßstäben überzieht, das von der Identifizierung spezifischer Probleme jedweder Gruppe oder Untergruppe (es geht nicht allein um Homosexuelle, sondern um afroamerikanische Lesbierinnen, afroamerikanische lesbische Mütter, afroamerikanische arbeitslose lesbische Mütter ...) bis hin zu einer Aufstellung eines ganzen Maßnahmenkatalogs (‚unterstützende Aktivitäten' usw.) reicht, um das Unrecht wiedergutzumachen." (Žižek 2001a: 280) Dieser ausgesprochen tolerante Umgang mit Minderheiten mache es den Betroffenen jedoch unmöglich, ihre eigenen Positionen zu universalisieren (Geste des Politischen) und damit eine Verbindung zwischen der Ungerechtigkeit, die ihnen widerfährt, und dem allgemeinen Falschen der bestehenden Gesellschaftsordnung zu erzeugen. Die einzige Möglichkeit die den Betroffenen bleibt, um die allgemeine Falschheit zu artikulieren, um zu zeigen, „dass ich gerade *nicht* bloß jenes besondere Individuum bin, das einer Reihe von speziellen Ungerechtigkeiten ausgesetzt ist" (Žižek 2001a: 280f.), besteht im scheinbaren Gegenteil, in einem irrationalen Ausbruch von Gewalt.

Žižek bezieht sich hier in seiner Argumentation direkt auf die weiter oben angeführte Theorie des Allgemeinen, wie sie Hegel entwickelt hat. Problematisch an diesen gewalttätigen Akten ist für Žižek, wie schon deutlich wurde, weniger die Gewalt selbst, sondern die mit ihr verbundene Ohnmacht. In den subjektiven Gewalttaten artikuliere sich zwar die Falschheit des Ganzen, aber die Form der Artikulation mache diese ohnmächtig. Will man diesen gewalttätigen Exzessen begegnen, müsse man danach fragen, was aus der alles einbeziehenden toleranten Logik der Post-Politik ausgeschlossen bleibt, und wie man diesen Ausschluss mittels der politischen Geste zum Ausdruck bringen kann. Die politische Geste erhöht, wie bereits ausgeführt, eine partikulare Position zum Ausdruck der Falschheit des Ganzen. Eine bestimmte Sachfrage, ein konkretes Anliegen („Gerechtigkeit für die Inhaftierten"), steht stellvertretend für das, was am bestehenden System im Allgemeinen falsch ist.[37] Die Post-Politik verhindert genau diese Geste, sie „mobilisiert den ganzen Apparat von Experten, Sozialarbeitern usw., um die Gesamtforderung einer partikularen Gruppe genau auf eben diese Forderung mit ihrem bloß besonderen Inhalt zu reduzieren" (Žižek 2001a: 281).

Žižek kritisiert nicht nur die postmoderne liberale Identitätspolitik, sondern auch die Gegenbewegung, die die mangelnde Substanzialität des Lebens in der Postmoderne beklagt und darauf mit einer „Vielzahl von leidenschaftlichen und oftmals gewalttätigen Rückbesinnungen auf ‚Wurzeln'" (Žižek 2001a: 288) reagiert. Was dabei übersehen werde, ist, dass diese Rückbesinnungen auf die „Wurzeln" sich wiederum hervorragend in den globalen Rahmen des Kapitalismus einfügen. Im Anschluss an Deleuze betont Žižek, dass die „kapitalistische ‚Deterritorialisierung' immer von einer wiederauftauchenden ‚Reterritorialisie-

---

[37] Wird eine partikulare Forderung vom bestehenden System anerkannt, so kann das dazu führen, dass diejenigen, die diese Forderung stellten, sich betrogen fühlen, da durch die Erfüllung der partikularen Forderung der Verweis auf das Allgemeine, auf die eigentliche Forderung, verloren geht. Ein weiteres Problem, dem sich Protestbewegungen heute gegenübersehen, ist der Mangel an Gegnern. Die Studentenproteste 1997 und 2009 haben beispielsweise Ansprüche artikuliert, die zwar beinahe in der gesamten Gesellschaft auf Akzeptanz stießen, aber, da sie den bestehenden Rahmen nicht in Frage stellten, immer und ausschließlich mit Sachzwangsargumenten gekontert wurden: Wir würden ja gerne, aber es fehlt das Geld. Die Forderungen blieben partikular, sie wurden nur dort zur Politik, wo sie „ideologisch" wurden. Ein Beispiel hierfür war das Transparent „Der einzige Sachzwang ist der Kapitalismus". Abgesehen von solchen Ausnahmen, die in der Studierendenschaft oft auf wenig Gegenliebe trafen, sind die studentischen Proteste politisch völlig irrelevant und absolut systemkonform gewesen. Das heißt nicht, dass sie nicht Schlimmeres verhindert hätten, sie haben es aber niemals geschafft, den Rahmen des Bestehenden zu überschreiten.

rung' begleitet wird" (Žižek 2001a: 289). Auf den ersten Blick scheinen die postmoderne Identitätspolitik und der Fundamentalismus direkt entgegengesetzt zu sein. Die fundamentalistische Identität wird durch den Ausschluss der jeweils Anderen erzeugt, während die postmoderne Identität, „auf tolerante Koexistenz von beständig in Wandlung begriffenen, ‚hybriden' *Lifestyle*-Gruppen setzt" (ebd.). Kern der postmodernen Identität ist das Recht auf den eigenen Lebensstil, auf die Anerkennung der eigenen Kultur. Das einzige, was diese Gruppierungen verbindet, ist der Kapitalismus, der „die spezifischen Forderungen jeder Gruppe und Untergruppe zu befriedigen" (Žižek 2001a: 290) weiß. Für Žižek ist der Unterschied zwischen Fundamentalismus und multikultureller Identitätspolitik ein rein formaler. Der Unterschied liegt in der Perspektive, „von der aus ein Beobachter eine Bewegung zur Verteidigung einer Gruppenidentität betrachtet" (ebd.). Die Diagnose, die Žižek stellt, ist düster; er sieht die westliche Welt oszillieren zwischen der Scylla des Nicht-Ereignisses, „des reibungslosen Ablaufs der liberaldemokratischen, kapitalistisch globalen *New World Order*" und der Charybdis der „fundamentalistischen Ereignisse (dem Auftreten lokaler Protofaschismen usw.)" (Žižek 2001a: 291). Den einzigen Weg, diesen Kreislauf der ‚Globalisierung-mit-Partikularisierung' zu durchbrechen, sieht er darin, „die Dimension des Allgemeinen *wider* die kapitalistische Globalisierung (wieder) geltend" (ebd.) zu machen.

Eine authentische linke Position zeichnet sich dadurch aus, dass sie engagiert Stellung bezieht. Engagierte Stellungnahme darf Žižek zufolge nicht mit Populismus gleichgesetzt werden. Der Populismus hat dem globalen Kapitalismus nichts entgegenzusetzen, er funktioniert im selben Rahmen wie der Multikulturalismus. Weder die zeitgenössische Linke, noch der Populismus können eine überzeugende Antwort auf die Frage: „*Wie ist es unter den derzeitigen Bedingungen der Globalisierung möglich, den politischen Raum neu zu erfinden?*" (Žižek 2001a: 308) geben.

Die einzige mögliche Antwort auf diese Frage sieht Žižek in der „Außerkraftsetzung des Gesetzes von links". Žižek unterscheidet zwischen einer Außerkraftsetzung des Gesetzes von links oder rechts. Die politische Rechte legitimiert die Außerkraftsetzung des Gesetzes zumeist mit einem höheren nationalen Interesse: „Sie stellt ihren Gesetzesbruch als schmerzvolles Selbstopfer zum Wohle der Nation dar" (Žižek 2001a: 308). Ein Beispiel hierfür ist die bereits angeführte Dreyfus-Affäre (vgl. Negativität I). Um die linke Aussetzung des Gesetzes zu charakterisieren, führt Žižek zwei Filmbeispiele an: *Under Fire* und *Watch on the Rhine*. In *Under Fire* stellt sich einem amerikanischen Fotoreporter ein schwerwiegendes ethisches Problem. Der Film spielt während der Revolution in Nicaragua. Die Revolutionäre haben bereits beinahe gesiegt, als Anhänger Somozas einen charismatischen Führer der Sandinisten töten. Die Sandinisten bitten den Fotoreporter darum, ein Foto ihres toten Führers zu fälschen, um der Revolution trotzdem noch zu einem schnellen Sieg zu verhelfen. Der Reporter ist zwischen den Ansprüchen seiner Berufsethik und der Versuchung, mittels der Fälschung weiteres Leiden und Blutvergießen vermeiden zu können, gefangen. Der Fotoreporter wählt die „linke Option" und fälscht das Foto. In *Watch on the Rhine* flüchtet eine Frau mit ihrem Mann, einem Widerstandskämpfer, und ihren Kindern in die USA zur Familie ihrer Mutter. Ein rechter Bekannter der Familie erpresst die Emigranten und gefährdet, da er Kontakte zur Deutschen Botschaft hat, auch die Mitglieder des Widerstands in Deutschland. Der Widerstandskämpfer tötet den Mann und bringt damit die Familie seiner Frau in eine ethische Zwangslage: „Es ist nun vorbei mit ihrer leeren moralisierenden Solidarität mit den Opfern der Nazis; sie müssen jetzt tatsächlich für eine Seite Stellung beziehen und sich die Hände schmutzig machen, indem sie den Mord vertuschen ... Auch hier entscheidet sich die Familie für die ‚linke' Option. ‚Links' wird dabei durch die Bereitschaft definiert, den abstrakten moralischen Rahmen außer Kraft zu setzen oder, um es mit Kierkegaard zu sagen, eine Art *politische Außerkraftsetzung des Ethischen* zu leisten." (Žižek 2001a: 309f.) Eine linke Position zeichnet sich nicht nur dadurch aus, dass sie bereit ist, die unparteiische liberale Neutralität zu stören, sondern dadurch, dass sie überhaupt die Möglichkeit einer neutralen Position bestreitet. Auch die scheinbar neutrale Stellung des Liberalen ist immer eine parteiische.

Die Außerkraftsetzung des Gesetzes, egal ob von rechts oder links, ist aus liberaler Sicht notwendigerweise eine totalitäre Bedrohung der Rechtsstaatlichkeit (vgl. Žižek 2001a: 310). Žižek sieht dagegen sehr wohl einen Unterschied zwischen der Strategie der Rechten und der Linken, und zwar genau in ihrem Verhältnis zum Allgemeinen. Die Rechte legitimiert die Außerkraftsetzung antiuniversalistisch „unter Bezugnahme auf ihre partikulare (religiöse, patriotische) Identität, die über jede allgemeine Moral oder irgendwelche rechtlichen Standards hinausgeht", die Linke bezieht sich dagegen, so Žižek, auf „die zukünftige wahre Allgemeinheit" (ebd.). Das heißt, dass sich Vertreter einer authentischen linken Position im Klaren darüber sind, dass es keine Neutralität gibt; trotzdem bleiben sie universalistisch und sprechen im Namen eines universalen Emanzipationsanspruchs. Allgemeinheit lässt sich nur verwirklichen, indem man Position bezieht. Das heißt aber nicht, eine beliebige Position auszuzeichnen und auf deren Gültigkeit zu beharren, wie es die Rechte tut; das ausgezeichnete Element muss vielmehr, wie bereits ausgeführt, für die Falschheit des Ganzen einstehen: Man identifiziert sich mit einem Besonderen, das im Bestehenden keinen Platz hat, dem Teil-ohne-Anteil, den Ausgeschlossenen (beispielsweise illegale Einwanderer, Obdachlose) und stellt damit die bestehende Ordnung in Frage.

Žižek macht darauf aufmerksam, dass man dieses Vorgehen nicht mit der klassischen Ideologiekritik verwechseln darf. Es geht nicht darum, aufzuzeigen, dass beispielsweise die Menschenrechte nicht neutral sind (Subjekt der Menschrechte sind weiße Mitglieder der Mittel- und Oberschicht), sondern man macht „auf pathetische Weise den *Punkt der inhärenten Ausnahme/des inhärenten Ausschlusses, das ‚Verworfene', der konkreten positiven Ordnung als den einzigen Punkt wahrer Allgemeinheit geltend* (und identifiziert sich mit ihm)" (Žižek 2001a: 311). Man kann zwar mittels des oben skizzierten ideologiekritischen Verfahrens aufzeigen, dass gesellschaftliche Unterschiede asymmetrisch sind, dass eine Unterscheidung immer eine Seite bevorzugt – dass beispielsweise die Aufteilung einer Bevölkerung in Vollbürger und Gastarbeiter die letzteren ausschließt –, aber diese Erkenntnis unterläuft nicht die bestehende Ordnung. Die Aufgabe ist nicht, die Ausgeschlossenen *zu* identifizieren und ihnen einen Opferstatus zu verleihen, sondern sich *mit ihnen zu* identifizieren; „*das Allgemeine mit dem Punkt des Ausschlusses zu identifizieren* – in unserem Fall also zu sagen: ‚Wir sind alle Gastarbeiter!'" (ebd.).

Die Ausgeschlossenen müssen weder eine Mehrheit (wie im Falle des griechischen *Demos*), noch eine Minderheit darstellen, noch müssen sie sich notwendig am unteren Ende der sozialen Stufenleiter befinden. Ihre Besonderheit liegt darin, dass sie innerhalb der Ordnung überhaupt keinen Platz haben, dass sie eine Verkörperung des allgemeinen gesellschaftlichen Widerspruchs sind. Im Falle des griechischen *Demos* drückt sich das darin aus, dass sie zwar als Gleiche angesprochen wurden (als Mitglieder des *Logos*), aber nur, damit man ihnen mitteilen konnte, dass sie nicht dazugehören. Marx zeichnet das Proletariat laut Žižek nicht deshalb aus, weil es diejenige Klasse ist, die am intensivsten ausgebeutet wird, „sondern weil deren bloße Existenz ein ‚lebendiger Widerspruch' ist, das heißt, weil es die grundsätzliche Schieflage und Inkonsistenz des kapitalistischen gesellschaftlichen Ganzen verkörpert" (Žižek 2001a: 312). Diese Verkörperung muss aber aktualisiert werden, sprich: Das Proletariat muss sich selbst als diesen Ausschluss begreifen. Dass es objektiv ausgeschlossen ist, stellt für die bestehende Ordnung keinerlei Herausforderung dar; erst wenn das Proletariat diesen Ausschluss subjektiviert, wenn es anfängt, sich als Teil-ohne-Anteil zu verstehen, der für das Ganze steht, wird es zu einer Bedrohung.

Ein weiteres Beispiel, welches auch deutlich macht, dass Žižek durchaus die Forderungen mancher Identitätspolitiken unterstützt, ist die Queerbewegung (queer = abwertende Bezeichnung für Homosexuelle, die von den so Bezeichneten umgewertet, in eine positive Bestimmung gewandelt wurde). Der Queerbewegung geht es nicht nur um die Anerkennung verschiedener Sexualitäten und Lebensstile, sondern um die Veränderung der bestehenden Ordnung. Als „aus den Fugen Geratene" können sie für die Dimension des Allgemeinen einstehen.

Žižek folgt Judith Butlers Argumentation in *Merely Cultural* (Butler 1998): Entscheidend ist hierbei, dass die „gesellschaftliche Form der geschlechtlichen Reproduktion [...] alles andere als ‚bloß kulturell'" ist, sondern „im Zentrum der gesellschaftlichen Produktionsverhältnisse" steht. Die „heterosexuelle Kernfamilie ist Schlüsselkomponente und -bedingung für die kapitalistischen Eigentums-, Tausch- und sonstigen Verhältnisse" (Žižek 2001a: 314). Die Kritik an der heterosexuellen Kernfamilie stellt deswegen eine potentielle Bedrohung der kapitalistischen Produktionsordnung dar. Žižek unterstützt auf der einen Seite die *queere* Politik, eben weil sie das Potential zu gesellschaftlicher Umwälzung besitzt, auf der anderen Seite geht er jedoch davon aus, „dass das heutige kapitalistische System im Verlauf der derzeit stattfindenden Transformation zu einem ‚postpolitischen' toleranten multikulturalistischen Regime in der Lage ist, *queere* Forderungen zu neutralisieren, das heißt, sie als eine spezifische ‚Lebensform' zu absorbieren" (ebd.).

Diese Fähigkeit des Kapitalismus, Kritik zu absorbieren, ja, durch Kritik sogar stärker zu werden, ist ein bekanntes, wenn auch meist unterschätztes Problem. Boltanski und Chiapello, die in ihrem Buch *Der neue Geist des Kapitalismus* (Boltanski/Chiapello 2003) die unterschiedlichen Legitimationsstrategien des Kapitalismus anhand von Managementliteratur rekonstruieren, weisen nach, dass viele Ideen, die heute in der Unternehmensführung relevant sind, oftmals „der linken Szene und vor allem der Arbeiterselbstverwaltungsbewegung" entstammen. Sie schreiben:

„So sind z.B. die Eigenschaften, die in diesem neuen Geist eine Erfolgsgarantie darstellen – Autonomie, Spontaneität, Mobilität, Disponibilität, Kreativität, Plurikompetenz (im Unterschied zu der beengten Spezialisierung der älteren Arbeitsteilung), die Fähigkeit, Netzwerke zu bilden und auf andere zuzugehen, die Offenheit gegenüber Anderem und Neuem, die visionäre Gabe, das Gespür für Unterschiede, die Rücksichtnahme auf die je eigene Geschichte und die Akzeptanz der verschiedenartigen Erfahrungen, die Neigung zum Informellen und das Streben nach zwischenmenschlichem Kontakt –, direkt der Ideenwelt der 68er entliehen. Diese Themen, die in den Texten der 68er-Bewegung mit einer radikalen Kritik am Kapitalismus (insbesondere an der Ausbeutung) und mit der Verkündung seines bevorstehenden Endes verbunden werden, verselbständigen sich gewissermaßen in der Literatur des Neomanagements und bilden eigenständige Ziele. Sie werden gerade in den Dienst jener Kräfte gestellt, deren Zerstörung sie eigentlich beschleunigen wollten. Die Kritik an der Arbeitsteilung, der Hierarchie und der Überwachung, d.h. an der Art und Weise, wie der Industriekapitalismus die Freiheit entfremdet, wird so von der Kritik an der Entfremdung durch die Warengesellschaft, der Unterdrückung durch die unpersönlichen Marktkräfte, losgelöst, mit der sie doch in den Protestschriften der 70er Jahre stets einhergeht. Ähnliches lässt sich über die Entzauberungskritik, den Mangel an Authentizität im Alltagsleben des kapitalistischen Universums sagen." (Boltanski / Chiapello 2003: 143f.)

Die Kapitalismuskritik verliert ihre Wirksamkeit, sobald ihre Forderungen – unter Abzug des politischen Moments – erfüllt werden: Sie wandelt sich sogar zu einer Legitimationsstrategie. Eine ähnliche Entwicklung sehen etwa Alain Ehrenberg und Eva Illouz im Bereich der Persönlichkeitsentwicklung (vgl. Ehrenberg 2004; Illouz 2003, 2007). Die Erkenntnis, dass das menschliche Selbst kein einfach Gegebenes ist, dass es eine Geschichte (Sozialisationsschicksal) besitzt, in die sich die kapitalistischen Verhältnisse einschreiben, wird von ihrem gesellschaftskritischen Anteil losgelöst. Nicht die Gesellschaft hat sich zu verändern, sondern das Subjekt hat sein Selbst als Projekt zu begreifen, als Aufgabe: Ein authentisches Selbst zu entwickeln, wird zur Pflicht, und der Markt stellt alle dazu notwendigen Hilfsmittel zur Verfügung: Ratgeber, Abenteuerurlaub, Wellnessprodukte, Medikamente, Therapeuten etc. Das Selbst erschöpft sich in dem Versuch, authentisch zu werden, es wird depressiv und damit zum willfährigen Opfer des pharmakologisch-medizinischen Komplexes.

Wie die genannten Beispiele zeigen, verliert eine Bewegung für Žižek immer genau dann ihre politische Sprengkraft, wenn der Bezug auf das Allgemeine verlorengeht. Žižek bezieht hier eine eindeutige Position: Neutralität ist in der politischen Auseinandersetzung nicht möglich. Das Allgemeine sieht er nicht durch diejenigen verwirklicht, die es als einen alles umfassenden Behälter verstehen, in dem alle Elemente gleichberechtigt sind, sondern durch diejenigen, die die „Behauptung des *Allgemeinen*" gleichsetzen „mit einer militanten, *entzweienden* Position bei demjenigen, der an einem Kampf teilnimmt" (Žižek 2001a: 315). Die Stellung des Subjekts zur Wahrheit ist von entscheidender Bedeutung.

Ein Beispiel ist der vielgescholtene Klassenkampf: Klassen sind laut Žižek keine anhand ihrer Merkmale positiv zu bestimmenden sozialen Gruppen. Das heißt nicht, dass es keine Verbindung zwischen der sozialen Gruppe „Arbeiterklasse" und dem die politische Geste vollziehenden, im Kampf engagierten Proletariat gäbe. Žižek sieht das Proletarier-sein jedoch vor allem als subjektive Haltung, die prinzipiell jedes Subjekt einnehmen kann, indem es sich mit dem Klassenkampf identifiziert. Die Unterscheidung zwischen den Klassen ist keine objektive, „sondern letzten Endes eine *radikal subjektive*, zu der die Haltung gehört, die Individuen zum Wahrheits-Ereignis einnehmen" (Žižek 2001a: 316). Der Klassenkampf ruft, wie man mit Louis Althusser sagen kann, Individuen als Proletarier an; der Ruf ist allgemein, er richtet sich an jeden ohne Ausnahme. Die Allgemeinheit zeigt sich nur im ständigen Kampf zwischen der falschen pseudokonkreten Allgemeinheit (verstanden als die Gesamtheit alles Seienden) und der sie überschreitenden Allgemeinheit, die sich in einem besonderen Element ausdrückt und sich nicht in den bestehenden Rahmen einordnen lässt (vgl. Žižek 2001a: 316).

Anhand dieser Wahrheitskonzeption kann Žižek zufolge wirkungsvoll zwischen Nationalsozialismus und Kommunismus unterschieden werden. Das Element, in dem der Nationalsozialismus den Grund dafür sah, dass die Gesellschaft „aus den Fugen" war und keinen organischen Volkskörper zu bilden vermochte, waren die Juden. „Der Jude" war grundsätzlich, nicht seiner Taten wegen, sondern aufgrund seiner „Natur" schuldig. Selbst im Stalinismus mit seiner Unzahl an Schauprozessen, sei dies, so Žižek, anders gewesen: Ein Bourgeois war nicht durch seine Natur schuldig, auch nicht durch die Zugehörigkeit zu einer Klasse, sondern *qua* Geständnis; er musste die subjektive Position des Bourgeois annehmen. Auf perverse Art und Weise basiert auch diese extreme Form des Klassenkampfes auf einem subjektiven Entscheidungsakt. Ein Mensch jüdischen Glaubens im Nationalsozialismus dagegen musste seine Schuld nicht gestehen, er war *qua* Natur Teil der jüdischen Verschwörung. Žižek sieht damit den Vorwurf revisionistischer Historiker entkräftet, die die Vernichtung der herrschenden Klasse durch Lenin mit dem Holocaust vergleichen oder darin einen Vorläufer desselben sehen, weil in beiden Fällen Menschen ihrer Identität wegen statt aufgrund ihrer Taten getötet worden wären. Der Kommunismus begreift die Gesellschaft als mit sich selbst im Widerspruch stehende; der Klassenunterschied ist entsprechend ein sozialer, er artikuliert sich *innerhalb* der Gesellschaft. Dieser *soziale* Unterschied wird von den Nationalsozialisten naturalisiert: Der Jude ist der *äußere* Feind, der den Volkskörper bedroht. In dieser Naturalisierung sieht Žižek den wahren Schrecken des Nationalsozialismus (vgl. Žižek 2001a: 318).

Žižeks Überlegungen zur politischen Philosophie und allgemein zur Frage, wie heute politischer Widerstand noch möglich sei, basieren zum großen Teil auf den politischen Theorien Jacques Rancières, Claude Leforts, Ernesto Laclaus und Chantal Mouffe. Diese Theoretiker/innen rechnet Žižek jedoch alle – mehr oder weniger – dem Teil der zeitgenössischen Linken zu, die mit dem bestehenden System unbewusst ihren Frieden geschlossen haben oder vor den Konsequenzen ihrer eigenen Theorien zurückschrecken.

Mit der politischen Geste, wie stark sie auch als theoretisches Konzept erst einmal sein mag, sind für Žižek nämlich schwerwiegende Probleme verbunden. Die Identifizierung mit dem Teil-ohne-Anteil, die politische Geste, dürfe beispielsweise nicht als völlige Gleichsetzung aller mit den Anteilslosen verstanden werden. „Die pathetische Behauptung: ‚Wir sind alle (Juden, Schwarze, Schwule […])' kann daher auf mehrdeutige Weise funktionieren: Sie kann *auch* den übereilten Schluss nahe legen, dass unser eigenes Leiden faktisch dasselbe ist wie das der wahren Opfer, das heißt eine falsche metaphorische Verallgemeinerung des Schicksals der Ausgeschlossenen" (Žižek 2001a: 319). Parallelisiere man beispielsweise unsere konsumorientierten westlichen Gesellschaften mit dem Gulag oder behauptet sogar, dass wir noch schlimmer dran seien, da wir nicht einmal wüssten, was uns geschieht, so sei das zwar nicht gänzlich falsch, aber die „Mitleid heischende Behauptung eines Studenten aus der Mittelschicht, ‚dass der Campus von Berkeley ein gigantischer *Gulag* sei'", bleibe „eine grobe Verfälschung" (Žižek 2001a: 319f.). Dies gelte genauso für Feministinnen, die behaupten, dass alle westlichen Frauen, ähnlich wie wirklich beschnittene Afrikanerinnen, durch den Zwang, sich geltenden Schönheitsidealen zu unterwerfen, ebenfalls beschnitten seien. Wenngleich diese Analogiebildungen beziehungsweise Identifizierungen nicht völlig von der Hand zu weisen seien, so bleiben sie doch politisch impotent.

Angeführt wurde bereits, dass ein wichtiges Merkmal – vielleicht sogar das Merkmal schlechthin –, das eine subjektive Identifizierung zu einer politischen Geste macht, in der *Wirkung* dieser Geste liegt. Welche Forderung wird an die bestehende Gesellschaftsordnung gestellt, und welches Ziel wird mit ihr verfolgt? Geht es um die Erlangung von Sonderrechten oder von *gleichen* Rechten? Geht es beispielsweise den Homosexuellen in ihrem Kampf um die Anerkennung ihrer Lebensweise wirklich darum, als Gleiche anerkannt zu werden, oder hängt die (Gruppen-)Identität der Homosexuellen nicht zuletzt auch daran, dass ihre Forderungen gerade nicht erfüllt werden? Der politischen Geste inhäriert, so Žižek, ein hysterisches Moment; sie kann auch vollzogen werden, um eine Entscheidung zu vermeiden, sie unendlich aufzuschieben. Das heißt, sie „gedeiht, indem sie das Polizei-/Macht-Gefüge mit *unmöglichen* Forderungen bombardiert, mit Ansuchen, ‚die gestellt werden, um zurückgewiesen zu werden'. Ihre Logik ist die eines ‚Indem ich fordere, dass du dieses und jenes tun mögest, fordere ich tatsächlich, dass du es nicht tust, weil *es das nicht ist*'" (Žižek 2001a: 321).

Auch ist von Bedeutung, wer die subjektive Aussage macht, in der ein Besonderes den Anspruch des Allgemeinen erhebt. Sind es die Betroffenen selbst (*Demos*, Schwarze, Frauen, Homosexuelle), die diese Geste vollziehen (und mit ihr auf die generelle Falschheit des Bestehenden verweisen), oder ist es die Öffentlichkeit, die sich durch Gleichsetzung mit dem Teil-ohne-Anteil solidarisiert? Im ersten Fall steht ein Teil für das Ganze, im zweiten Fall identifiziert sich das Ganze mit einem Teil. Ein bereits auf den ersten Blick asymmetrisches Verhältnis, das Žižek ideologietheoretisch deutet: „,Wir (die Nation) sind alle Gastarbeiter' bedeutet nicht dasselbe wie ,Wir (die Gastarbeiter) sind die wahre Nation'" (Žižek 2001a: 323). Nur die zweite Geste ist eine wirklich politische Geste. Žižek erläutert diesen Unterschied anhand des berühmten Satzes von Ludwig XIV: „L'Etat, c'est moi". Ludwig sagte nicht „Ich bin der Staat", sondern eben „Der Staat, das bin ich". „Nur in der zweiten Version ist das endliche Selbst als die Wahrheit der Substanz selbst gesetzt, so dass dann, wenn Ludwig XIV. einen

Erlass herausgibt, es nicht nur er (als endliches Individuum) ist, der spricht, sondern die Substanz selbst ist es, die durch ihn spricht" (Žižek 2001a: 322). Die scheinbare Unterordnung unter die Substanz (der Staat, die Substanz der Gesellschaft, spricht durch mich) führt zum genauen Gegenteil, zur Subjektivierung der Substanz selbst.

Ein weiterer Kritikpunkt Žižeks ist der kantianische Erbteil innerhalb dieser Theorien. Zwar vermeiden diese Theorien „im postmodernen und/oder dekonstruktivistischen Sumpf zu versinken" (Žižek 2001a: 323), vor dem Treibsand marginalistischer Politik seien aber auch sie nicht gefeit. In der Konzentration auf die Art und Weise, wie sich Subjekte konstituieren verlieren diese Theorien aus dem Blick, was dem Konstitutionsprozess vorausgeht: das Subjekt als reine Negation, wie es von Hegel und Lacan gedacht wird.

Rancières Theorie des Politischen basiert auf der Opposition zwischen der Politik/Polizei und dem Politischen. Das politische Moment untergräbt die bestehende Seinsordnung und wird gegenüber der Politik ausgezeichnet. Diese Opposition „scheint", so Žižek, „der kantianische Gegensatz zwischen der konstituierten Ordnung der objektiven Wirklichkeit und der Idee der Freiheit zu sein, die nur als Regulativ dienen kann, da sie niemals vollständig ontologisch verwirklicht ist" (Žižek 2001a: 324). Interpretiert man die Trennung zwischen dem Politischen (der politischen Geste) und der Politik im Rahmen dieser kantianischen Unterscheidung, so darf das Politische, das sich beispielsweise in der Forderung nach Gerechtigkeit ausdrückt, niemals verwirklicht werden, da die Grenze zwischen dem Politischen und der Politik zusammenbrechen und Gerechtigkeit in Terror umschlagen würde.

Problematisch an diesem kantianischen Erbe ist für Žižek, dass eine solche Theorie ihr eigenes Scheitern voraussetze. Žižek sieht die Lösung des Problems im Übergang von Kant zu Hegel oder im Anschluss an Lacan im Übergang vom Begehren zum Trieb (vgl. Negativität II). Das *objet petit a* der radikaldemokratischen Autoren, so könnte man vielleicht sagen, ist das verlorengegangene Politische. Das radikaldemokratische Phantasma gibt Antwort auf die Frage, was gesucht wird (das Politische) und bietet gleichzeitig eine Erklärung dafür, warum das Gesuchte verlorengegangen ist (die Verleugnungen des Politischen). Die Radikaldemokraten sind auf beide Antworten angewiesen, da die polizeiliche Seinsordnung gleichzeitig die Voraussetzung für die eigenen politischen Aktivitäten ist, der große Feind, „der da sein muss, damit wir uns auf unsere marginale/subversive Aktivität einlassen können" (Žižek 2001a: 325).

Um den Begriff des Politischen retten zu können müsse man ihn, so Žižeks Vorschlag, hegelianisch interpretieren und die Differenz zwischen wahrer Politik und Polizei in den Begriff der Politik selbst eintragen. Es ist richtig, Politik als unlösbaren Antagonismus zwischen der eigentlichen Politik und der politischen

(= unpolitischen) Ordnung zu verstehen. Ergänzt werden muss aber, dass Politik, mit Hegel gesprochen, eine Gattung ist, die aus zwei Arten besteht: „aus sich selbst und ihrer ‚korporatistisch'/polizeilichen Negation" (ebd.). Während die radikaldemokratische Trennung zwischen dem Politischen und der Politik (Polizei) um eine Leere, eine Unmöglichkeit kreist, nimmt Žižek diese Unmöglichkeit in den Begriff der Politik selbst auf. Entscheidend ist, dass ein solcher Begriff von Politik auch auf der Seite des scheinbar Unpolitischen (der Polizei) das Politische selbst einträgt: „Der hegelianische Zug besteht hier nicht in einer resignativ-heroischen Akzeptanz der positiven Ordnung als einzig mögliche Aktualisierung der Vernunft, sondern konzentriert sich darauf, deckt auf, wie die polizeiliche/politische Ordnung ihrerseits schon auf einer Reihe verleugneter/verkannter *politischer* Akte beruht, wie ihre Gründungsgeste bereits eine politische ist – wie also, mit Hegel gesprochen, die positive Ordnung nichts anderes als die Positivierung radikaler Negativität sein kann." (Žižek 2001a: 326)

Es ist zwar zutreffend, dass die bestehende Ordnung sich weigert, den Teil-ohne-Anteil wahrzunehmen, entscheidend ist für Žižek aber, dass die bestehende Ordnung ihre eigene Gründungsgeste verleugnet. Sie muss sie verleugnen, da diese Geste im strikten Widerspruch zu der von ihr instituierten Ordnung steht. Die bestehende Ordnung ist selbst nicht vollständig: „Um überhaupt funktionieren zu können, muss sie betrügen, verleumden usw. – kurz gesagt, *sich politisch engagieren*, das tun, was auch ihre subversiven Gegner zu tun haben" (Žižek 2001a: 327). Genau das aber darf laut Žižek die offizielle Ideologie, die herrschende Macht sich nicht eingestehen. Wenn es gelingt, diese verleugneten Elemente sichtbar zu machen, sie in den öffentlichen Raum einzubringen, so kann dies eine subversive Wirkung haben. Man könnte auch sagen, dass die bestehende politische Ordnung ständig an zwei Fronten kämpft, da sie nicht nur verhindern muss, dass der Teil-ohne-Anteil die Geste der Politisierung vollzieht, sondern gleichzeitig auch noch das politische Moment verdecken muss, welches sie selbst ins Leben rief.

Das von Žižek in den Theorien radikaler Demokratie kritisierte kantianische Erbe äußert sich nicht zuletzt in der Angst vor der Verwirklichung der politischen Geste. Žižek unterstellt ihren Vertretern, dass sie die Revolution, die Umwälzung der bestehenden Gesellschaft, aus Angst vor dem eventuell damit verbundenen Terror gar nicht wollen. Den „Kontrapunkt" zu dieser Haltung stellt eine an Lenin orientierte Politik da. Ein Leninist weist das, „was man die liberale linke ‚Verantwortungslosigkeit' nennen könnte (die einerseits die großen Projekte wie Solidarität, Freiheit usw. lautstark verteidigt, andererseits sich aber drückt, wenn der Preis in Gestalt von konkreten und oftmals ‚grausamen' politischen Maßnahmen dafür zu zahlen ist" (Žižek 2001a: 328), zurück. Der Leninist schreitet zur Tat und ist bereit, die volle Verantwortung für seine Taten zu übernehmen, da er weiß, „was es wirklich bedeutet, Macht zu übernehmen und sie auszuüben" (Žižek 2001a: 329). Die Radikaldemokratie dagegen lehnt zwar die sozialdemokratischen Kompromisse ab und tritt – zumindest zum Teil – weiterhin für die Revolution ein, sie ist aber nicht bereit, den Preis zu zahlen, sie bevorzugt „daher eine schöngeistige Haltung" und bewahrt „saubere Hände" (ebd.). In den westlichen pluralistischen Gesellschaften sind die radikalen Parteien in der Lage, das „Spiel der unmöglichen Forderungen" zu spielen und „überlassen es so, *pereat mundus*, dem Herrn, einen Weg zu finden, ihre Forderungen zu erfüllen" (Žižek 2001a: 329f.).

Die Polizeiordnung lässt sich nicht auf das reine Verwalten von Sachen, den Dienst an den Gütern, reduzieren, man muss immer auch die zweite Funktion des Herren mit einbeziehen: Dieser muss die Ordnung selbst aufrechterhalten, auch wenn er dazu Kompromisse eingehen oder den Buchstaben des Gesetzes verletzen muss. Der Herr, so Žižek, ist bedingungslos verantwortlich für die Ordnung. Diese zweite Funktion des Herrn sei es, die durch die bedingungslosen Forderungen der radikalen Opposition, herausgefordert wird. Žižek unterstellt nun den radikaldemokratischen Theoretikern, dass ihre Position auf eine Art von hysterischem Theater hinauslaufe: Ihre unbedingten Ansprüche fordern den Herrn zwar heraus, letztendlich sollen sie aber von diesem abgewiesen werden. Sie weigern sich, selbst die Position des Herrn einzunehmen, da jede Ontologisierung, jeder Versuch, die Geste des Politischen in eine neue, dauerhafte Ordnung umzuwandeln, diese Geste verrät. Ein wahrer Revolutionär, so Žižek, fürchtet sich dagegen nicht, den Umschlag „der subversiven Unterminierung des bestehenden Systems zum Prinzip einer neuen positiven Ordnung zu ertragen, die dann diese Negativität *verkörpert*" (Žižek 2001a: 331). Lenin ist für Žižek deswegen ein wahrer Revolutionär, weil er nicht nur für die Revolution gekämpft und sie möglich gemacht hat, sondern weil er nach der Revolution bereit war, für die neue Ordnung die Verantwortung zu übernehmen; das heißt, er nahm „die schwerwiegende Aufgabe der tatsächlichen *Staatsführung* auf sich, zu der die notwendigen Kompromisse genauso gehörten wie die notwendigen harten Maßnahmen, um die Macht des Bolschewismus zu sichern" (Žižek 2001a: 330). Die Angst davor, das Politische an die Politik zu verraten, übersieht, dass keine Seinsordnung ontologisch konsistent ist, dass sie das Produkt eines politischen Aktes ist: „Mit anderen Worten, die Lücke des Akts wird nicht in die Seinsordnung nachgetragen: Sie ist aber die ganze Zeit als jene Bedingung vorhanden, die tatsächlich jede Seinsordnung *aufrechterhält*." (Žižek 2001a: 331f.)

Wie die vorausgegangenen Ausführungen gezeigt haben, muss das kantianische Erbe der Radikaldemokratie zugunsten einer hegelianischen Perspektive überwunden werden, um das revolutionäre Potential der Unterscheidung von Politik und Politischem vollständig zu entwickeln. Kant wie Hegel sähen beide, dass die direkte Verwirklichung der abstrakten Negativität notwendig zum Terror führe. Der Unterschied zwischen beiden liegt darin, dass aus kantischer Sicht die Demokratie der Zukunft „ein unerreichbares, zukünftiges Ideal bleiben" muss, dem man sich zwar annähert, das aber nie erreicht werden darf, „will man die Monstrosität der absoluten, abstrakten Negativität vermeiden" (Žižek 2001a: 332f.). Aus einer hegelianischen Perspektive, so Žižek, liegt dieses von Kant gefürchtete „monströse Moment der absoluten, abstrakten Negativität, diese selbstzerstörerische Raserei, die jede positive Ordnung hinwegfegt", in der Vergangenheit, es hat bereits stattgefunden, „da es die eigentliche Grundlage jeglicher positiven rationalen Ordnung der menschlichen Gesellschaft ist" (ebd.). Žižek nennt Adams Sündenfall, die Kreuzigung Christi und die Französische Revolution als Beispiele für diesen Moment: In „all diesen Fällen begründete eine negative Geste, die die bestehende (gesellschaftliche) substanzielle Ordnung erodierte, eine höhere und vernünftigere Ordnung" (ebd). Dieser Satz, mit dem Žižek in der *Tücke des Subjekts* seine Ausführungen zum Politischen beendet, überrascht, da er es im Allgemeinen vermeidet, geschichtsphilosophische Aussagen zu mache. Mit der Zerstörung der bestehenden Ordnung mag zwar das Versprechen einer besseren Welt einhergehen, eine Garantie dafür, dass dieses Versprechen erfüllt wird, dass die alte Ordnung durch eine höhere und vernünftigere Ordnung ersetzt wird, gibt es aber, wie Žižek selbst immer wieder betont, nicht. Es ist aber sehr schwer, oder sogar unmöglich, der geschichtsphilosophischen Versuchung immer zu widerstehen.

Alternativen

Gibt es Orte oder Zeiten, in denen Alternativen zur kapitalistischen Gesellschaftsordnung entwickelt und gelebt wurden? Žižek führt hierzu unterschiedliche Beispiele an, die sehr deutlich werden lassen, dass er definitiv kein Liberaler ist: die Vietcong, der Sendero Luminoso (Leuchtender Pfad), die „jesuitischen Reduciones im Paraguay des 18. Jahrhunderts (die in einer gemeinsamen Aktion der spanischen und der portugiesischen Armee brutal zerstört wurden)" (Žižek 2005: 170), Kuba und Haiti. In diesen Bewegungen sieht Žižek „den Willen, den ‚mutigen Sprung' zu wagen und aus dem globalen Kreislauf *herauszutreten*, der immer wieder neu durchlaufen wird, ein Wille, der seinen extremen und beängstigendsten Ausdruck in einem weithin bekannten Unglücksfall aus dem Vietnam-Krieg gefunden hat: Nachdem die US-Armee ein Dorf besetzt hatte, impften deren Ärzte die Kinder am linken Arm, um ihre humanitäre Fürsorglichkeit zu demonstrieren; als das Dorf am folgenden Tag wieder von den Soldaten des Vietcong eingenommen wurde, hackten sie allen geimpften Kindern den linken

Arm ab ... Obwohl diese unbedingte Zurückweisung des Feindes ohne Rücksicht auf Verluste, gerade da, wo er sich von seiner hilfsbereiten, humanitären Seite zeigt, schwerlich zum konkreten Modell, dem zu folgen wäre, erklärt werden kann, ist die ihr zugrundeliegende Intention gutzuheißen." (Žižek 2005: 170f.)

Die Vietcong, so Žižek, gingen genauso wenig wie der Sendero Luminoso, der bevorzugt landwirtschaftliche Berater und medizinischer Helfer tötete, in die aufgestellte humanitäre Falle: Nimmt man Hilfe vom Feind an, ist man bereits verloren. Man darf nicht übersehen, dass Žižek hier bewusst von einer bewahrungswürdigen Intention spricht und nicht das konkrete Handeln des Vietcong oder des Leuchtenden Pfads verteidigt. Beispielhaft ist für Žižek die Verweigerungsgeste als solche. Dasselbe gilt für den Kommunismus. Žižek schreibt: „Da heute der Kapitalismus die Totalität der menschlichen Zivilisation definiert und strukturiert, war und ist jedes ‚kommunistische' Territorium – einmal mehr trotz der Schrecken und Fehlgriffe des Kommunismus – eine Art ‚befreiten Territoriums', wie Fred Jameson es à propos Kuba ausgedrückt hat." (Žižek 2005: 171)

Zwar haben die kommunistischen Regime hauptsächlich Terror und Elend hervorgebracht und müssen insgesamt als Fehlschläge betrachtet werden, Žižek hält aber an der strukturalistischen Erkenntnis fest, dass es einen unüberbrückbaren Riss zwischen dem Raum und dem ihn ausfüllenden Inhalt gibt. Die Regime haben zwar versagt, aber sie „öffneten [...] zugleich doch einen bestimmten Raum, den Raum utopischer Erwartungen, die uns unter anderem in die Lage versetzten, das Mißlingen des real existierenden Sozialismus selbst abzuschätzen" (Žižek 2005: 171f.). Für Žižek folgt daraus, dass noch der schlimmste stalinistische Terror einer liberalen kapitalistischen Demokratie vorzuziehen ist, auch wenn das ein Schock für die liberale Sensibilität sei. Von der Formseite her gesehen ist der Stalinismus der liberalen Demokratie überlegen, von der Inhaltsseite betrachtet ist die liberale Demokratie mit ihren wohlfahrtsstaatlichen Einrichtungen dagegen dem Stalinismus überlegen.

Žižek bleibt nicht bei der Kritik des Bestehenden stehen, sondern geht das Risiko ein, Alternativen anzuführen. Hier ist sein Vorgehen tastend, unsicher, zweifelnd. Er ist auf der Suche nach dem neuen Proletariat. Dieses Proletariat ist eine „Wiederholung" – im Žižekschen Sinne des Wortes – der marxistischen Diktatur des Proletariats. Žižek ist sich bewusst, dass ein solches Unterfangen heute sehr schnell lächerlich erscheint, aber wieder ist er bereit, einen verlorenen Posten zu beziehen. Dem westlichen Marxismus fehlt heute das revolutionäre Subjekt; das große Trauma der Marxisten fasst Žižek in der oft gestellten Frage zusammen: „Warum vollzieht die Arbeiterklasse nicht den Übergang vom Ansich zum Fürsich und konstituiert sich als revolutionäres Agens?" (Žižek 2008a: 228).

Wie in den theoretischen Ausführungen zu Politik und Gewalt deutlich wurde, ist für eine grundlegende gesellschaftliche Veränderung nicht nur ein Teil-ohne-Anteil vonnöten, also eine Bevölkerungsgruppe, die für die grundsätzliche Falschheit des bestehenden Systems steht, sondern dieser Teil-ohne-Anteil muss sich auch als solcher erkennen und handeln: Ein Proletarier ist nicht einfach ein entwurzelter Landarbeiter, dem nichts anderes bleibt, als sich durch den Verkauf seiner Arbeitskraft selbst zur Ware zu machen, sondern er muss sich auch bewusst sein, dass er nichts zu verlieren hat außer seine Ketten. Diesen Teil-ohne-Anteil innerhalb der Gesellschaft zu identifizieren und ihm seine Lage bewusst zu machen, ist eine Aufgabe echter emanzipatorischer Politik (vgl. Žižek 2008a: 224).

Etwas zynisch könnte man sagen, dass das Problem des Marxismus gerade der Umstand ist, dass es den Arbeitern in den westlichen Industrienationen schlicht zu gut geht. Sie haben mittlerweile mehr zu verlieren als nur ihre Ketten, sie sind Arbeiter und Angestellte, aber keine Proletarier. Bereits Lenin, so führt Žižek an, sah in der möglichen Verbesserung der wirtschaftliche Lage der Bauern durch die Stolypinsche Agrarreform von 1906 eine Bedrohung, da die Unzufriedenheit der Bauern eine wichtige Grundlage für eine mögliche Revolution war (Žižek 2008a: 229).

Die Arbeiterklasse als diejenige Klasse, deren Mitglieder nichts zu verlieren haben, wird im klassischen Marxismus wie folgt bestimmt (vgl. Žižek 2008a: 227): Erstens handelt es sich um die größte Klasse der Gesellschaft, sie umfasst die Mehrheit der Gesellschaftsmitglieder; zweitens produziert diese Klasse den Reichtum der Gesellschaft; drittens wird sie ausgebeutet und viertens umfasst diese Klasse die Bedürftigen der Gesellschaft. Wie bereits erwähnt, trifft keine dieser Bestimmungen auf die heutige Arbeiterklasse westlicher Industrienationen – wenn man von einer solchen denn überhaupt noch reden kann – im vollen Umfang zu.

Für Žižek lautet die entscheidende Frage entsprechend: „Wie können wir uns die singuläre Allgemeinheit des emanzipatorischen Subjekts als nicht rein formell, das heißt als objektiv materiell bestimmt, aber ohne die Arbeiterklasse als ihre substanzielle Basis vorstellen?" (Žižek 2008a: 228) Wo finden sich heute noch Menschen, die nichts zu verlieren haben und die deswegen bereit sein könnten, die politische Geste zu vollziehen? Wer sind die eigentlichen Verlierer des globalen Kapitalismus? Žižek stellt zur Beantwortung dieser Frage zwei neue Klassen einander gegenüber: die Hauptgewinner der Globalisierung, die neuen „Weltbürger", die eine globale Klasse darstellen, und die Bewohner der sich immer weiter ausbreitenden Slums. „Ist die Position des Proletariats demnach heute die der Slumbewohner in den neuen Megalopolen? Das explosionsartige Wachstum von Slums in den letzten Jahrzehnten [...], ist vielleicht das wichtigste geopolitische Ereignis unserer Zeit" (Žižek 2008a: 258)[38]. Žižek zö-

---

[38] Im Jahre 2009 lebten zum ersten Mal in der Geschichte der Menschheit mehr als die Hälfte aller Menschen in Städten. Die Anzahl der Slumbewohner stieg Angaben der Vereinten Nationen zufolge

gert, diese Gruppe von Menschen, die eindeutig ein Teil-ohne-Anteil sind, als neue revolutionäre Klasse zu bezeichnen, sieht sie jedoch als vielversprechenden Kandidaten: „Sie sind im doppelten Sinne des Wortes und mehr noch als das klassische Proletariat ‚frei' (sie sind von allen substanziellen Bindungen ‚befreit' und sie leben in einem Freiraum außerhalb des polizeilichen Zugriffs des Staates[39]); sie bilden ein großes, gewaltsam zusammengefügtes Kollektiv; sie wurden in eine Situation ‚geworfen', in der sie irgendeine Art des Zusammenlebens erfinden müssen, ohne sich dabei auf traditionelle Lebensweisen, ererbte Religionen oder ethnische Lebensformen stützen zu können." (Žižek 2008a: 260) Slums bergen für Žižek ein gewaltiges revolutionäres Potenzial, doch fehlt ihren Bewohnern bisher ein gemeinsames soziales Bewusstsein. Trotzdem tragen sie „die Keime der Zukunft" (Žižek 2008a: 261) in sich. Es ist daher notwendig, „die ‚destruktiven Massen' der Slumbewohner zu politisieren – zu organisieren und zu disziplinieren" (Žižek 2008a: 263).

Gelungen sei dies, zumindest zum Teil, dem venezolanischen Staatspräsidenten Hugo Chávez. Er habe die Slumbewohner in einem Grade politisiert, dass sie sogar einen Putschversuch verhinderten, hinter dem die USA als Drahtzieher zu vermuten sind. In Žižeks Augen zeichnet sich das politische Vorgehen Chávez dadurch aus, dass er sich nicht an die „von der postmodernen Linken heruntergebeteten Mantras der Deterritorialisierung, Ablehnung der dirigistischen Politik usw." (ebd.) gehalten habe, sondern die Macht ergriff, sich der Staatsapparate bediene, sowie durch den bereits angeführten Umstand, dass seine Machtbasis der Teil-ohne-Anteil ist.

Das neue Proletariat ist, wie bereits das historische Proletariat, auf Solidarität aus anderen Klassen angewiesen. Man darf, so Žižek, nicht vergessen, dass der Teil-ohne-Anteil zwar für das Falsche des Systems als solches einsteht, dieses Falsche aber gleichzeitig alle Menschen weltweit betrifft. Die Folgen des Kapitalismus betreffen jeden. Das neue Proletariat müsste deshalb mehr als nur die Slumbewohner umfassen, auch wenn diese als Teil-ohne-Anteil das eigentliche Rückgrat bilden. „Wenn man [...] nach einem Vorbild sucht, so wäre das eher die gute alte kommunistische Formel des Bündnisses aus ‚Arbeitern, armen

---

auf 828 Millionen, das heißt, mittlerweile lebt in etwa ein Achtel der Weltbevölkerung in Slums. Slums dürfen nicht mit Armenvierteln gleichgesetzt werden, die offiziell Teil einer Stadt sind. Im Unterschied zu Armenvierteln sind Slums illegale Siedlungen, ohne Wasserversorgung, ohne Abwasserkanäle, ohne Müllbeseitigung und ohne öffentliche Verkehrsmittel. In vielen Städten der sogenannten Dritten Welt weisen die Slums eine größere Bevölkerung auf als die eigentliche Stadtgebiete. Während allgemein der Wohlstand in den Städten zunimmt, wird die Armut in den Slums noch größer und das Durchschnittsalter der Bewohner geringer (vgl. Simonitsch 2010).

[39] Slums entziehen sich der für die heutige Gesellschaft als typisch zu betrachtenden totalen Kontrolle. Der Staat hat sich aus ihnen zurückgezogen. Interessant sind Slums auch in der Hinsicht, dass sie Territorien darstellen, in denen die Unzufriedenen räumlich konzentriert werden (vgl. Žižek 2008a: 262).

Bauern, patriotischen Kleinbürgertum und redlichen Intellektuellen'; man beachte die unterschiedliche Verwendung der vier Begriffe: Nur die Arbeiter sind ohne Zusatz aufgeführt, während die anderen drei näher bestimmt werden" (Žižek 2008a: 265).

Warum sollte es nun aber zu einer solchen Solidarisierung zwischen Slumbewohnern und Intellektuellen kommen? Dies hängt mit der Beantwortung der einzigen „*wahren* Frage", die sich uns heute stellt zusammen: „Lassen wir diese Naturalisierung des Kapitalismus zu oder beinhaltet der heutige globale Kapitalismus Antagonismen, die stark genug sind, um seine unendliche Reproduktion zu verhindern?" (Žižek 2008a: 251f.) Der wichtigste Antagonismus, um den sich alles andere gruppiert, ist der bereits ausgeführte zwischen den Teilhabenden und denjenigen, die nichts zu verlieren haben. Žižek beschreibt drei weitere Antagonismen, grundlegende Verwerfungen, die die Legitimationsstrategien des Kapitalismus unterminieren, aber nun gerade die Teilhabenden betreffen, diejenigen, die etwas verlieren können. Sie sollten Anlass genug sein, sich zu solidarisieren und für eine grundlegende Änderung einzutreten.

1. Die ökologischen Veränderungen, nicht zuletzt der Klimawandel, machen die „Notwendigkeit eines globalen politischen Handelns" deutlich. Notwendig sei die „Etablierung einer globalen politischen Organisation, die in der Lage ist, Marktmechanismen zu neutralisieren und zu kanalisieren" (Žižek 2008a: 252). Der Klimawandel führt die eigentlich „unendliche Anpassungsfähigkeit des Kapitalismus" doch an eine Grenze: Der Kapitalismus „setzt das Vertrauen in den objektivierten/‚verdinglichten' Mechanismus der ‚unsichtbaren Hand' des Marktes voraus, durch die, wie durch eine Art List der Vernunft, gewährleistet wird, daß der Wettbewerb individueller Egoismen dem Gemeinwohl zugute kommt" (ebd.). Die individuellen Egoismen führen im Fall des Klimawandels aber eben nicht zu einer Lösung, sondern nur zur kapitalistischen Ausbeutung seiner Folgen. Auch das sich die Reichweite subjektiver Handlungen heute in bestimmten Fällen dermaßen erweitert hat, dass wir uns nicht mehr darauf verlassen könnten, dass „die Geschichte weitergehen wird, egal was wir tun" (Žižek 2008a: 253) unterminiert das Vertrauen in den Kapitalismus. Subjektive Handlungen, die das Potential dazu haben, die Geschichte aus ihrem Gleis zu werfen, sind beispielsweise das „Auslösen einer Umweltkatastrophe, eine verhängnisvolle Genmutation, eine nukleare oder anderweitige militärisch-gesellschaftliche Katastrophe" (Žižek 2008a: 252f.).
2. Die Frage nach dem „geistigen Eigentum": Žižek zufolge sei hier die Idee des Privateigentums nicht mehr angemessen. Privates Eigentum aber ist notwendig für die Aufrechterhaltung der Profitlogik (vgl. Žižek 2008a: 254).

3. Die gesellschaftlichen Herausforderungen, die sich aus der technologischen und wissenschaftlichen Entwicklung ergeben. Žižek sieht hier die Biowissenschaften im Zentrum stehen (vgl. Žižek 2008a: 254f.).

Er hofft nun, dass sich aufgrund der angeführten Antagonismen ein neues Proletariat konstituieren könnte, da es zumindest möglich erscheint, die vier Antagonismen mit den vier angeführten Eigenschaften des Proletariats in der klassisch marxistischen Definition zu verknüpfen: „Die ‚Mehrheit' erscheint als Ökologie, ein Thema, das uns alle betrifft; ‚Bedürftigkeit' kennzeichnet die Ausgeschlossenen und Slumbewohner; die ‚Produktion des Reichtums' hängt zunehmend von wissenschaftlich-technologischen Entwicklungen wie der Biogenetik ab; und die ‚Ausbeutung' taucht schließlich im Problem des geistigen Eigentums wieder auf, insofern die Ergebnisse kollektiver Arbeit von einem Eigentümer ausgebeutet werden." (Žižek 2008a: 264) Der erste Antagonismus (Teil-ohne-Anteil, Slumbewohner) ist grundlegend; er gibt den Rahmen vor, in dem die drei weiteren Antagonismen zu verorten sind. Das neue Bündnis, das geschmiedet werden soll, müsste sich laut Žižek wie folgt zusammensetzen: Den Kern bilden die Ausgeschlossenen, diese entsprechen den Arbeitern in der obigen „kommunistischen Formel". Bündnispartner sind nur diejenigen Ökologen, „welche die Ökologie nicht zur Legitimierung der Unterdrückung der ‚Schadstoffe produzierenden' Armen benutzen und die Drittweltländer zu disziplinieren versuchen; nur diejenigen Kritiker der Biogenetik, die der konservativen (religiös-humanistischen) Ideologie widerstehen [...]; und nur diejenigen Kritiker des geistigen Privateigentums, die das Problem nicht auf eine rein juristische Frage reduzieren" (Žižek 2008a: 265). Löst man aber den Bezug der drei Antagonismen auf den grundlegenden Antagonismus (Teil-ohne-Anteil) auf, verlieren diese ihr subversives Potential, ihren Bezug zur Allgemeinheit. Ökologie wird dann auf Nachhaltigkeit reduziert, das Problem des geistigen Eigentums wird zur bloßen juristischen Herausforderung und die Herausforderungen der Biogenetik zum Gegenstand von Ethik-Komitees (vgl. Žižek 2008a: 270). Die drei untergeordneten Antagonismen lassen sich auch ohne Bezug auf den ersten grundlegenden Antagonismus unter Kontrolle bringen. Sie beziehen sich auf das wirtschaftliche, anthropologische und physische Überleben der Menschheit. Der grundlegende Antagonismus ist hingegen in einem anderen Register verortet: es geht um Gerechtigkeit. Dass er den Bezug auf diesen von ihm als grundlegend gefassten Antagonismus nicht aufgibt, unterscheidet für Žižek seine eigene Position von den Versuchen, dem Kapitalismus lediglich ein menschliches Gesicht zu geben. Der Kapitalismus bleibt für ihn weiterhin das Grundübel (vgl. Žižek 2008a: 315).

Žižek erläutert anhand der drohenden Umweltkatastrophe, wie er sich ein Handeln, dass den Bezug zur Gerechtigkeit (das heißt den Bezug auf den Teil-ohne-Anteil) nicht verloren hat, vorstellt. Man müsse sich dabei auf die von Alain Badiou entwickelten vier Momente der „‚ewigen Idee' der revolutionär-egalitären Gerechtigkeit" (Žižek 2008a: 318) beziehen. In Bezug auf die sich anbahnende Umweltkatastrophe bedeutet das:

- „streng *egalitäre Gerechtigkeit* (alle Menschen sollten, wenn nötig, im gleichen Maße Verzicht leisten, das heißt, weltweit sollten dieselben Normen des Pro-Kopf-Energieverbrauchs, Kohlendioxidausstoßes usw. durchgesetzt werden [...];
- *Schrecken*[40] (schonungslose Bestrafung aller, die gegen die verordneten Schutzmaßnahmen verstoßen, wenn erforderlich massive Einschränkungen liberaler ‚Freiheiten' und technische Überwachung potentieller Gesetzesbrecher);
- *Voluntarismus* (der drohenden Umweltkatastrophe kann nur durch weitreichende kollektive Entscheidungen begegnet werden, die der ‚spontanen', immanenten kapitalistischen Entwicklungslogik zuwiderlaufen [...];
- all dies muss zu guter Letzt noch mit dem *Vertrauen in das Volk* kombiniert werden (d.h. der Wette, daß die große Mehrheit der Menschen diese einschneidenden Maßnahmen unterstützt, sie als ihr Projekt begreift und bereit ist, sich an deren Durchsetzung zu beteiligen)." (Žižek 2008a: 318f.)

Die Frage, die sich hier unmittelbar aufdrängt lautet natürlich: Wer ist in der Lage, die ewige Idee der revolutionär-egalitären Gerechtigkeit durchzusetzen? Das von Žižek vorgestellte Maßnahmenpaket ließe sich tatsächlich erst nach einer Revolution durchsetzen, erst nachdem sich ein neues Proletariat nicht nur konstituiert hat, sondern nachdem es diesem auch gelungen ist, eine Diktatur des Proletariats einzurichten.

Žižek geht es hier wie vielen kritischen Theoretikern: Seine Analysen der bestehenden Gesellschaft sind von hoher Überzeugungskraft, die von ihm vorgeschlagenen Maßnahmen erscheinen dagegen illusionär. Illusionär erscheinen sie aber nur deshalb, so würde Žižek wohl argumentieren, da der Kapitalismus als nicht hintergehbarer Rahmen wahrgenommen wird. Sein positiver Entwurf scheint eine Reaktion auf die häufig an ihn herangetragene Kritik (s. u.) zu sein, dass es zwischen seiner Theorie und konkreten politischen Aktionen keinen Zusammenhang gäbe und dass sein Antikapitalismus leer bliebe.

---

[40] In der englischsprachigen Originalausgabe findet sich hier der Begriff „terror". Schrecken ist zwar eine korrekte Übersetzung dieses Begriffs, Terror erscheint aber angemessener.

Kritik

Žižek leidet in gewissem Sinne unter seiner eigenen Popularität. Interviews, Essays, Kommentare und Analysen zu den aktuellen Ereignissen in der spätkapitalistischen Gesellschaft haben Žižek zwar populär gemacht, gleichzeitig aber mit dafür gesorgt, dass man sein Denken in weiten akademischen Kreisen nicht ernst nimmt, und wenn es dann schon einmal zu einer Auseinandersetzung kommt, drängt sich Hegels Feststellung zur Rezeption der spekulativen Philosophie auf: „[...] daß diejenigen, welche davon referieren und urteilen, sich nicht einmal bemühen, die Fakta richtig zu fassen und sie richtig anzugeben und zu erzählen. Es wäre dies das Minimum von Gerechtigkeit, und ein solches doch könnte sie auf allen Fall fordern." (Hegel 1995: 22)

Vogt und Silverman urteilen in dem von ihnen herausgegebenen Band *Über Žižek* (Vogt/Silverman 2004) ähnlich; sie halten fest, dass auch diejenigen Arbeiten, „die vorgeblich behaupten, sich tiefer mit seinem Denken einlassen zu wollen, häufig Verzerrungen und Fehlkonstruktionen [zeigen], die einem nahezu den Atem verschlagen" (Vogt/Silverman 2004: 7).

Es wundert jedoch wenig, dass Žižeks Theorie, vor allem seine politische Philosophie, auf Widerstand stößt. Seine radikale Kritik der zeitgenössischen Linken trifft auf wenig Gegenliebe und hat zu einer zunehmenden Isolierung Žižeks geführt. Er wird zwar gelesen und dürfte einer der auflagenstärksten linken Theoretiker der Gegenwart sein, aber seiner Theorie, so die Kritik, fehle die Praxisrelevanz, es gäbe keine Verbindung zu einer radikalen Politik *in actu*. Wie Myers anmerkt, versteht sich der größte Teil der Kritiker Žižeks selbst als links (vgl. Myers 2004: 120).

Ein ehemaliger Weggefährte, Ernesto Laclau, kritisiert Žižek wegen dessen, wie er es bezeichnet, „leerem Gerede über Antikapitalismus" (vgl. Heil 2006). Žižek böte selbst keinerlei Alternative zur bestehenden Gesellschaftsordnung an. Die Kritik Laclaus eignet sich gut, um zu verdeutlichen, wie groß der Abstand zwischen Žižek und Laclaus eigener, ihm auf den ersten Blick nahestehenden Positionen doch ist.

Laclau wirft Žižek vor, dass dessen allgemeine Kapitalismuskritik leer bleibe, da er, im Unterschied beispielsweise zu Marx, Trotzki und Lenin keine Angaben dazu macht, wie eine Überwindung des kapitalistischen Systems im Konkreten auszusehen hätte. Žižek besäße keine politische Strategie und entwickle auch kein alternatives Gesellschaftsmodell. Da Žižek keine Alternativen zum bestehenden System nennt, sei sein Antikapitalismus leeres Gerede. Im Anschluss an seine Žižekkritik formuliert Laclau, was er sich selbst unter konkretem Antikapitalismus vorstellt:

„Möglicherweise hat Zizek allerdings etwas Vernünftigeres im Sinn: beispielsweise die Überwindung des vorherrschenden neoliberalen Wirtschaftsmodells und die Einführung staatlicher Regulation sowie demokratischer Kontrolle des Marktes, so dass die schlimmsten Auswirkungen der Globalisierung verhindert werden können. Wenn es das ist, was er mit Antikapitalismus meint, stimme ich gewiss mit ihm überein, aber das trifft auch für die meisten der ‚Postmodernisten' zu, gegen die seine Polemik sich richtet." (Laclau 2000b: 206)

In diesem Laclau-Zitat drückt sich gerade die Form von Antikapitalismus aus, die Žižek so vehement kritisiert. In seiner Replik auf Laclau schreibt Žižek:

„Selbst wenn das der Fall *ist*, finde ich, dass man zumindest von dem Umstand Kenntnis nehmen sollte, dass sich die vielgepriesene postmoderne ‚Proliferation neuer politischer Subjektivitäten', der Niedergang einer jeden ‚essentialistischen' Fixierung und die Beteuerung vollständiger Kontingenz vor dem Hintergrund einer gewissen stillschweigenden *Verleugnung* und *Akzeptanz* vollzieht: der Verleugnung der Idee einer umfassenden Veränderung der grundlegenden Strukturen unserer Gesellschaft (wer zweifelt noch ernsthaft an Kapitalismus, Staat und politischer Demokratie?) und mithin der Akzeptanz des liberaldemokratischen kapitalistischen Rahmenbedingungen, welche *gleich bleiben*, die unhinterfragte Grundlage all der dynamischen Ausbreitung der Vielzahl neuer politischer Subjektivitäten. Kurz gesagt, Laclaus Beanstandung meines Antikapitalismus trifft ebenso auf das zu, was er ‚demokratische Kontrolle des Marktes' nennt und allgemein für das ganze Projekt ‚radikaler Demokratie': entweder bedeutet es palliative Schadensbegrenzung innerhalb des globalen kapitalistischen Rahmens, oder es bedeutet *absolut gar nichts*." (Žižek 2000: 321)

Obwohl sich das am Begriff des Antagonismus und der Hegemonie orientierte Denken Laclaus und Žižeks auf den ersten Blick sehr ähnelt, existiert doch ein unüberbrückbarer Abgrund zwischen den beiden Theoretikern, da sie dem Begriff „Antikapitalismus" unterschiedliche Bedeutungen beilegen: Für Žižek bedeutet Antikapitalismus das rückhaltlose Eintreten für einen Wechsel der ökonomischen Grundordnung, für Laclau heißt, zumindest im Verständnis Žižeks, Antikapitalismus soviel wie: dem Kapitalismus ein menschliches Gesicht geben. Laclau unterscheidet Žižek zufolge damit zwischen Kapitalismus und den Exzessen des Kapitalismus. Das eigentliche Problem dieser Position Laclaus ist für Žižek das Beharren darauf, dass die Radikaldemokratie einen antikapitalistischen Impetus hätte, obwohl sie ihn gerade mit der genannten Unterscheidung aufgibt. Auch wenn Žižek die Theoretiker des sogenannten dritten Weges (Beck, Giddens), ablehnt und kritisiert, so rechnet er ihnen doch an, dass sie gar nicht behaupten, antikapitalistisch zu sein, sondern offen die kapitalistische Ordnung affirmieren und dafür eintreten, in deren Rahmen zu handeln.

Žižek lehnt die, wie er schreibt, „schwachsinnige" Alternative zwischen vollständiger Akzeptanz der Globalisierung des freien Marktes und unmöglichen radikaldemokratischen Versprechungen, wie sich Globalisierung und gesellschaftliche Solidarität zusammen denken lassen, ab. Man müsse vielmehr aus dem bestehenden Rahmen ausbrechen, beide Alternativen verwerfen und zu allererst die bestehenden Verhältnisse analysieren.

Ein wichtiger globaler Einwand gegen Žižeks Theorie wurde unter anderem von Andrew Robinson und Simon Tormey (vgl. Robinson/Tormey 2005) vorgebracht: Žižek würde zwar den Kapitalismus beseitigen wollen, die Tiefenstrukturen der Gesellschaft dabei aber unverändert lassen. Gesellschaftliche Ausschlüsse, Gewalt, Verdinglichung und Mythen seien Žižek zufolge in jeder Gesellschaft vorhanden und auch notwendig. Dass man sich einer Sache und einem Führer unterwerfen muss, um das Unmögliche zu erreichen, ja dass Žižek sogar behauptet, dies sei der höchste Akt der Freiheit, bedeute nicht mehr, als ein unterdrückerisches System durch ein anderes, nicht weniger unterdrückendes zu ersetzen. Zwar sei jeder Akt eine Art Neugeburt, aber wir bleiben doch Gefangene des Mangels, der Entfremdung, des Antagonismus. Diese grundlegende Struktur der Gesellschaft, so der Vorwurf, wird von Žižek als nicht zu überwinden dargestellt (vgl. Robinson/Tormey 2005: 99). Wie Robinson und Tormey richtig feststellen, wendet sich Žižek gegen jede Idee utopischer Erfüllung; er besitzt, wie Adorno und Lacan, keine konkrete Gesellschaftsutopie.

Ein weiterer Einwand gegen Žižeks Konzeption des politischen Aktes ist die Abhängigkeit des Aktes von einem Individuum. Žižeks Beispiele seien alle individualistisch, es geht in seinen Beispielen beinahe in jedem Fall um Handlungen von Individuen. Selbst die russische Revolution reduziere Žižek auf das Handeln Lenins, Stalins und einiger Bürokraten (vgl. Robinson/Tormey 2005: 102). Robinson und Tormey charakterisieren Žižeks politische Theorie aus den oben genannten Gründen als konservative, wenn nicht sogar reaktionäre Position. Zwar träfe ein beachtlicher Teil von Žižeks Kritik zu, er böte auch interessante theoretische Einblicke, für den konkreten politischen Kampf tauge seine Theorie aber nicht. Žižeks Ablehnung reformatorischer Bemühungen übersähe schlicht, dass auch ein politischer Akt wie die Oktoberrevolution eine Vorgeschichte habe und kein Ereignis ex-nihilo auftrete (vgl. Robinson/Tormey 2005: 104).

Was den Kritikern entgeht, ist, dass Žižek sich sehr wohl im Klaren darüber ist, dass Revolutionen einen Vorlauf besitzen, dass es notwendig ist, den Widerstand zu organisieren, auf die Probleme des bestehenden gesellschaftlichen Systems hinzuweisen. Politische Strategien besitzen aber einen Zeitkern, sie funktionieren nur unter bestimmten historischen Bedingungen. Die Bedingungen, unter denen der Widerstand im Kleinen funktionierte, unter denen Reformen zu Revolutionen führen konnten, sind Žižek zufolge schlicht nicht mehr gegeben, da das globalisierte kapitalistische System nicht nur gelernt hat, mit ihnen umzugehen, sondern sogar sie auszubeuten. Genau dieser Erkenntnis, so seine Kritik, verweigere sich die zeitgenössische Linke. Deutlich wird dies, wenn Robinson und Tormey ihre eigene Vorstellung von progressiver linker Politik skizzieren: „Wir würden behaupten, dass eine umformende Politik stattdessen als Umwandlungs*prozess*, als nicht-lineare, rhizomatische, vielgestaltige Mannigfaltigkeit von Widerständen, Initiativen und, gewiss, von Akten, die manchmal spektakulär und karnevalesk, manchmal vorbildlich, manchmal unterirdisch, manchmal in institutionellen Veränderungen und Reformen gegründet und, unter bestimmten Bedingungen, direkt umgestaltend sind, konzeptualisiert werden sollte. [...] Im Gegensatz zu Žižeks Betonung von Unterordnung, Exklusivität, Hierarchie und Gewalt, bietet die bestehende Betonung der Aneignung von anti-autoritären, heterogenen, einschließenden und vielfältigen Handlungsarten eine größere Chance, wirklich die vereinheitlichende Logik des Kapitalismus zu überwinden und Unterstützung in weiteren Kreisen der mit dieser Logik Unzufriedenen zu gewinnen. In gleicher Weise erzeugt die Betonung der Wichtigkeit direkten Handelns [...] die Möglichkeit der Ermächtigung durch Mitwirkung und Unterstützung der Unzahl an Bewegungen, die den antikapitalistischen Widerstand bilden" (Robinson/Tormey 2005: 104f.).

Žižek würde argumentieren, dass die Autoren hier beispielhaft genau dem Irrtum aufsitzen, den er unentwegt kritisiert: Sie ziehen das Handeln der Analyse der gegenwärtigen Situation vor. Sie sehen nicht, dass die „vereinheitlichende Logik des Kapitalismus" nicht auf der Seite der Inhalte, sondern auf Seiten der Form zu finden ist. All das, was sie fordern, ist heute Teil des Kapitalismus selbst, ist entmächtigt, vom System einverleibt. Das, was sie gegen die vereinheitlichende Logik des Kapitals einsetzen wollen, ist schon lange Teil dieser Logik.

Die Kritik arbeitet sich überraschend häufig an Žižeks Person, seinem Stil und seinem publizistischen Erfolg ab. Obwohl es eine Unzahl an Einfallstoren für eine sachliche Kritik gibt, scheint doch oft schlichter Neid die eigentliche Ursache der Kritik zu sein. Žižek geht häufig auf seine Kritiker ein, zum Teil direkt in seinen Monographien und Aufsätzen oder in Zeitungsartikeln. Über die Art und Weise der Kritik wundert sich Žižek selbst. In der „Kritik" an ihm sei schlicht alles erlaubt, „von Hinweisen auf meine persönliche Pathologie über die Behauptung, dass meine Texte nicht einmal den Ansprüchen an studentische Arbeiten gerecht werden bis hin zu reinen Lügen über mein politisches Engagement. [...] Die Frage die sich mir hier stellt [...] ist: Warum werde ich so oft als Ziel ausgesucht über das man Dinge schreiben kann, die ansonsten sofort einen entrüsteten politisch korrekten Rüffel provozieren würden?" (Žižek 2007: 199)

Žižek stellt sich, wie er schreibt „amüsiert", weiterhin die Frage, was für eine Reaktion es hervorrufen würde, wenn er selbst Bemerkungen über die Pathologie beispielsweise Judith Butlers als Teil von deren Werk machen würde (vgl. ebd.)?

Ein deutschsprachiges Beispiel für eine sich derartig im Ton vergreifende Kritik, die sich scheinbar nicht einmal bewusst ist, welcher Sprache sie sich bedient, ist ein Ausfall Jörg Laus gegen Žižek, der in der ZEIT veröffentlicht wurde. Lau schreibt dort unter anderem: „Es hat sich ein saurer Kitsch der Negativität entwickelt, der aus dem Sich-Entziehen (des Sinns, des Begehrens, des Subjekts) einen Kult macht. Slavoj Žižek ist der lebende Großmeister dieser Schule. Es ist nicht ohne Chuzpe, wie weit er auf diesem Ticket nun schon gereist ist." (Lau 2002) Und weiter:

„Die Aura des wilden Mannes vom Balkan ist wichtig, wenn nicht entscheidend für die Aufnahme seines Werkes in Westeuropa und Amerika. Blaß, mit struppigem Haar, dunklen Augenringen und Bürgerrechtler-Vollbart gibt er sehr eindrucksvoll den philosophischen Zungenredner, der direkt aus dem Unbewußten Europas entsprungen zu sein scheint." Dann geht es wieder zurück zur Person Žižeks: „Dieser Autor scheint getrieben von einem unbedingten Willen zum Verbalradikalismus, auch noch um den Preis von Lüge und Geschichtsklitterei. Das hat schon etwas Verkommenes, geistig Verwahrlostes an sich." (Ebd.) Lau vermeidet es in seiner Polemik völlig, auf irgendeines der vielen Argumente Žižeks einzugehen, sein Ziel ist es vielmehr, ihn zu diskreditieren.

Problematisch an Žižeks Denken ist weniger dessen Radikalität, sondern eine gewisse Unschärfe. Es ist oft nicht klar auf welcher Ebene er gerade kritisiert. Mal unterscheidet er zwischen authentischen Handlungen und unauthentischen Handlungen innerhalb der bestehenden gesellschaftlichen Ordnung, mal verwirft er jedes Handeln im System als prinzipiell stabilisierend, insofern es nicht die kapitalistische Grundordnung in Frage stellt. So steht Žižek, wie angeführt, Teilen der feministischen Bewegung positiv gegenüber, obwohl es gerade dem Feminismus oftmals um die Gleichberechtigung der Frauen im bestehenden System geht (gleiche Löhne, geteilte Erziehungsarbeit, Kritik häuslicher Gewalt etc.).

Kurzbiographie

1949 (21. März)	wird Žižek in Ljubljana (dt. Laibach), der Hauptstadt Sloweniens geboren
1967	Studium der Philosophie und Soziologie in Ljubljana
1971	Bachelor of Arts
	Mitarbeiter an der Universität Ljubljana
1973	Entlassung, da seine Masterarbeit unkommunistisch sei
1975	Master of Arts
1977	Protokollführer beim Zentralkomitee der slowenischen Kommunisten.
1979	Forschungsstelle am Institut für Soziologie der Universität Ljubljana
Ende der 1970er Jahre:	Mitbegründer der Laibacher Lacan-Schule
1981	Promotion im Fach Philosophie
1981	Erste Reise nach Paris
1985	Promotion im Fach Psychoanalyse bei Jacques-Alain Miller
Mitte der 1980er Jahre:	Kolumnist der demokratisch orientierten Zeitung *Mladina*
1988	Austritt aus der kommunistischen Partei
1988-1990	Aktiv bei verschiedenen Bürgerrechtsbewegungen
1990	Kandidat für das vierfach zu besetzende Präsidentenamt
1991	Wissenschaftsbotschafter Sloweniens
1992	Professor für Philosophie an der Universität von Ljubljana
2000-2002	Leitung einer Forschungsgruppe (Kulturwissenschaftliches Institut Essen)
2005	Ehrendoktor der Universität Cordoba (Argentinien)
2007	Internationaler Direktor des Birkbeck Institute for the Humanities an der University of London

Literatur

Primärliteratur

Gabriel, Markus/Žižek, Slavoj (2010): *Mythology, Madness and Laughter – Subjectivity in German Idealism*. London/New York: Continuum.
Žižek, Slavoj (1988): »The Seven Veils of Fantasy«. In: D. Nobus (Hg.) *Key Concepts of Lacanian Psychoanalysis*. London: Rebus Press, S. 190-218.
Žižek, Slavoj (1992): *Der erhabenste aller Hysteriker. Psychoanalyse und die Philosophie des deutschen Idealismus*. Wien: Turia + Kant.
Žižek, Slavoj (1993): *Grimassen des Realen. Jacques Lacan und die Monstrosität des Aktes*. Köln: Kiepenheuer & Witsch.
Žižek, Slavoj (1997): *Die Pest der Phantasmen. Die Effizienz des Phantasmatischen in den neuen Medien*. Wien: Passagen Verlag.
Žižek, Slavoj (1999): *Liebe deinen Nächsten? Nein Danke! Die Sackgasse des Sozialen in der Postmoderne*. Berlin: Volk und Welt.
Žižek, Slavoj (2000): »Holding the Place«. In: Butler/Laclau/Žižek 2000, S. 308-329.
Žižek, Slavoj (2001a): *Die Tücke des Subjekts*. Frankfurt am Main: Suhrkamp.
Žižek, Slavoj (2001b): *Die Furcht vor echten Tränen. Krzystof Kieslowski und die ‚Nathstelle'*. Berlin: Volk und Welt.
Žižek, Slavoj (2001c): *Did somebody say Totalitarianism? Five Interventions in the (Mis)use of a Notion*. London/New York: Verso.
Žižek, Slavoj (2001d): *Die gnadenlose Liebe*. Frankfurt am Main: Suhrkamp.
Žižek, Slavoj (2002): *Die Revolution steht bevor. Dreizehn Versuche über Lenin*. Frankfurt am Main: Suhrkamp.
Žižek, Slavoj (2005): *Die politische Suspension des Ethischen*. Frankfurt am Main: Suhrkamp.
Žižek, Slavoj (2006): *Parallaxe*. Frankfurt am Main: Suhrkamp.
Žižek, Slavoj (2007): »With Defenders Like These, Who Needs Attackers?« In: Paul Bowman/Richard Stamp (Hg.): *The Truth of Žižek*. London/New York: Continuum, S. 197-255.
Žižek, Slavoj (2008a): *Auf verlorenem Posten*. Frankfurt am Main: Suhrkamp.
Žižek, Slavoj (2008b): *Lacan – Eine Einführung*. Frankfurt am Main: Fischer.
Žižek, Slavoj (2008c): *The Plague of Fantasies*. London/New York: Verso.
Žižek, Slavoj (2008d): »The Society for Theoretical Psychoanalysis in Yugoslavia: An Interview with Èric Laurent«. In: Slavoj Žižek: *Interrogating the real*. London/New York: Continuum, S. 21-25.
Žižek, Slavoj (2008e): *Der Mut, den ersten Stein zu werfen. Das Genießen innerhalb der Grenzen der bloßen Vernunft*. Wien: Turia + Kant.
Žižek, Slavoj (2009a): *Violence*. London: Profile Books LTD.

Žižek, Slavoj (2009b): *First as Tragedy, then as Farce*. London/New York: Verso.
Žižek, Slavoj (2009c): *In Defense of Lost Causes*. London/New York: Verso.
Butler, Judith/Laclau, Ernesto/Žižek, Slavoj (2000): *Contingency, Hegemony, Universality – Contemporary Dialogues on the Left*. London/New York: Verso.

Sekundärliteratur

Adorno, Theodor W. (1986): »Keine Angst vor dem Elfenbeinturm«. In: *Gesammelte Schriften*, Band 20.1, Frankfurt am Main: Suhrkamp, S. 402-409.
Adorno, Theodor W. (1996a): »Negative Dialektik«. In: *Gesammelte Schriften* Band 6, Frankfurt am Main: Suhrkamp, S. 7-412.
Adorno, Theodor W. (1996b): »Marginalien zu Theorie und Praxis«. In: Theodor W. Adorno: *Gesammelte Schriften*, Band 10:2, Frankfurt am Main: Suhrkamp, S. 759-782.
Adorno, Theodor W. (2003): »Vorlesung über Negative Dialektik«. In: *Nachgelassene Schriften*, Band 16, Frankfurt am Main: Suhrkamp.
Althusser, Louis (1977): »Ideologie und ideologische Staatsapparate. (Anmerkungen für eine Untersuchung)«. In: Ders.: *Ideologie und ideologische Staatsapparate. Aufsätze zur marxistischen Staatstheorie*, hrsg. v. Peter Schöttler, übers. v. Rolf Löper/Klaus Riepe/Peter Schöttler. Hamburg/Berlin: VSA.
Bauman, Zygmunt (2000): *Die Krise der Politik*. Hamburg: Hamburger Edition.
Benjamin, Walter (1991): »Zur Kritik der Gewalt«. In: *Gesammelte Schriften*, Band II-1, Frankfurt am Main: Suhrkamp, S. 179-203.
Boltanski, Luc/Chiapello, Ève (2003): *Der neue Geist des Kapitalismus*. Konstanz: UVK
Butler, Judith (1998): »Merely Cultural«. In: *New Left Review*, I/227, S. 33-44.
Butler, Judith (2001): *Psyche der Macht. Das Subjekt der Unterwerfung*. Frankfurt am Main: Suhrkamp.
Castritius, Michael (2010): »Ein guter Riecher und eine warme Hand«. In: *tagesschau.de*, http://www.tagesschau.de/ausland/carlosslimhelu100.html, zuletzt besucht am 19.03.2010.
Descartes, René (1986): *Meditationes de Prima Philosophia/Meditationen über die Erste Philosophie*. Stuttgart: Reclam.
Dolar, Mladen (1991): »Jenseits der Anrufung«. In: *Gestalten der Autorität. Seminar der Laibacher Lacan-Schule*, hrsg. v. Slavoj Žižek. Wien: Hora, S. 9-26.
Ehrenberg, Alain (2004): *Das erschöpfte Selbst. Depression und Gesellschaft in der Gegenwart*. Frankfurt am Main/New York: Campus.
Evans, Dylan (2002): *Wörterbuch der Lacanschen Psychoanalyse*. Wien: Turia & Kant.
Flügel, Oliver/Heil, Reinhard/Hetzel, Andreas (Hg.) (2004): *Die Rückkehr des Politischen. Demokratietheorien heute*. Darmstadt: Wissenschaftliche Buchgesellschaft.
Freud, Sigmund (2000a): »Die Traumdeutung«. In: *Sigmund Freud Studienausgabe*, Band II, Frankfurt am Main: Fischer.
Freud, Sigmund (2000b): Jenseits des Lustprinzips. In: *Sigmund Freud Studienausgabe*, Bd. III, Frankfurt am Main: Fischer, S. 213-272.

Gamm, Gerhard (1997): *Der Deutsche Idealismus – Eine Einführung in die Philosophie von Fichte, Hegel und Schelling*. Stuttgart: Reclam.
Gaus, Daniel (2004): »Demokratie zwischen Konflikt und Konsens. Zur politischen Philosophie Claude Leforts«. In: Flügel/Heil/Hetzel (2004), S. 65-86.
Gilbert, Jeremy (2007): »All the Right Questions, All the Wrong Answers«. In: Paul Bowman/Richard Stamp (Hg.): *The Truth of Žižek*. London/New York: Continuum, S. 61-81.
Heil, Reinhard (2004): »Die Kunst des Unmöglichen. Slavoj Žižeks Begriff des Politischen«. In: Flügel/Heil/Hetzel (2004), S. 230-253.
Heil, Reinhard/Hetzel, Andreas (Hg.) (2006): *Die unendliche Aufgabe – Kritik und Perspektiven der Demokratietheorie*. Bielefeld: transcript.
Heil, Reinhard (2006): »Slavoj Žižeks Kritik des radikaldemokratischen Diskurses«. In: Reinhard Heil/Andreas Hetzel, Andreas (2006), S. 237-252.
Hegel, Georg Friedrich Wilhelm (1969): *Jenaer Realphilosophie. Vorlesungsmanuskripte zur Philosophie der Natur und des Geistes von 1805-1806*, hrsg. v. Johannes Hoffmeister. Hamburg: Meiner.
Hegel, Georg Friedrich Wilhelm (1984): *Phänomenologie des Geistes*. In: Eva Moldenhauer/Karl Markus Michel (Hg.): *Werke*, Band 3, Frankfurt am Main: Suhrkamp.
Hegel, Georg Friedrich Wilhelm (1995): *Enzyklopädie der philosophischen Wissenschaften I*. In: Eva Moldenhauer/Karl Markus Michel (Hg.): *Werke*, Band 8, Frankfurt am Main: Suhrkamp.
Hegel, Georg Friedrich Wilhelm (1996a): *Wissenschaft der Logik*. In: Eva Moldenhauer/Karl Markus Michel (Hg.): *Werke*, Band 5 u. 6, Frankfurt am Main: Suhrkamp.
Hegel, Georg Friedrich Wilhelm (1996b): *Grundlinien der Philosophie des Rechts*. In: Eva Moldenhauer/Karl Markus Michel (Hg.): *Werke*, Band 7, Frankfurt am Main: Suhrkamp.
Hetzel, Andreas (2004): »Demokratie ohne Grund. Ernesto Laclaus Transformation der Politischen Theorie«. In: Flügel/Heil/Hetzel 2004, S. 185-210.
Horkheimer, Max (1988): »Die Juden und Europa«. In: *Gesammelte Werke*, Band 4, Frankfurt am Main: Fischer.
Illouz, Eva (2003): *Der Konsum der Romantik*. Frankfurt am Main/New York: Campus.
Illouz, Eva (2007): *Gefühle in Zeiten des Kapitalismus*. Frankfurt am Main: Suhrkamp.
Jameson, Fredric (2009): *Postmodernism, or, The Cultural Logic of Late Capitalism*. London/New York: Verso.
Kim, Hyun Kang (2009): *Slavoj Žižek*. Paderborn: W. Fink.
Lacan, Jacques (1975): »Subversion des Subjekts und Dialektik des Begehrens im freudschen Unbewußten«. Aus dem Französischen von Chantal Creusot und Norbert Haas. In: Ders.: *Schriften II*. Ausgewählt und hrsg. v. Norbert Haas. Olten/Freiburg: Walter-Verlag, S. 165-204.
Lacan, Jacques (1981): »Der Steppunkt«. In: *Die Psychosen. Das Seminar von Jacques Lacan*. Buch III (1955-1956), Texterstellung durch Jacques-Alain Miller, übers. v. Michael Turnheim, Weinheim/Berlin: Quadriga, S. 305-319.
Lacan, Jacques (1996): *Die vier Grundbegriffe der Psychoanalyse. Das Seminar von Jacques Lacan*. Buch XI (1960), Texterstellung durch Jacques-Alain Miller, übers. v. Michael Turnheim, Weinheim/Berlin: Quadriga.

Lacan, Jacques (2005): *Das Freudsche Ding oder der Sinn einer Rückkehr zu Freud in der Psychoanalyse*. Wien: Turia & Kant.

Laclau, Ernesto/Mouffe, Chantal (1991): *Hegemonie und radikale Demokratie. Zur Dekonstruktion des Marxismus*. Wien: Passagen.

Laclau, Ernesto (2000): »Identity und Hegemony: The Role of Universality in the Constitution of Political Logic«. In: Butler/Laclau/Žižek 2000, S. 44-89.

Laclau, Ernesto (2000b): »Structure, History and the Political«, in: Butler/Laclau/Žižek 2000, S. 182-212.

Laclau, Ernesto (2002): *Emanzipation und Differenz*. Wien: Turia + Kant.

Lau, Jörg (2002): »Saurer Kitsch des Negativen«. In: DIE ZEIT, 37/2002.

Lévi-Strauss, Claude (1997): *Strukturale Anthropologie I*. Frankfurt am Main: Surhkamp.

Lohmann, Hans-Martin (2006): *Sigmund Freud zur Einführung*. Hamburg: Junius

Man, Paul de (1984): *The Rhetoric of Romanticism*, New York: Columbia University Press.

Marchart, Oliver (2004): *Techno-Kolonialismus. Theorie und imaginäre Kartographie von Kultur und Medien*. Wien: Verlag Erhard Löcker.

Marchart, Oliver (2006): »Acting and the Act: On Slavoj Žižek's Political Ontology«. In: Bowman, Paul/Stamp, Richard (Hg.): *The Truth of Žižek*. London/New York. Continuum, S. 99-116.

Marx, Karl (1968): *Das Kapital*, Band I. In: Karl Marx/Friedrich Engels: *Werke*, Band 23. Berlin: Dietz.

Marx, Karl (1970): »Resultate des unmittelbaren Produktionsprozesses«. In: *Archiv sozialistischer Literatur* 17. Frankfurt am Main: Verlag Neue Kritik.

Marx, Karl (1971): »Einleitung [zur Kritik der Politischen Ökonomie]«. In: Karl Marx/Friedrich Engels: *Werke*, Band 13. Berlin: Dietz, S. 615-641.

Marx, Karl (1974): *Grundrisse der Kritik der politischen Ökonomie* (Rohenwurf) 1857/1858. Berlin: Dietz.

Marx, Karl (1983): *Das Kapital*, Band III. In: Karl Marx/Friedrich Engels: *Werke*, Band 25. Berlin: Dietz.

Myers, Tony (2004): *Slavoj Žižek*. London/New York: Routledge.

Parker, Ian (2008): »Conversation with Slavoj Žižek about Slavoj Žižeks: A critical Introduction«. In: *International Journal for Žižek Studies*, Vol. 2, Nr. 3.

Rancière, Jacques (2002): *Das Unvernehmen. Politik und Philosophie*. Frankfurt am Main: Suhrkamp.

Robinson, Andrew/Tormey, Simon (2005): »A Ticklish Subject? Žižek and the Future of Left«. In: *Thesis Eleven*, Nr. 80, Februar 2005, S. 94-107.

Roth, Philip (2009): *Portnoys Beschwerden*. Reinbek bei Hamburg: Rowohlt.

Roudinesco, Elisabeth (1996): *Jacques Lacan. Bericht über sein Leben. Geschichte eines Denksystems*. Stuttgart: Klett Cotta.

Simonitsch, Pierre (2010): »Jeder Achte lebt heute im Slum«. In: *Frankfurter Rundschau*, 21./21. März 2010.

Vogt, Erik M./Silverman, Hugh (Hg.) (2004): *Über Žižek – Perspektiven und Kritiken*. Turia + Kant: Wien.

Personenregister

Adorno, Theodor W. 12, 17ff., 24, 33, 56, 59, 92f., 141
Agamben, Giorgio 92
Althusser, Louis 46, 68f., 98, 126
Altman, Robert 77
Aron, Raymond 55

Badiou, Alain 28, 138
Balibar, Étienne 105
Bataille, Georges 55
Beck, Ulrich 92, 140
Benjamin, Walter 106, 114f., 117
Benveniste, Emile 55
Bergman, Ingrid 88
Blair, Tony 103
Boltanski, Luc 112, 125
Bonaparte, Napoleon 41
Brandom, Robert 33
Breton, André 55
Butler, Judith 125, 143

Chávez, Hugo 135
Chiapello, Ève 112, 125
Clérambaultfort, Gaëtan Gatia de 55
Conrad, Joseph 78
Critchley, Simon 92

Davidson, Donald 34
Deleuze, Gilles 7, 121
Derrida, Jacques 7
Descartes, René 24, 51f.
Dolar, Mladen 8, 24, 60, 69

Ehrenberg, Alain 126

Fichte, Johann Gottlieb 11, 26
Foucault, Michel 17, 55
Freud, Anna 58

Freud, Sigmund 11, 24f., 55ff., 60f., 81ff., 89

Gamm, Gerhard 27
Gates, Bill 110, 111
Giddens, Anthony 92, 140
Gramsci, Antonio 97, 98
Griaule, Marcel 55

Hardt, Michael 92
Hartmann, Heinz 58
Haŝek, Jaroslaw 77
Hegel, Georg Friedrich Wilhelm 7, 11, 13, 21, 23, 26ff., 50ff., 61f., 66, 68f., 71, 82, 105, 121, 129ff., 139
Heidegger, Martin 11, 33, 61, 92, 115
Henrich, Dieter 40, 42
Hitchcock, Alfred 7
Hitler, Adolf 118
Hölderlin, Friedrich 11, 26
Horkheimer, Max 14, 56
Hyppolite, Jean 55

Illouz, Eva 126

Jameson, Fredric 16, 75, 133

Kant, Immanuel 11, 27f., 30, 37, 41, 52, 61, 66, 117, 129, 131f.
Kierkegaard, Sören 33, 123
Kojève, Alexandre 55
Koyré, Alexandre 55
Kristeva, Julia 7

Lacan, Jacques 7f., 10ff., 16, 23, 26, 29, 31ff., 43, 51, 54ff., 80ff., 89, 97, 99, 108, 112, 116, 129, 141
Laclau, Ernesto 10, 12, 23f., 92, 97f., 127, 139, 140

Lefort, Claude 102, 127
Lenin, Wladimir Iljitsch Uljanow 7, 12, 13, 21f., 127, 130f., 134, 139, 141
Lévi-Strauss, Claude 7, 49, 55, 61, 63
Lukác, Georg 18

Maklés, Sylvia 55
Man, Paul de 11
Mao, Zedong 7, 12f., 118
Marchart 95, 150
Marchart, Oliver 94
Marx, Karl 11, 20f., 24, 33, 46, 56, 124, 139
McDowell, John 33
Merleau-Ponty, Maurice 55
Miller, Jacques-Alain 8, 12, 55, 65
Mitterand, Francois 76
Močnik, Rastko 8
Mouffe, Chantal 23, 97f.

Negri, Anthonio 92
Nietzsche, Friedrich 33

Platon 11, 33, 61, 101

Queneau, Raymond 55

Rancière, Jacques 12, 98ff., 119, 127, 129
Robespierre, Maximilien 117, 119
Rossellini, Roberto 87f.
Roth, Philip 93

Saussure, Ferdinand de 61
Schelling, Friedrich Wilhelm Joseph 11, 26
Slim, Carlos 111
Soros, George 110
Stalin, Josef 7, 13, 118

Trotzki, Leo 139

Wagner, Richard 7